本书得到:

浙江大学不动产投资研究中心

浙江大学财税大数据与政策研究中心

中央高校基本科研业务费专项资金

浙江大学双一流优势特色学科发展计划——中国特色社会主义政治经济学

的支持与资助出版。

周夏飞 著

上市公司归类变更盈余管理研究

Research on Earnings Management of Listed Companies Using Classification Shifting

ZHEJIANG UNIVERSITY PRESS
浙江大学出版社

序　言

　　盈余管理是公司金融研究领域一个古老又富有生命力的话题。传统盈余管理的研究主要针对应计项目盈余管理和真实活动盈余管理,很少关注归类变更盈余管理。归类变更盈余管理指在不改变净利润的条件下,将利润表中项目进行错误分类,如将营业活动的费用归入非经常性支出,将非经常性收入归入营业收入,从而实现夸大核心利润的目的。核心利润是资本市场中的一个高评价项目,直接影响投资者与监管者的决策。这种将报表项目错误分类的盈余管理手段,不牺牲未来的公司业绩,成本更低;同时净利润不变,相对更隐蔽,通常会被审计师和监管者所忽略。本书首先系统地分析中国上市公司归类变更盈余管理的存在方式,然后从归类变更盈余管理的影响因素与经济后果两个维度展开研究。影响因素方面,主要从外部治理的视角,研究我国近几年推出的融资融券机制及反腐新政两个政策事件对公司会计信息质量的影响。经济后果方面,主要从投资者及银行债权人的视角,研究归类变更盈余管理产生的投资者误定价及信贷资源错配问题。

　　全面研究上市公司归类变更盈余管理的方式,有助于投资者、监管者对公司核心利润的正确解读。通过分析会计信息披露的制度背景及会计科目之间相互关系的机理,并结合经验研究,笔者发现:(1)我国上市公司存在归类变更盈余管理行为,其基本方式主要表现为将营业外收入转移到营业收入。而且在营业利润微增长公司和公开增发公司不仅存在将营业外收入转移到营业收入,还明显存在将经营费用转移到营业外支出的方式,说明提升核心利润动机越强烈的公司,其归类变更盈余管理越明显。(2)我国上市公司存在选择性地在非经常性损益表中披露非经常性损益项目的归类变更盈余管理特殊方式,即对非经常性收入尽量地少披露而对非经常性支出充分地披露,因此扣除非经常性损益后净利润指标的真实性与可信度有待提高。
(3)现金流量归类变更是归类变更盈余管理的补充方式,研发投入归类变更
是归类变更盈余管理的替代方式。在归类变更盈余管理的上市公司中发现
了现金流归类变更存在的证据,主要表现为将经营现金流出转移到筹资现金
流出,以及将筹资现金流入计入经营现金流入,从而虚增经营现金净流量。
在 未 进 行 归 类 变 更 盈 余 管 理 的 公 司 中 发 现 了 R&D(Research and
Development,研究与开发)归类变更存在的证据,主要表现为将生产成本转
移到 R&D 投入,因为 R&D 投入是除核心利润外影响股价的又一高评价项
目。现金流归类变更与归类变更盈余管理之间的"共谋"效应进一步加大了
核心利润真实性的识别难度,研发投入归类变更与归类变更盈余管理之间的
"替代"效应进一步加大了高评价项目真实性识别的广度。

与现有学者主要从公司治理或公司特征研究归类变更盈余管理的影响
因素不同,本书研究了卖空机制的推出及反腐新政的开展对误导性强、隐蔽
性大的归类变更盈余管理产生怎样的影响。通过面板回归模型、双重差分
(DID)、logit 模型及安慰剂试验等计量方法的检验,研究结果表明:(1)卖空机
制能够显著减少上市公司归类变更行为,说明卖空是一种重要的公司治理机
制。对于外部市场环境落后、内部治理水平欠佳的公司来说,这种治理作用
更加明显,说明卖空机制可以弥补并改善公司外部治理环境及内部治理机制
的不足。(2)反腐败对公司归类变更盈余管理可以产生抑制效应,说明反腐
败是一种新型的非正式治理机制。对于国有企业及在市场化水平高的地区
的企业来说,反腐败对其归类变更盈余管理的抑制作用更强。并且反腐败是
通过降低公司代理成本和提升企业绩效影响了企业的归类变更盈余管理行
为,其中降低代理成本是反腐败作用于企业归类变更盈余管理的主要渠道。

核心利润具有信息含量,直接影响公司利益相关者的决策,本书从投资
者与债权人视角考察归类变更盈余管理的经济后果。通过剖析投资者对利
润信息的"功能锁定"机理,以及信贷决策与会计信息的关系,并运用面板回
归模型、套利检验等方法,笔者发现:(1)进行归类变更盈余管理的公司,其核
心盈余持续性会降低;资本市场的投资者由于无法识别归类变更盈余管理,
对归类变更盈余管理公司的核心盈余进行了错误定价,即进行归类变更盈余
管理公司的核心盈余会被高估。较高比例的机构投资者持股会在一定程度
上降低错误定价。(2)归类变更盈余管理使得企业获得了更多的长期借款,
说明银行在信贷决策时无法完全识别企业核心利润的真实度。归类变更盈

余管理误导信贷决策的现象受到企业政治关联及地区金融市场化水平的影响。与非政治关联企业对比,政治关联企业的归类变更盈余管理能够强化其获得银行借款的能力;与信贷资金分配市场化程度高的地区比较,在市场化程度低的地区,企业的归类变更盈余管理导致信贷资源错配的可能性相对更为显著。在银行业竞争程度较高的地区,银行对于会计信息质量的要求较低,对归类变更盈余管理的识别能力相对较弱。

目　录

1

第一章 导 论

第一节　问题提出

  盈余管理与财务信息质量密切相关,直接影响投资者对企业的价值评估及资本市场的健康运行。企业出于资本市场动机、监管动机、契约动机进行各种盈余管理活动,因此盈余管理是公司金融研究领域一个古老而又富有生命力的话题。最初盈余管理相关研究焦点多集中于应计利润。基于制度运用层面的应计盈余管理,是利用改变会计政策或会计估计的手段模糊或调节企业业绩的行为(Dechow & Skinner,2008)。通过管理不直接影响现金流量的应计项目,例如递延坏账损失、改变资产减值比例、改变折旧年限与方法、资本化研发费用等会计手段,对各期的应计利润进行调整。由于反转效应的存在,本期通过应计盈余管理增加的利润将在未来某个期间转回,因此应计盈余管理不会改变公司的长期价值,但会影响利润在各期间的分布,影响投资者与监管者的短期判断。2002 年,美国《萨班斯-奥克斯利法案》通过,外部审计监管与诉讼风险压缩了应计盈余管理的操控空间,企业真实盈余管理越来越受到关注。基于业务活动层面操控的真实盈余管理,是以管理层的意愿推动改变经营活动、投资活动、筹资活动的运作时点及方式,有目的地改变报告盈余,误导利益相关者相信这是在正常的经营情况下达到的财务报告盈余目标(Roychowdhury,2006)。真实盈余管理的运作方式,例如利用放宽信用条件或创造促销时机扩大销售量、进行过量生产以降低单位营业成本、减少酌量性费用支出等,这些真实盈余管理手段影响了企业的现金流量,偏离了企业最优经营策略,对企业未来价值产生一定影响。

由于传统的应计项目盈余管理和真实活动盈余管理存在空间有限、未来价值受损等不足,企业逐渐转向了归类变更盈余管理。归类变更盈余管理不改变公司的净利润,通过改变损益业务在利润表各项目的归属分类,如将营业活动的费用归入营业外支出,营业外收入的盈利归入营业收入,从而实现夸大核心盈余的目的。这种将报表项目错误分类的盈余管理手段,不影响公司未来的业绩,成本低于真实盈余管理;同时不改变净利润与现金流,隐蔽性高于应计盈余管理,不容易引起投资者、审计师和监管者的关注。McVay(2006)开创性地构建计量模型,在大样本数据下考察北美等国家上市公司归类变更盈余管理的存在证据,发现了管理层存在"有意"将部分"核心费用"项目(如管理费用、营业成本和销售费用等)错误归类至"特殊损失项目"的行为。国内学者张子余和张天西(2012)借鉴 McVay(2006)采用的模型,发现某类特殊微利公司为满足配股再融资的规定,存在将利润表中的某些"核心费用"错误归类到"营业外支出"项目的归类变更盈余管理行为。然而归类变更盈余管理尚未引起理论界和实务界的广泛关注,还存在很大的研究空间,有必要进一步探讨归类变更盈余管理的具体方式、影响因素及经济后果。

影响归类变更盈余管理的因素主要可以分为公司内部环境和内部治理因素,公司外部环境和外部治理因素。现有研究已经在内部环境和内部治理影响因素方面得到了一些结论,发现当董事会中有更多的独立董事,且董事任期较长,审计委员会有更多的金融专家成员和会议时,能显著抑制归类变更盈余管理(Zalata & Roberts,2015;程富和王福胜,2015),刘宝华等(2016)研究发现持有处于行权限制期限内的期权和限制性股票的高管偏好分类转移,Abernathy et al.(2014)认为财务健康状况较差的企业、财务弹性较小的企业、市场占有率较低的企业实施归类变更盈余管理可能性更大。关于公司外部环境和外部治理因素对归类变更盈余管理影响的研究相对较少,主要涉及审计质量、机构投资者持股比例及分析师跟进等方面。Behn et al.(2013)研究发现,金融分析师的跟进能显著抑制归类变更盈余管理。Abernathy et al.(2014)认为审计质量会抑制应计项目盈余管理,机构投资者会抑制真实盈余管理,因此这两者都会增加归类变更盈余管理。可见,外部环境及外部因素对归类变更盈余管理影响的研究有待进一步拓展。公司外部环境的不完善或者制度层面的缺陷会导致公司内部治理机制得不到有效发挥,而且我国的政策制度正在发生日新月异的变化,及时总结政策制度对公司层面的治理效应显得尤为重要。因此,与现有学者主要从公司内部治理或企业特征研究归类变更盈余管理的影响因素不同,本书主要从政策制度层面研究卖空机制的推出,以及反腐新政的开展对归类变更盈余管理行为产生怎样的影响。

融资融券机制作为金融创新的重要一环,是促进资源有效配置的重要手段。卖空机制能有效约束经理人行为、缓解委托代理问题,从而优化企业的财务决策,有利于公司层面的资源有效配置(Massa et al.,2015)。我国自2010年3月31日开始引入融资融券制度,首批有90家证券进入标的,随后又进行了4次扩容,和若干次小范围调整,截至2015年年底,保留891家融资融券标的。我国融资融券交易的启动与扩容,为直接检验融资融券治理效应提供了契机。在融资融券的公司治理效应方面,我国学者从现金价值、投融资决策、盈余管理等角度进行了深入探讨。侯青川等(2016)指出,卖空机制的推行能够有效威慑大股东掏空公司利益的行为,提升公司内部治理效率,从而增加公司的现金价值。陈晖丽和刘峰(2014)首次基于我国资本市场考察融资融券对盈余管理的治理作用,研究发现,融资融券业务的推行不仅能够抑制上市公司管理层的应计盈余管理行为,对管理层的真实盈余管理行为也具有显著的治理作用。而顾琪和陆蓉(2016)认为,融券卖空量越大,卖空机制对盈余管理行为的抑制效果越显著。贺学会等(2016)研究发现卖空机制对不同类型盈余管理的治理效应存在差异。因此,针对卖空与盈余管理的研究,目前主要集中在卖空机制对管理层应计盈余管理和真实盈余管理的抑制作用方面,尚未有研究考察卖空机制对管理层以提高核心利润为目的的归类变更盈余管理的影响,这一点值得关注。

腐败会影响公司治理。一方面腐败恶化了企业的代理问题,公司管理层和大股东基于自利动机进行贪腐及与政商勾结等行为,给企业带来巨大的法律与政治风险,从而损害了中小股东的利益;另一方面,腐败加剧了企业管理层的道德风险。越腐败的人越有机会或动机去攫取公司管理层的职位,品德不良的人占据公司领导地位,公司治理自然面临更大挑战。腐败弱化了公司治理并滋生不良的企业文化,导致企业更容易从事会计舞弊等违法违纪行为。公司内部人会主动进行会计操纵来掩盖严重的腐败或政商勾结。更严重的是,腐败形成的保护伞会放纵或者纵容公司的会计舞弊行为。2012年11月,在新一届领导集体上任后,我国开展了卓有成效的反腐倡廉活动,包括强化中央巡视、执行"八项规定"、推进群众路线教育实践活动等一系列举措,依法严惩党政公职人员的腐败腐化行为。反腐新政在深度与广度上都是史无前例的,王茂斌和孔东民(2016)的研究发现,在党的十八大后,高腐败地区上市公司的财务报表质量明显提升,同时应计盈余管理的情况显著减少。那么,反腐新政作为公司外部治理的一种机制,对更隐蔽的归类变更盈余管理会产生怎样的影响,这方面的研究有助于完善反腐新政与公司盈余管理关系的文献。

会计信息是资本市场中的投资者及银行债权人决策的重要依据。如果投资者与债权人不能获得高质量的会计信息,则会导致其对股票错误定价或信贷决策的失误,进而导致金融市场的低效率。利润中的核心盈余是投资者及银行评估公司价值的主要依据,公司有动机为提高形象而操纵核心盈余,收入或费用的归类变更是公司虚增核心盈余的主要途径,已有文献认为,为应对投资者和分析师的预期,公司偏好以归类变更方式虚增核心盈余(McVay,2006;Barua et al.,2010;Fan et al.,2010;Haw et al.,2011)。公司采用归类变更操纵核心盈余的行为又会降低核心盈余持续性,引起利益相关者的决策损失。因此,研究归类变更盈余管理对股票定价的影响,归类变更盈余管理对信贷资源配置效率的影响,以及检验投资者与债权人能否察觉归类变更,对于合理评价公司价值、提升资源配置效率具有重要的现实意义。

所以,针对中国资本市场的实际情况,上市公司的归类变更盈余管理行为是否存在?归类变更盈余管理有哪些表现方式?除影响归类变更盈余管理的基本因素外,融资融券、反腐新政等公司外部治理机制的推出是否会影响归类变更盈余管理行为?归类变更盈余管理是否会产生投资者的错误定价?归类变更盈余管理是否误导了银行的信贷资源配置?这些都是值得探究并亟待解决的问题。

第二节　研究内容

本书首先关注中国上市公司归类变更盈余管理的形成机理与存在方式,然后从归类变更盈余管理的影响因素与经济后果两个维度展开研究。影响因素方面,主要从外部治理的视角,研究我国近几年推出的融资融券机制及反腐新政两个政策事件对企业微观主体会计信息质量改善的影响。经济后果方面,主要从投资者及银行视角,研究归类变更盈余管理产生的投资者误定价及信贷资源错配问题。以下是研究的主要内容:

第一,我国上市公司归类变更盈余管理存在方式的检验。中国资本市场的多项监管政策都将扣除非经常性损益后净利润(以下简称扣非后净利润)作为监管利润指标,包括对 IPO(Initial Public Offerings,简称 IPO)、公开增发、特别处理、恢复上市等多项资本市场行为的监管。扣非后净利润的高低代表公司的核心竞争能力,投资者、分析师及贷款人也越来越关注企业的核心盈余。因此,上市公司有动机通过归类变更盈余管理使扣非后的净利润指标达到相应的政策要求或者达到投资者的预期。由于我国年度财务报告披露规则要求对非经常性损益进行单独披露,因此归类变更盈余管理的方式除了国内外学者关注的基本方式之外,还得特别考察我国特殊的提高扣非后净利润的方式。前一种基本方式,是将经常性费用转移到非经常性损失,或者将非经常性收益转移到营业收入;第二种特殊方式,是在非经常性损益表中对非经常性收入尽量地少披露而对非经常性支出尽量地多披露。为了更全面系统关注归类变更盈余管理方式特征,本书进一步研究归类变更盈余管理的"补充"方式——现金流的归类变更,以及归类变更盈余管理的"替代"方式——研发投入的归类变更。

第二,从外部治理视角研究政策事件对归类变更盈余管理的影响。现有学者一般都从公司治理或企业特征研究归类变更盈余管理的影响因素。公司治理的完善能抑制归类变更盈余管理(Zalata & Roberts,2015;程富、王福胜,2015;刘宝华等,2016)。Abernathy et al.(2014)从财务状况、机构持股比例、市场份额、税率、审计质量、会计弹性、现金流预测等多方面考察了这些特征对归类变更盈余管理的影响。卖空机制的推出及反腐新政的开展对误导性强、隐蔽性大的归类变更盈余管理产生怎样的影响,现有学者尚未涉及。卖空机制的震慑作用将迫使企业更加谨慎地衡量机会主义行为的成本与收益,反腐新政会切断寻租设租渠道,培育更加完善的企业文化。两者均改善了外部监督和公司治理环境,具有抑制归类变更盈余管理的理论基础,本书对此进行机理分析与经验研究。

第三,从投资者与债权人视角考察归类变更盈余管理的经济后果。一方面,研究归类变更盈余管理对投资者定价的影响。由于核心利润的盈余持续性高,而非核心利润的盈余持续性较低,它们对股价及未来收益会有不同的预测能力,即它们有不同的盈余信息含量。核心利润对公司价值的影响高于非核心利润的影响(Bradshaw & Sloan,2002),如果投资者不能看穿归类变更盈余管理的技巧,经理人就能通过收入与费用的归类变更提升公司价值,造成市场的错误定价。本书以中国上市公司及股票市场数据,研究投资者是否能识别公司的归类变更盈余管理。另一方面,研究归类变更盈余管理对信贷资源配置的影响。部分学者发现,盈余管理掩盖了公司真实业绩,损害了会计信息的债务契约有用性(陆正飞等,2008),银行无法识别上市公司会计信息中包含的应计项目盈余管理,导致这些企业信贷规模扩大(马永强等,2014;周德友,2015)、信贷融资成本降低(周德友,2015)。归类变更的隐蔽性及以提高核心利润为目的的特征更容易误导银行的信贷资源配置决策,目前尚未有学者对此进行研究。

第三节　研究框架

本书共分为九个部分：

第一章为导论，阐述研究的背景、研究框架及创新点。

第二章为文献综述，梳理并评述与研究主题相关的文献。内容涵盖应计项目盈余管理、真实活动盈余管理及归类变更盈余管理等三大盈余管理的手段、影响因素、经济后果，以及融资融券的治理效应，反腐败对公司价值、公司会计信息质量的影响。

第三章研究上市公司归类变更盈余管理的形成机理。从管理层对归类变更盈余管理选择的偏好与管理层面临应计与真实盈余管理的约束两个方面展开了分析。

第四章研究我国上市公司归类变更盈余管理的存在方式。主要研究基本方式，也关注了特殊方式、补充方式、替代方式。

第五章研究卖空机制对归类变更盈余管理的影响。在卖空机制引入之后，与没有进入卖空标的范围的公司相比，标的公司的归类变更盈余管理程度是否显著降低；并根据公司外部市场化环境的强弱、内部治理环境的优劣，研究卖空机制对归类变更盈余管理影响的异质性。

第六章研究反腐新政对归类变更盈余管理的影响。反腐败是否促使了腐败企业的归类变更盈余管理程度出现明显的下降，从而提高核心利润的质量；这种影响在不同的所有制结构及不同的市场化背景下是否有差异化，并进一步研究反腐败对归类变更盈余管理产生作用的渠道机制。

第七章研究归类变更盈余管理与投资者定价。通过归类变更盈余管理夸大的核心利润没有持续性，那么投资者是否能看穿这种盈余管理并进行合理定价？通过研究归类变更盈余管理公司的核心利润与股票未来回报的关系，说明投资者是否高估了归类变更公司的核心盈余，即归类变更盈余管理是否产生了核心盈余异象。

第八章研究归类变更盈余管理与信贷资源配置。从企业获得的长期借款、短期借款，以及借款期限结构考察银行对归类变更盈余管理的识别能力，关注归类变更盈余管理是否导致了信贷资源的错配，并进一步研究不同的政企关系、不同的金融市场化水平是否在归类变更与信贷资源错配的关系上有不同的表现。

第九章为结论、建议与展望。本章对第四、五、六、七、八章的理论与实证研究结论进行了梳理归纳,提出了与各章节结论相对应的政策建议,同时指明了研究中存在的若干不足,而这些不足是未来值得深入研究的方向。

本书的研究路线如图1.1所示。

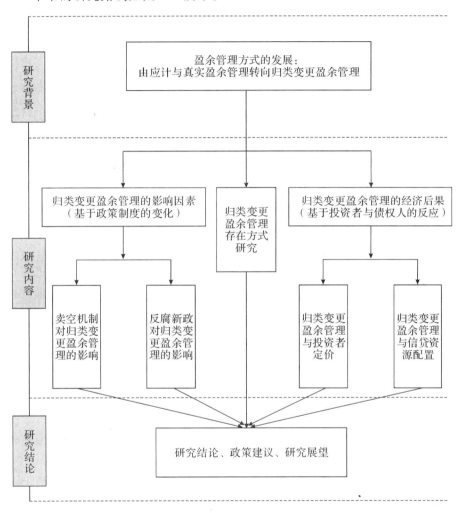

图 1.1 研究路线

第四节　研究创新点

丰富了归类变更盈余管理方式的研究。对于归类变更盈余管理基本方式,McVay(2006),张子余和张天西(2012)仅关注营业费用与营业外支出归类变更的研究存在不足,本书加入了营业收入与营业外收入归类变更的考察。除了基本方式外,本书还研究了非经常性损益表披露归类变更这一特殊方式,即在非经常性损益表中尽可能少披露非经常性收益项目,并尽可能多地披露非经常性损失项目,以提高扣非后的净利润。除通过归类变更盈余管理提高核心利润外,经营现金流与研发费用也是市场投资者评价公司价值的两大主要财务指标,这有可能促使管理者进行除归类变更盈余管理外的其他高评价项目的归类变更。本书研究了归类变更盈余管理的补充与替代方式,提出经营现金流量的归类变更与核心利润归类变更存在"共谋"现象,而研发费用归类变更与核心利润归类变更存在"替代"现象。

填补了卖空机制对归类变更盈余管理影响研究的空白。在卖空机制对盈余管理的影响研究方面,学者主要针对应计盈余管理和真实盈余管理进行研究(Hirshleifer et al.,2011;Massa et al.,2015;Fang et al.,2016;陈晖丽和刘峰,2014;顾琪和陆蓉,2016;贺学会,2016;张璇等,2016),对于卖空与归类变更盈余管理的研究,目前国内外学者尚未涉足。本书研究卖空机制如何影响企业的归类变更盈余管理,发现融资融券制度的实施能在一定程度上修正企业的归类变更行为,为现有文献发现的卖空机制的公司治理作用提供了新的证据,同时本书还发现了卖空机制能弥补其他公司治理机制的不足,卖空机制对归类变更盈余管理的抑制作用在市场化环境较差地区及内部治理较差的公司表现得更加明显。

填补了反腐败对归类变更盈余管理影响研究的空白。本书首次基于上市公司大样本数据考察了反腐败对企业归类变更盈余管理程度的影响,丰富了反腐败与微观企业行为关系及盈余管理领域的相关研究。本书使用党的十八大之后的反腐新政作为自然实验平台,通过构建双重差分模型(difference-in-difference,DID),研究结果发现反腐新政后,高腐败上市公司归类变更盈余管理程度有明显下降,即反腐败抑制了腐败企业归类变更盈余管理,并进一步分析了反腐败产生外部治理效应的作用渠道,有效地弥补了反腐败影响机制这方面的研究不足,在纵向角度上拓展了腐败经济学的研究。本书为反腐败已成为经济转型时期公司治理的非正式机制提供了经验证据,研究结果具有现实价值。

拓展了归类变更盈余管理经济后果的研究。已有研究一般从投资者角度主要针对应计盈余管理分析应计盈余管理对应计持续性及应计异象的影响(Xie,2001;Richardson et al.,2006)。Alfonso et al.(2015)研究发现市场对归类变更盈余管理公司的核心利润定价过高,造成核心盈余异象,本书不仅论证我国上市公司归类变更盈余管理行为是否会导致核心盈余异象,而且还从机构投资者持股比例的角度考察归类变更盈余管理市场异象的异质性。并且,本书首次从债权人角度研究了归类变更盈余管理是否会导致信贷资源错配,将盈余管理与信贷资源配置的研究拓展至归类变更盈余管理行为,检验了银行对其识别的能力,得出了归类变更盈余管理会导致银行长期借款信贷资源错配的结论,提示投资者及债权人运用核心利润进行决策时应加强对归类变更盈余管理的关注。

第二章 文献综述

本章对应计项目盈余管理、真实活动盈余管理和归类变更盈余管理的主要手段、影响因素及经济后果进行梳理,对企业盈余管理方式有一个全景的展现,为理解盈余管理方式由应计项目、真实活动向归类变更的变迁奠定基础。影响盈余管理的因素除一般的公司治理因素外,外部治理环境因素日益受到学者的关注,本章结合我国近几年的政策事件,进一步梳理了融资融券对公司投融资决策及盈余管理的影响,以及反腐败对微观经济运行的影响。

第一节 盈余管理的主要手段

一、应计盈余管理的主要手段

基于制度空间运用层面的应计盈余管理,是利用改变会计政策或会计估计的手段模糊或调节企业真实经营业绩的行为(Dechow & Skinner,2000)。具体主要有:资产减值的提取与转回、研发支出资本化、固定资产折旧方法改变等。

1.利用资产减值进行盈余管理是指上市公司管理层利用会计准则的可选择性,选取有利于自身利益的资产减值政策,使得公司盈余向管理层期望的方向变动,而投资者则由于会计信息的不对称性,无法洞察公司管理层的盈余管理行为。胡玮瑛等(2003)在对微利上市公司盈余管理的统计分析中发现,微利公司普遍有较多的一年以上的应收账款,坏账的可能性较大,微利公司通常少计提坏账准备,存在明显的利用资产减值准备进行盈余管理的现象。赵春光(2006)研究了上市公司的资产减值与盈余管理之间的关系,发现减值前亏损的公司存在以转回和计提资产减值进行盈余管理的行为,一方面是为了避免亏损,另一方面是为了进行"大洗澡";同时有较弱的证据说明减值前盈利的公司也存在以转回和计提资产减值进行盈余管理的行为,一方面是为了利润平滑化,另一方面是为了达到盈余增长。罗进辉等(2010)认为流动资产减值准备计提行为中存在多种盈余管理目的,比如扭亏为盈、平滑利润、避免亏损等。

2.利用研发支出资本化进行盈余管理是指通过将应该费用化的研发支出进行资本化的方式提高利润。Oswald & Zarowin(2007)采用英国公司作为研究样本,发现在研发支出部分资本化的会计政策下,企业很可能根据盈余管理的需要,对研发支出的资本化金额和费用化金额进行调整或操纵。Cazavan et al. (2011)以法国企业为研究对象,发现小规模和高负债企业的管理层为了平滑收益、扭亏等目的,更倾向于研发支出资本化政策。

2007年企业会计准则改革之后,关于研发支出从全部费用化改为有条件资本化,即企业自行研发项目的支出,应当区分研究阶段与开发阶段,研究阶段支出应予以费用化,开发阶段支出在满足一定条件下予以资本化。针对这一会计准则的变化,企业的盈余管理产生了新的可能。现行的会计政策对研究阶段和开发阶段的划分标准不够清晰,使得企业能够合理地调整研发支出的阶段,从而决定相关支出是费用化还是资本化。同时,资本化条件的判定存在一定难度。目前研发支出资本化需要同时满足五个具体的条件:完成该无形资产以使其能够使用或出售在技术上具有可行性;具有完成该无形资产并使用或出售的意图;无形资产存在市场或有用性;有足够的技术、财务资源和其他资源支持,以完成该无形资产的开发,并有能力使用或出售该无形资产;归属于该无形资产开发阶段的支出能够可靠地计量。而这些条件本身就难以衡量,由管理层当局所决定。肖海莲和周美华(2012)采取2006年前后的数据,考察了研发支出资本化和研发支出费用化这两种会计政策如何影响企业通过研发决策来调节盈余,发现有条件执行研发支出资本化的企业除了削减研发支出,还通过调节研发支出资本化与费用化之间的比例来进行盈余管理。许罡和朱卫东(2010)以2007年和2008年披露研发费用的上市公司为样本,研究了公司研发支出资本化选择与盈余管理动机的关系,发现上市公司的研发投入越大,其研发支出资本化选择倾向越高。管理当局通过对研发支出资本化进行了盈余管理,其动机主要是避免亏损和再融资的需要。

3.改变折旧和摊销政策会通过影响企业当期费用来影响会计利润,这也是应计盈余管理的重要方式。会计准则规定,企业应当根据固定资产的性质和使用情况,合理确定固定资产的使用寿命和预计净残值。固定资产的使用寿命、预计净残值一经确定,不得随意变更。企业自主确定折旧年限的权利为企业带来了利用折旧年限调整进行盈余管理的空间。同时,会计准则规定可以用平均年限法、加速折旧法等方法计提折旧;而对于无形资产的摊销,一般是采用直线法,但也存在年限确定上的弹性。折旧摊销方法可以由企业自主选择,其在提高会计信息相关性的同时,也为企业提供了盈余管理的可能。

叶康涛(2006)将折旧方法变更认定为一种会影响利润但不会影响所得税费用的盈余管理手段。但根据国家税务总局《关于企业所得税应纳税所得额若干问题的公告》(税总〔2014〕29 号),当会计折旧年限短于税法折旧年限时,应调增当期应纳税所得额;当会计折旧年限长于税法折旧年限时,不进行纳税调整。从该规定看,利用折旧方法进行盈余管理是有所得税成本的。进一步,税法调整也会引起企业运用折旧进行盈余管理的方式差异。2014 年 10 月,财政部与国家税务总局发布《关于完善固定资产加速折旧企业所得税政策的通知》(财税〔2014〕75 号)、《关于固定资产加速折旧税收政策有关问题的公告》(税总〔2014〕64 号),放宽了固定资产加速折旧所得税优惠政策。陈秧秧(2016)以这次放宽折旧抵税政策后六个月期间沪深上市公司有关折旧会计政策变更的情况进行研究,发现了计税折旧新政下企业通过加速折旧法调低当期业绩、"储蓄"未来期间盈余的证据。陈秧秧(2016)还指出,以 2014 年加速折旧所得税优惠新政前三年沪市上市公司为例,在年限平均法下延长折旧年限的公司有 22 家,缩短折旧年限的公司有 2 家,没有发生其他变更折旧方法的行为。可见,企业一般不会选择缩短折旧年限或加速折旧法,避免业绩下降。当然,在公司当期业绩特别乐观的情况下,会倾向于加速折旧,如 2003 年钢铁国际价格直线上升促使钢铁企业业绩大好的背景下,杭州钢铁股份有限公司与宝钢集团新疆八一钢铁有限公司均对固定资产进行了加速折旧,压低了当年的业绩。

二、真实盈余管理的主要手段

Schipper(1989)最早将真实盈余管理定义为通过安排投资或筹资决策的时间来改变报告盈余或者盈余的某些子项目,以达到操纵利润的目的。从这一定义中,我们可以得出安排投资或筹资决策的时间是实施真实活动盈余管理的一种手段。此后,学者们对真实盈余管理的各种操作方法进行了更为全面和深入的探讨。

第一类真实盈余管理是通过调整日常经营活动实施的,也是真实盈余管理中最为常见的一些操作手段。Jackson & Wilcox(2000)以1989—1997年美国微利上市公司为样本,发现微利公司为了保持正盈余或盈余的年度增长,会通过在第四季度降价销售的方式来避免报告损失及盈余和销售收入的降低。Gunny(2005)以1988—2000年的3万余个公司年度样本为基础,首先用R&D费用及SGA(销售与管理)费用预期模型估计正常水平的可操控费用,然后用公司实际发生的酌量性费用减去预期的酌量性费用得到异常的可操控性费用,发现公司盈余比分析师预测盈余相对较低时,管理层会努力削减公司的酌量性费用来提升盈余。Roychowdhury(2006)以1987—2001年共17338家美国上市公司为样本,实证证明了异常低的可操纵性费用暗示了管理层通过大幅削减可操纵费用来管理盈余。同时,过度的销售折扣与超额生产也可通过增加销量和降低单位产品成本来达到操控盈余的目的。类似地,Cohen & Zarowin(2010)、Ge & Kim(2014)等也得出管理层会通过价格折扣、超额生产与降低可操控性费用这三种方式来管理盈余,以期达到避免报告损失或迎合分析师盈余预测的目标。综上,在日常的经营活动中通常可使用销售操控(如放宽销售条件限制、信用条件、加大销售折扣等)、生产操控(如利用规模效应大量生产以降低单位产品成本)和酌量性费用操控(如缩减研发开支、广告开支和维修开支等)这三种手段来操纵盈余。

第二类真实盈余管理是通过调整资产交易活动实施。首先,主要通过销售长期资产。Bartov(1993)以1987—1989年653家上市公司为样本研究发现,当年盈余水平(不包括资产销售的利得)下降的企业出售资产的收益要显著高于盈余水平(不包括资产销售的利得)增长的企业,而资产的出售时间集中在第四季度,由此证明了公司会通过灵活安排长期资产的销售时间达到平滑盈余的目的。Herrmann et al.(2003)对1993—1997年度3000余家日本公司在当年财政年度末的财务数据进行分析,计算了来自长期资产的销售收入,并检验了这些销售收入与管理层盈余预测偏误,比如报告盈余与管理层盈余预测的差距之间的关系,发现公司的管理层通过固定资产的销售收入实现报告盈余与管理层盈余预测的差距最小化。其次,通过买卖金融资产。Dechow & Shakespeare(2009)发现,41%的季度股票交易发生在每季度的最后一个月。当企业利用卖出股票的利得达到盈余门槛时,股票交易在每季度最后五天发生的可能性最大。叶建芳等(2009)基于新会计准则下上市公司金融资产分类的实证研究表明:在金融资产持有期间,盈利情况不好的公司会利用可出售金融资产进行盈余管理和收益平滑,盈利好的公司则倾向于将可供出售金融资产中含有的作为资本公积的未实现利润留待以后年度实现。与此同时,从20世纪中期开始,国际资本市场对股票回购这种资本运作工具逐渐认可,法律禁锢随之解除。由于上市公司可以相对灵活地设计或控制回购的时机、回购规模及其他回购条款,回购交易的具体细节并没有强制要求披露,因此股票回购也逐渐成为公司盈余管理的手段之一。Hribar et al.(2006)认为股票回购是管理 EPS(Earing Per Share,简称 EPS)的最佳工具之一,并调查了公司是否会使用股票回购来达到或超出分析师的每股盈余预测。他们关注了 1988 年到 2001 年之间通过股票回购明显增加每股收益或是频繁、连续地进行回购的公司,结果发现大量进行股票回购的公司如果不进行回购,其每股收益将达不到分析师预测的水平。而且回购发生时间在某一季度越早,对该季度财务报告每股收益的影响就越大。Ben et al.(2003)的研究则发现,公司为减少员工股票期权对 EPS 的稀释作用也会实施股票回购。

两类真实活动盈余管理手段,其中销售操控、生产操控及费用操控与经营活动相关,发生频率高,而且其影响的是经营利润,所以一般的真实盈余管理都是指日常经营活动中的三大操控。

三、归类变更盈余管理的主要手段

归类变更盈余管理的主要目的是为了最大化核心利润,由于非核心利润的不可持续性,投资者、监管部门及分析师等资本市场的利益相关者越来越关注核心利润。公司进行归类变更盈余管理的动机链条为:第一,盈余管理的重要目标是达到分析师盈利预测或投资者的预期(Dechow et al.,2003;Brown & Caylor,2005)。第二,达不到分析师盈利预测目标或投资者预期会引发公司股价下跌(Skinner & Sloan,2002),高成长公司股价下跌的现象更加显著。第三,市场对不同利润构成的评价不同,持续性利润更能获得市场的认可,而非经常性利润项目通常具有更高的不可持续性(Bradshaw & Sloan,2002),因而公司具有强烈的动机提高核心利润或降低非经常项目利润。核心利润与非经常项目的归类变更一般采用的手段有以下两类。

1.将经常性费用归类到特殊损失项目。即将经常性费用科目归入营业外支出。Burgstahler et al.(2002)、Moehrle(2001)的研究发现,上市公司存在通过费用归类操控从而操控利润结构的行为,即将具有持续性的经营费用项目分类为非经常性损失。McVay(2006)以北美等国家的上市公司为样本进行研究,发现在分析师预测主要关注核心利润的背景下,公司管理层存在将"核心费用"转移到"非经常性损失项目"的证据,为了达到分析师预测,公司通过费用归类变更实现夸大核心利润的目的。Barua et al.(2010)也研究了主营业务的成本费用和非经常性损失之间的分类变更问题,得到了同样的结论。Fan et al.(2010)进一步的研究表明,在第四季度运用归类变更盈余管理的可能性大于前三季度,特别是管理层进行应计盈余管理的空间受到制约时,这种归类变更实施时间的特征更加明显。而 Fan & Liu(2017)进一步对制造业与非制造业的区分进行研究,由于制造业存在生产成本的发生与记录的业务,再加上生产成本的构成相对比较复杂,存在归类操控的更大空间,而非制造业不存在生产成本,因此两类企业在归类变更的特征上有所区别。制造业企业主要将主营业务成本归类到非经常损失项目中,而非制造业则主要将管理费用、销售费用等期间费用归类到非经常损失项目中。Nagar et al.(2016)以印度公司为研究样本,也发现了将经常性营业活动费用归类到非经常性损失以提升核心利润的证据。我国学者对归类变更盈余管理的研究甚少。吴溪(2006)发现一家上市公司将经常性费用归为非经常性损失,而且被监管部门要求进行纠正。这家公司进行归类变更的目的是使得扣非后净利润达到证监会的"摘帽"要求。张子余和张天西(2012)利用我国 A 股主板上市公司的数据进行了我国上市公司是否存在费用归类变更行为的大样本研究,其研究方法主要运用 McVay(2006)的模型,实证发现存在将"经营费用"转移到"营业外支出"项目的行为,且这种行为主要存在于微利公司。

2. 将特殊收益归类到经常性收益。Dye(2002)通过研究公司的租赁行为,发现管理层会根据不同目的设计租赁条款,以便将租赁业务根据意图划入经营性租赁或融资性租赁,以实现报表项目有目的地披露,或是将一些非经常性利得项目归为经常性收入,从而在利润表提高核心利润。高雨和闫绪奇(2014)运用 1999 年至 2005 年的中国上市公司为基本研究样本,根据利润表的结构,将非核心盈余定义为利润表内的投资收益、补贴收入、营业外收入、营业外支出与其他业务利润之和,若为正值项目称为非核心盈余,若为负值称为非核心损失,核心盈余由利润总额扣除非核心盈余倒算得到。他们以 1999 年 12 月证监会推出的上市公司披露"扣除非经常性损益后的净利润"的监管政策为背景,借鉴 McVay(2006)的归类变更计量模型进行实证,发现投资收益、补贴收入、营业外收入与其他业务利润等利润调增项目,政策推出后比政策推出前发生数量明显变小,而营业外支出等利润调减项目的发生数量政策后比政策推出前却明显增加,说明上市公司在扣非后净利润监管政策推出后存在将非经常性盈余进行分类转移的盈余管理行为,即将一些经常性费用项目归类为非经常性损失,或将非经常性收入归类为经常性收入。程富和王福胜(2015)选取 2007—2012 年沪深两市 A 股上市公司的财务数据,从我国上市公司分类转移盈余管理的特征、动机及公司治理因素对分类转移盈余管理的影响等三方面实证考察了分类转移,其中核心盈余的计算方法为:核心盈余＝(营业收入－营业成本－期间费用)/营业收入。研究发现:第一,管理层会将经营费用向下转移至营业外支出或将营业外收入向上转移至营业收入,以调增公司的核心利润。第二,管理层进行经常项目与非经常项目分类转移的目的是实现营业利润增长和避免营业利润为负。第三,管理层分类转移调增核心利润的程度与公司治理机制相关,第一大股东持股比例、机构投资者持股比例及独立董事比例越高对分类转移盈余管理抑制作用越大,而审计质量越高分类转移盈余管理越大,这可能是因为审计质量抑制了应计盈余管理,使得企业转向分类转移盈余管理。第四,公司为满足不同的利润目标阈值而采用不同的分类转移方式:公司偏好采用向上转移非经常性收入来避免营业利润为负以满足零营业利润阈值;公司会同时采用向下转移经常性费用和向上转移非经常性收入来实现营业利润增长以满足上期营业利润阈值。相比其他研究,其贡献在于:证实了上市公司同时存在营业外支出和营业外收入的分类转移;考察了若干公司内部治理因素对分类转移行为的影响。

第二节　盈余管理影响因素的研究回顾

一、公司内部环境及内部治理因素

1. 公司内部环境

三类盈余管理存在不同的实施条件。首先,应计盈余管理空间受会计弹性影响。一般来说,应计项目盈余管理是公司管理层利用会计政策的选择、会计方法及会计估计变更来实现的。因此,应计盈余管理不会对企业的实际利润产生影响,但是会改变企业真实盈余在不同的会计期间的分布。会计弹性是指应计项目的调整空间,如果企业在以前年度利用了应计项目来管理盈余,势必会压缩未来应计盈余管理的空间。因此,学者们都认为企业的会计弹性与应计盈余管理显著正相关。Hunt et al. (1996)采用了净资产的高估水平来衡量以前年度应计项目的调整程度,净资产越被高估说明以前应计项目盈余管理运用越多,会计弹性越小,反之会计弹性越大。他们以美国1972年至1991年度使用后进先出法的公司为研究样本,认为当期盈余操控可能受到前期应计项目调整的限制。Barton & Simko(2002)也认为净资产水平能反映以往应计盈余管理的程度,因为资产负债表能反映以往会计政策选择的累积效应,资产负债表中的净资产高估越严重,说明会计弹性已经被使用的越多,目前的会计弹性减少,应计盈余管理的能力相对越小。李彬等(2009)以我国1998—2006年的上市公司为样本,发现较小的会计弹性会压缩应计盈余管理的空间,因此公司会较多转向真实盈余管理的方式操纵盈余。邹燕和郭晓娟(2012)选取了2001—2010年我国A股上市公司作为研究样本,检验了会计弹性是否制约了当期盈余管理活动及会计准则的改革是否与会计弹性产生了协同效应的问题。研究发现,累积操控性盈余的转回只有在会计准则改革后对当期盈余操纵产生了约束作用,即会计弹性越大会导致盈余管理程度越高,会计弹性越小会导致盈余管理程度越低,操控应计的累积效应在新准则实施后得以体现。除会计弹性外,审计质量、现金流预测等因素也会抑制应计盈余管理的空间(Zang,2012;Abernathy et al.,2014)。

真实项目盈余管理受企业市场领导地位、财务状况、机构投资者持股及税率的影响。当企业市场领导地位较高,财务状况较好,机构投资者持股比例和税率偏低时,企业具备更多的进行真实活动盈余管理的条件,反之真实活动盈余管理空间较小,企业会更多地使用应计盈余管理(Zang,2012)。Zang(2012)还发现,应计项目盈余管理与真实活动盈余管理之间存在替代效应,管理层对盈余管理方式的选择基于两种盈余管理方式各自的成本。Abernathy et al.(2014)具体研究了各种制约应计项目盈余管理和真实活动盈余管理的因素对归类变更盈余管理的影响。他们认为:首先,当企业通过真实活动盈余管理增加账面收入时,也同时增加了应税收入和税收;其次,真实盈余管理会使企业偏离最优经营策略,处于财务困境中的企业最关注的是如何存续及提升经营状况,而非财务报告,真实活动盈余管理会使这类企业付出更高的代价;最后,实证证明了真实盈余管理会受到较差的财务状况、高的机构投资者持股比例和低的行业市场份额的限制。John et al.(2014)也提到真实活动盈余管理发生在期中,应计项目盈余管理发生在期末,归类变更盈余管理发生在期末,甚至只要没有公布报表就还能操纵。因此,三种盈余管理按照发生时点排序,公司最先实施的是真实活动盈余管理,然后是应计项目盈余管理,最后是归类变更盈余管理。也就是说,真实活动盈余管理在实施时间上受到的限制比另外两种类型的盈余管理要大。Fan & Liu(2015)将营业成本与期间费用分开来考察归类变更盈余管理,他们认为公司本身对营业毛利率和核心利润的管理重点不同会导致公司进行不同的归类变更处理。在公司主要关注营业毛利率的情况下,当公司的营业毛利率零增长时,说明公司进行了更多的营业成本的归类变更,而不是期间费用的归类变更,即公司会将营业成本归类到非经常性损失中,从而来提高营业毛利润,而进行期间费用的归类变更并不会有助于毛利率的提高;在公司主要关注核心利润的情况下,当公司的核心利润零增长或微利时,说明企业既进行了营业成本的归类变更,又进行了期间费用的归类变更,因为将营业成本与期间费用归类到非经常性损失都能提高公司的核心利润。Nagar et al.(2016)研究了1996—2011年印度孟买证券交易所上市公司样本,发现企业进行归类变更盈余管理与企业的生命周期相关,且处于衰退期的企业更有动机进行归类变更以避免亏损。蔡春和李明(2013)以我国上市公司为样本,研究了IPO企业的盈余管理方式选择及其对业绩的影响,并探讨不同盈余管理方式对发行定价的作用。研究发现,应计盈余管理与真实盈余管理均被企业为了成功实现IPO和提高发行价格所采用;当公司面临较低的法律保护水平、审计师为非国际四大会计师事务所从业人员及处于管制行业时,真实盈余管理更有助于公司提高股票发行价。IPO企业对盈余管理方式的偏好主要考虑了发行价最大化的目的。综观国内外的研究,财务状况(Z_score)、机构持股比例、市场份额、税率四个因素是约束真实活动盈余管理的变量,而审计质量、审计任期、会计弹性、营运周期、现金流预测,以及更严格的制度法案是制约应计项目盈余管理的变量,这些因素会促使企业转向归类变更盈余管理。Abernathy et al.(2014)实证结果表明,当应计项目和真实活动盈余管理的空间受限时,企业会更多地采取归类变更盈余管理。

2.公司内部治理因素

关于公司治理与应计盈余管理的关系。首先,国内外学者发现内部控制与应计盈余管理程度显著负相关。Doyle et al.(2007)发现内部控制缺陷的公司会存在故意或非故意地通过盈余管理操纵应计项目的行为,从而降低公司的会计信息质量。杨七中和马蓓丽(2014)发现高质量的内部控制仅可以制约公司的应计项目盈余管理程度,而对企业的真实活动盈余管理无法发挥有效的制约作用。范经华等(2013)的研究同样发现高质量的内部控制对公司的应计盈余管理行为具有抑制作用,虽然对真实盈余管理也具有抑制作用,但作用较小。其次,也有学者从审计委员会和董事会的角度入手,发现审计委员会、董事会及高管的特征均会影响企业的应计盈余管理水平。Klein(2002)研究发现审计委员会的独立性越强,企业的应计盈余管理程度越低,这种约束作用在审计委员会中有外部董事时更加显著。然后,学者还从高管特征角度研究对应计盈余管理的影响。刘继红和章丽珠(2014)研究了高管的审计师工作背景、关联关系与应计、真实盈余管理的关系,没有发现高管的注册会计师经验与财务技能会显著地监督和减少公司的盈余管理行为;相反,高管的注册会计师经验与财务技能赋予了高管进行更多应计项目盈余管理的能力,而且能让审计师对应计盈余管理的关注度降低,由于公司面临的审计监管相对宽松,这类公司没有从应计项目盈余管理转向成本更高的真实盈余管理。姜付秀等(2013)研究了 CEO 与 CFO 任期交错对公司的应计盈余管理水平的影响,发现两者错开任期的时间越长,任期交错越能降低应计盈余管理水平,但任期交错只对公司正向应计盈余管理产生抑制作用,对负向应计盈余管理的抑制并不显著。林永坚等(2013)研究发现上市公司高管变更会对其盈余管理活动产生重要的影响,在总经理变更的当年企业会存在负向的应计盈余管理。袁知柱等(2014)认为管理层持股比例与货币薪酬总额会促进应计盈余管理,但会抑制真实盈余管理,因此较高的高管激励程度会加剧应计盈余管理行为。最后,股东类别及控制人性质影响企业对盈余管理方式的偏好。应计盈余管理与真实盈余管理相比,对企业长期的经营活动影响较少,因此内部监管较好的公司会避免真实盈余管理,增加应计盈余管理。Roychowdhury(2006)发现机构投资者持股能对真实盈余管理起到抑制作用,当机构投资者持股比例较高时,管理者采用较少的真实活动盈余管理,采用更多的应计项目盈余管理,因为机构投资者和一般投资者相比具有更好的专业素养,能够认识到和真实活动盈余管理相比,应计盈余管理对企业的业绩影响更小。李增福等(2011)证明了国有控股企业及股权集中度较高的企业真实盈余管理程度较小,但应计盈余管理较大。薄仙慧和吴联生(2009)考察了机构投资者与国有控股对应计盈余管理的影响,发现国有产权性质有效抑制了正向应计盈余管理,但并没有有效降低负向应计盈余管理水平。毛洪涛和邓博夫(2015)研究了产权性质与应计盈余管理及真实盈余管理之间的关系,结果表明国有公司比民营企业具有更低的应计与真实盈余管理的水平,其原因在于国有企业承担了一定的政治目标,且其承受的市场压力和融资压力均显著小于民营企业。

关于公司治理与真实盈余管理的关系。学者的研究基本围绕董事会及高管的特征展开,发现了一些影响真实盈余管理的治理因素。Cheng(2004)的研究表明,企业薪酬委员会能够察觉到经营者进行真实盈余管理,并且能对经营者支付的薪酬做出相应调整。这说明设立薪酬委员会的企业,其管理者更难实施真实活动盈余管理。胡元木等(2016)基于可操控 R&D 费用视角,以 2007—2013 年上市公司为样本,研究了技术独立董事对管理层真实盈余管理行为的影响。结果表明,技术独立董事能有效抑制管理层操控 R&D费用,从而间接提高了利润信息的质量。与前面的相反,也得出了一些无法抑制真实活动盈余管理的治理因素。臧秀清和韩婷婷(2017)则以 2012—

2014 年上交所 A 股上市公司为研究对象,考察了政治关联是否会影响独立董事的独立性,具体研究具有政府官员背景的独立董事如何影响公司的真实活动盈余管理。结果表明:政府官员背景的独立董事未能约束企业的真实盈余管理行为。他们按照所有权性质进行了异质性分析,发现国有企业相对民营企业的真实盈余管理水平较低。陈沉等(2016)认为,管理层具有自利行为动机,管理层薪酬激励大多依赖于经营业绩指标,管理层控制权的增加使其对公司生产活动、销售活动及成本等控制能力增加,并证实了管理层控制权与真实盈余管理之间存在显著的正相关关系。此外,Ali & Zhang(2015)研究了 CEO 任期对盈余管理的影响,并实证证明了在 CEO 任期的早期,企业的异常酌量性费用会更高,后期则会出现明显的下降,说明 CEO 在上任初期会进行更多的盈余操纵。Braam et al.(2015)研究了政治关联如何影响盈余管理方式,由于政治关联公司的盈余管理一旦被查出,这家公司、经理的名声及相关政治团体和政治家的社会形象都会被损害,公司也不能再从这种关联中获取收益。而应计盈余管理更易被发现,因此对政治关联公司来说,实施应计的成本也更大,并实证证明了政治关联较强的公司会较少采用应计盈余管理,更多地用真实盈余管理来代替,真实活动盈余管理的具体方式为销售操控和酌量性费用操控。

关于公司治理与归类变更盈余管理的关系。Zalata & Roberts(2015)对713 个样本公司的董事会和审计委员会特征进行实证研究,发现当董事会和审计委员会有更多其他公司的 CEO 成员时,归类变更盈余管理更为普遍,而当董事会中有更多的独立董事,且董事任期较长,审计委员会有更多的会议和金融专家成员时,能显著抑制归类变更盈余管理。程富和王福胜(2015)也发现了相似的证据,研究发现第一大股东持股比例、机构投资者的持股比例及独立董事比例会抑制线上线下的归类变更调增盈余的程度。刘宝华等(2016)考察股权激励公司的盈余管理优序决策问题。研究发现分类转移、应计和真实活动盈余管理的优序因高管所持权益类型的不同存在显著差异。持有处于行权限制期限内的期权和限制性股票的高管第一偏好为分类转移盈余管理,然后是应计盈余管理,最后是真实活动盈余管理;而持有可行权期权和非限制性股票的高管第一偏好应计盈余管理,其次分类转移,最后选择真实活动盈余管理。

二、公司外部环境及外部治理因素

1. 公司外部环境

会计准则变化的影响。应计盈余管理是通过对会计政策、会计估计的运用来实现的,所以会计准则变化和其他会计政策的变化等政策因素会影响到企业进行应计盈余管理的空间。学者们普遍认为会计准则的变化会对应计盈余管理产生显著影响。Ewert(2005)基于美国的会计准则的研究表明,会计准则趋严会加大企业应计项目盈余管理的难度,应计盈余管理水平会因为严厉的会计准则而降低,但又会促使企业增加真实盈余管理行为。而我国学者对于这方面的研究大多基于 2007 年我国企业会计准则的变化。沈烈和张西萍(2007)全面分析了 2006 年新会计准则推出对企业盈余管理的影响,发现新的会计准则缩小了企业进行应计盈余管理的空间。罗婷等(2008)的研究也得出了新会计准则明显压缩了会计估计和会计政策选择空间的结论,使得应计盈余管理有所下降。于李胜和王艳艳(2007)也研究了 2006 年新旧会计准则过渡期的盈余管理,以 IPO 公司为研究对象,以资产减值计提为研究视角,结果表明新政策、新制度抑制了 IPO 公司的盈余管理行为。然而,也有学者持相反看法,蒋大富和熊剑(2012)研究发现,我国上市公司盈余管理的动机在会计准则变更之际更加强烈,特别是 ST(Special Treatment,特别处理)公司为避免退市具有更强的盈余管理动机。进一步研究发现,连续亏损的上市公司及避免戴帽的上市公司主要通过非经常性损益进行盈余管理。刘永涛等(2011)通过对新会计准则实施前后非金融类上市公司的盈余管理行为进行研究后发现,企业在新会计准则实施后的平均可操纵性应计利润的绝对值明显大于新会计准则实施前。他认为上市公司的盈余管理行为并没有因为新会计准则实施而减少,并且有所增加。胥朝阳和刘睿智(2014)从会计信息可比性要求提高的视角研究管理层盈余管理行为。结论表明,会计信息可比性要求的提高抑制了应计盈余管理,但增加了真实盈余管理,会计信息可比性是诱发管理层从应计盈余管理转向真实盈余管理的重要因素之一。Barua et al. (2010)研究发现,SFAS[Statement of Financial Accounting Standards,财务会计准则(公告)]第 144 号政策的出台显著抑制了归类变更盈余管理。

　　税收政策变化的影响。由于应计盈余管理特征之一是利用会计准则与税法的差异,因此增加利润的同时一般不增加所得税。例如,少计提已经跌价资产的资产减值,少计提坏账损失,这些手段都是在增加账面利润的同时并没有增加当期应纳税所得额,而真实盈余管理具有税收成本。因此,税率的变化会影响到企业对应计盈余管理的选择,对于拥有更高边际税率的公司会努力避免采用真实活动盈余管理,转向更多的应计盈余管理。另外,应计盈余管理也会影响所得税成本在各期的分布,再加上资金具有时间价值,所以在税率变化时期也会影响管理层对盈余管理方式的选择。我国学者在研究税收政策对盈余管理影响时,往往会利用 2008 年的所得税改革。李增福等 (2011)以 2008 年所得税改革为背景,将公司分为税率上升组与税率下降组进行研究,以关注税率向不同方向变动的公司在盈余管理方式上的差别,结果发现在 2007 年预期税率上升的公司主要通过真实活动盈余管理调增利润,2007 年预期税率下降的公司主要通过应计项目盈余管理调减利润。赵景文和许育瑜(2012)研究了两税合并对盈余管理的影响,也同样发现税率下降,公司进行了显著向下的应计盈余管理,以获取大幅度税率下降带来的高税收筹划收益,但没有选择真实盈余管理方式,这与真实盈余管理会造成企业未来价值受损有关。Abernathy et al.(2014)认为对于向上盈余管理的企业来说,高税率提高了真实活动盈余管理的所得税成本,因此会转向通过归类变更盈余管理提高核心利润以达到美化形象的目的。但这一观点并没有在美国上市公司的实证研究中得到证实。

资本市场监管政策的影响。谢柳芳等(2013)研究了 2012 年创业板退市制度的变化对上市公司盈余管理方式的影响,更严格的退市制度限制了上市公司实施应计盈余管理的空间。实证研究表明:公司在退市新政前主要实施应计盈余管理;而在退市新政后主要实施真实盈余管理,应计盈余管理出现显著减少。在 2002 年推出公开增发业绩门槛 ROE(Rate of Return on Common Stockholders' Equity,净资产收益率,简称 ROE)的计算由净利润转变为扣非后净利润与净利润孰低者后,公司操纵扣非后净利润的动机增强以达到业绩门槛,而提升扣非后净利润的有效方法是采用归类变更盈余管理。李晓溪、刘静和王克敏(2015)研究了公开增发业绩门槛变化对公司盈余管理行为的影响,结果发现公开增发业绩门槛变化使公司偏好以归类变更的方式提升扣非后净利润,因此也降低了核心盈余的持续性,进一步造成投资者高估公司未来核心盈余与股票价值,出现了核心盈余异象。我国公开增发业绩门槛历经数次变迁,主要表现为:1998 年 1 月 1 日—2001 年 3 月 15 日、2001 年 3 月 15 日—2002 年 7 月 24 日、2002 年 7 月 24 日—2006 年 5 月 8 日、2006 年 5 月 8 日—2010 年 12 月 31 日分别为"无业绩门槛时期"、"前 6％ROE 门槛时期"、"10％ROE 门槛时期"和"后 6％ROE 门槛时期"。王克敏和刘博(2012)对公开增发业绩门槛高低的变化与公司盈余管理策略进行了研究,发现公司公开增发前主要通过应计项目盈余管理做高利润,随着业绩门槛提高,公司应对低质量公司竞争及投资者逆向选择的盈余管理程度有所减少。高业绩门槛具有筛选高质量公开增发公司的作用。高雨和闫褚奇(2014)通过研究 1999—2005 年间的上市公司数据,发现了"扣除非经常性损益后的净利润"的相关监管政策的出台提升了公司进行归类变更盈余管理的动机。

2. 公司外部治理因素

审计的治理作用。审计质量的高低、会计师的专业水平均与应计盈余管理程度显著负相关。蔡春等(2005)考察了审计质量对应计盈余管理的影响,发现由"非十大"会计师事务所审计的公司比"十大"会计师事务所审计的公司操纵性应计利润总额高。林永坚和王志强(2013)研究了事务所的规模大小及专业水平高低对公司盈余管理的影响,认为规模越大、专业水平越高的事务所越有能力发现客户的盈余管理行为,而小事务所由于专业能力的局限和机会主义倾向会默许上市公司的盈余管理行为。Abernathy et al.(2014)也研究了一些外部治理因素对公司盈余管理的影响,认为审计质量会抑制应计项目盈余管理,但同时也增加了归类变更盈余管理。

投资者保护程度的影响。Cohen et al.(2008)证实在萨班斯法案通过以后,由于外部监管力度的加强,使得企业应计盈余管理的空间下降,从而削弱了应计盈余管理程度,同时管理者采用真实盈余管理的程度增加。蔡春等(2013)研究发现 IPO 企业为提高发行价格采用的盈余管理方式在法律保护程度不同的地区具有不同的表现。在较低法律保护水平地区的公司倾向实施应计盈余管理;在较高法律保护水平地区的公司倾向实施真实活动盈余管理。曾建光等(2013)发现拆迁关注度高的地区,投资者保护诉求高,因此公司在进行正向盈余管理时上调程度小,而进行负向盈余管理时调低利润的幅度大。于忠泊等(2011)发现大量的媒体关注给管理者带来了强大的市场压力,迫使其为了满足市场预期而进行基于应计项目的盈余管理,并且这种压力在分析师数量较多、机构投资者持股比例较高的情况下更加明显,而相反媒体关注并不会给企业带来真实盈余管理的提高。贾巧玉和周嘉南(2016)以是否是交叉上市公司代表投资者保护的差异,研究了交叉上市与公司盈余管理方式选择的关系。他们认为,交叉上市带来了更加严格的外部监管,制约了控股股东和管理层谋取私利的可能性,从而也抑制了公司的应计盈余管理,但这些公司会转向隐蔽性强的真实活动盈余管理。经验研究表明,严格的外部环境使得交叉上市企业的应计盈余管理减少,但真实盈余管理随之增加。

分析师跟进的影响。分析师能够降低投资者和经理人之间的信息不对称,分析师跟进不仅能增强公司治理,是公司治理机制的重要组成部分,而且也能助推公司的其他治理机制得以有效运行。因此,国内外学者们均有研究分析了分析师预测对企业应计盈余管理的作用。Dyck et al.(2010)利用美国上市公司的数据研究发现,相比其他投资者,分析师具有发现管理层欺诈行为的能力,使得公司应计盈余管理显著降低,成为上市公司重要的外部治理机制。李春涛等(2014)利用我国上市公司的数据发现分析师预测可以增加企业的透明度,能够对声誉较高的名企形成有效的监督机制,显著地降低了名企盈余管理的规模和报告微利的概率,但是对普通企业的影响并不明显。李春涛等(2016)利用2006—2014年的中国上市公司数据,研究了分析师跟踪对企业应计盈余管理和真实盈余管理的不同作用,发现分析师对应计盈余管理具有监督效应,能够减少应计盈余管理,但是对真实盈余管理具有促进作用。其主要原因是与应计盈余管理相比,真实盈余管理具有较高的隐蔽性,分析师易于监督隐蔽性较差的应计盈余管理,这种监督迫使经理人转向真实盈余管理。仓勇涛等(2011)、李丹蒙(2015)等认为,分析师跟进通常会对企业的短期业绩披露产生一定压力,很多公司管理层会做出迎合分析师预测的盈余管理行为,以避免股价下跌。但同时分析师的关注在客观上起到了一种间接的监督作用,使应计盈余管理被识破的风险增大。此时,管理层便会转而采用更加隐蔽的盈余管理方式——真实活动盈余管理。并实证证明了,分析师跟进人数与企业的应计盈余管理显著负相关,分析师跟进人数越多,企业的盈余管理的方式转向隐性化的真实活动盈余管理越多。McVay(2006)、Fan et al.(2010)研究了分析师预测对管理层归类变更盈余管理行为的影响,发现管理层会通过归类变更夸大核心利润以达到分析师预测,并且上述归类变更盈余管理在第四季度得到了更明显的运用,特别是在管理层运用应计项目盈余管理的能力受到限制时尤为如此。Barua et al.(2010)也同样发现,为了达到分析师预测,企业会将经常性损失归类为非经常性损失。Behn et al.(2013)研究发现,在投资者保护强和投资者保护弱的地区都存在归类变更盈余管理,而金融分析师的跟进能显著抑制此类盈余管理,尤其是在投资者保护较弱的地区。

第三节　盈余管理经济后果的研究回顾

一、盈余管理对企业业绩的影响

Ducharme et al.(2001)认为IPO企业存在机会主义盈余管理行为,研究发现应计盈余管理与公司IPO后的业绩存在着显著的负相关关系。王福胜等(2014)探讨了盈余管理影响企业未来经营业绩的作用机理,也发现应计盈余管理会对企业的未来经营业绩产生负面的影响。罗炜等(2008)研究指出,我国2001年的债务重组会计准则有利于约束企业利用重组收益进行盈余管理的行为,进而使得重组企业在未来取得较好的公司业绩。蔡春等(2013)和王福胜等(2014)均认为应计盈余管理对企业的短期经营业绩负面影响较大,长期经营影响比较小。因此,应计盈余管理对于企业业绩的影响目前还没有比较一致的结论。

真实盈余管理与公司业绩。大多数学者得出真实盈余管理对企业经营业绩的影响是负面的结论。Graham et al. (2005)、Bhojraj et al. (2009)都用实证证明了真实活动盈余管理与随后年份的经营业绩负相关。他们认为之所以会得出这样的结果是因为真实盈余管理违背了企业正常的经营计划,正常的经营活动被打乱,造成了更多的应收账款、更大的存货积压及研发延迟等,这会对企业未来现金流产生负面影响,真实活动盈余管理即使美化了当前盈余,也会损坏企业的长期价值,因此,真实盈余管理是一种导致整体资源配置低效率的次优选择。王福胜等(2014)比较了应计盈余管理与真实盈余管理对公司未来业绩的影响。实证发现,两类盈余管理都与公司未来经营业绩负相关,且应计盈余管理主要对公司短期业绩产生负面的影响,真实盈余管理主要损坏公司长期业绩。Cohen & Zarowin(2010)及李增福等(2011)采用应计项目操控与真实活动操控两种模型,研究了特定事件,即上市公司股权再融资过程中的盈余管理行为及其对公司业绩的影响。结果表明,上市公司在股权再融资过程中会同时使用应计项目盈余管理和真实活动盈余管理。两类盈余管理对业绩影响存在明显差异,真实盈余管理会导致上市公司股权再融资后长期业绩下滑,而应计项目盈余管理会引起融资后公司业绩的短期下滑。

也有一些学者证实了真实盈余管理对企业未来业绩的影响是积极的。Gunny(2010)认为,真实活动盈余管理使得报表利润达到某一阈值,向市场传递企业的竞争能力及美好的发展前景,可以提高公司的声誉,并提高公司在债权人、供应商和客户等利益相关者心中的形象。真实盈余管理使得利润达到投资者预期,从而提高股价、避免诉讼、降低融资成本、增加投资机会等均给公司改善未来业绩提供了一定的空间,使公司具有更好的发展环境。并在实证部分证明了真实盈余管理确实可以提高企业的业绩水平。Chen et al. (2010)研究发现,进行真实盈余管理达到分析师预测的上市公司,其长期发展能力要优于进行应计盈余管理的公司,也要优于不进行任何方式盈余管理的公司,这表明真实盈余管理具有传递公司未来业绩看好的信号功能。

还有少数学者认为真实盈余管理对企业未来业绩的影响是不定的或不显著的。Li(2010)的实证结果表明,真实活动盈余管理中销售操控带来的非正常经营现金流水平与未来的股票业绩表现正相关,而真实活动盈余管理中生产操控带来的非正常成本的水平与未来的股票业绩负相关。这说明不同的真实盈余管理手段对企业未来业绩的影响存在差异,销售操纵会提高企业之后的业绩,生产操控则会降低企业未来的业绩水平。Zhao et al.(2012)研究了不同动机和强度的真实盈余管理对公司未来业绩的影响。真实活动盈余管理总体上与企业未来绩效呈现负相关,这是真实活动盈余管理的价值损害效应,但真实盈余管理也存在信号传递效应,为了达到业绩门槛的真实活动盈余管理与企业未来绩效正相关。真实活动盈余管理的动机及强度决定了真实盈余管理的成本及收益,合理权衡成本与收益使得真实盈余管理比较适度,从而对未来价值产生正向作用。因此,真实盈余管理对企业未来经营业绩的影响不一定是负面的。Taylor & Xu(2010)实证研究了真实盈余管理对企业之后业绩的影响,结果表明企业参与真实盈余管理活动并不会使之后的业绩表现有明显的下降。他们认为这很可能是因为大部分公司的管理者并不会进行特别激进的真实盈余管理,而是会仔细考量真实盈余管理的成本和收益,以确保不损害企业的长期价值。类似地,Gary et al.(2010)的实证结果也表明企业当期是否进行真实盈余管理与未来业绩没有显著的相关性,原因主要在于两个方面:在关键时刻进行真实盈余管理是一种偶然行动,只要未来年度企业生产销售回归正常计划,这种偶然的、适度的真实活动盈余管理不会损害企业未来业绩;符合要求或预期的业绩是一种好信号,给资本市场中各个利益相关者传递了企业未来前景看好的信号,给企业创造各种未来发展的便利,而真实活动盈余管理能帮助企业实现业绩的预期,因此真实盈余管理具有正向作用。

归类变更盈余管理对公司业绩的影响。由于归类变更盈余管理只是会计科目之间的分类转移,与企业真实经营活动安排无关,与会计政策和会计估计的变更也无关,故一般不会对未来的经营绩效产生不利影响。但也要注意,将营业费用转移到营业外支出引起的异常高的核心利润将在未来期间不复存在,因为本期被转移的经营费用会在下期重新发生,而这是下期核心利润的减项,除非下期同样进行归类变更盈余管理,但长期进行盈余管理会带来很大风险。与此类似,本期被转移的营业外收入下期很可能不再发生,因此将营业外收入转移为营业收入引起的异常高的核心盈余也将在下期不再出现,所以归类变更盈余管理会导致公司未来核心利润的下降(McVay,2006;程富和王福胜,2015)。Pan(2014)发现分析师认为经过归类变更形成的核心利润不具有持续性,但是其不能完全预测归类变更盈余管理对未来收益的影响程度,这使得分析师在预测未来收益时的精准度下降。

二、盈余管理的股票市场反应

上市公司管理层存在通过特殊手段"粉饰"账面利润规模和利润结构的盈余管理行为,市场投资者若无法有效识别上市公司的操纵行为,就会高估企业核心盈余的持续性和企业未来的业绩,引发错误定价。

应计盈余管理的市场反应。Sloan(1996)指出,市场投资者由于过分看重企业的账面利润规模,不能有效识别应计利润与现金流的可持续性差异,因此高估了企业的盈余质量和应计利润的价值,产生了应计异象。利用美国资本市场的季度数据,Collins & Hribar(2000)进一步发现了市场投资者高估企业应计利润价值的经验证据。然而,上述两项研究均没有深入探讨导致市场发生错误定价的是操纵性应计利润部分还是非操纵性应计利润部分,也没有深入考察应计异象的成因。为了解决这一问题,Xie(2001)、DeFond & Park(2001)将上市公司的应计利润进行细分考察。研究发现,上市公司管理层通过应计盈余管理获得异常高的操纵性应计利润,降低了未来年度盈余持续性,引起市场投资者高估企业价值,而非操纵性应计利润则不会导致市场投资者发生错误定价。Beneish & Vargus(2002)、Thomas & Zhang(2002)、Richardson et al.(2005)和 Chi & Gupta(2009)等众多文献从关联方交易带来的巨额应收账款、存货计价方式和跌价准备计提比例等较易操纵的应计项目入手展开研究,证实应计利润质量越低,盈余持续性越弱,未来年度发生利润反转的可能性越大,但市场投资者并不能够进行准确判别,引发错误定价,进一步佐证了上述观点。基于我国资本市场的经验数据,林翔和陈汉文(2005)首次发现了上市公司的应计盈余管理导致未来年度盈余持续性下降的证据,缺陷在于未能进一步考察市场投资者是否存在错误定价的行为。高荣婧等(2013)的研究成果证实,投资者未能有效识别上市公司的盈余管理,是应计异象产生的重要原因,且应计盈余管理程度越大,应计项目的错误定价程度越高。

真实盈余管理的市场反应。现有研究对真实盈余管理的市场反应尚未得出一致结论。一类观点认为,由于真实盈余管理会扭曲企业正常生产经营进程,导致未来年度的经营业绩出现滑坡,因此市场投资者在估值时将会对存在真实盈余管理嫌疑的企业进行折价,从而有效抵消企业虚增盈余带来的资本市场溢价效应(Lin et al.,2006);另一类研究则强调,由于部分投资者存在短视行为,且真实盈余管理引发的业绩滑坡不会在短期内显现,因此真实盈余管理带来的短期"繁荣"将导致市场投资者发生错误定价(Chen et al.,

2010)。

归类变更盈余管理的市场反应。考虑到核心盈余是市场投资者对上市公司进行估值的主要依据,且上市公司管理层能够通过归类变更盈余管理较为隐蔽地虚增核心盈余,归类变更盈余管理的市场反应逐渐引起了学术界的关注,但文献较少。Hsu & Kross(2011)指出,由于投资者和分析师过分信任企业核心盈余的质量和持续性,上市公司的归类变更盈余管理行为难以被有效识别。Alfonso et al. (2015)在此基础上展开进一步研究,主要检验了当公司使用收入分类策略来增加核心利润时,市场是否会错误定价公司的核心利润,其利用密歇根检验法(Mishken Test)检验投资者是否正确定价了归类变更公司的核心利润,并假定市场是有效率的,利用收益预期模型生成未预期回报模型,研究结果表明,市场无法看穿"经常性经营费用转到非经常性经营费用——增加核心利润"这类归类变更,对做了归类变更的公司的定价是偏高的,研究在控制了应计项目和真实活动盈余管理之后,结果仍然是显著的。这一研究证实了归类变更盈余管理将引起市场投资者高估企业的核心盈余持续性和公司价值,提醒监管部门和市场投资者加强对上市公司利润分类转移行为的识别。李晓溪等(2015)基于我国资本市场也获得了相似的经验证据。研究发现,针对增发公司业绩门槛法规变化,公司公开增发前分类转移增强,可操控应计盈余管理减弱,核心盈余持续性下降,核心盈余异象增强。公开增发业绩门槛变化使公司偏好以分类转移方式虚增核心盈余,从而改变核心盈余结构,引起核心盈余持续性下降,进一步造成投资者高估公司未来价值,导致核心盈余异象。

关于盈余管理市场反应的检验方法,现有文献涉及的主要包括密歇根检验法、套利检验法(Zero-Investment Portfolio Analyses)和多元回归分析法(Multiple Regression Analyses)。

密歇根检验法使用两个联立方程进行考察。第一个方程代表盈利预测模型,计算得出当期与下一期收益相关的报告盈余持续系数(RPC),代表企业实际的盈余持续性水平;第二个方程代表非预期回报收益模型(其中非预期收益指标来自第一个方程的残差),计算得出预期盈余持续系数(EPC),代表企业预期的盈余持续性水平。密歇根检验假定在市场运行有效的情况下,RPC与EPC不存在统计学差异;若市场发生错误定价,则RPC与EPC存在显著差异。以Sloan(1996)的研究为例,当着眼于市场对企业净利润的定价时,RPC与EPC无显著差异,说明市场在评估企业盈余持续性方面是准确且有效的。然而,当Sloan(1996)将研究对象转移至市场对企业应计利润和经营现金净流量的定价时,市场对企业盈余持续性的预测精度出现明显下降,以此得出结论,认为市场并不能觉察到企业的应计利润和经营现金净流量的区别。

套利检验又称零投资组合检验,被 Sloan(1996)在研究中最先使用。零投资组合是指所有投资仓位加总后所得投资净值为零的投资组合,一般由同时买入和卖空同类型股票形成,风险与收益均较低。交易策略是将所有样本公司依照盈余管理程度进行排序,选取最小十分位点公司进行做多,选取最大十分位点公司进行做空,观察投资组合一年后的超额收益率。若投资组合的超额收益率显著不为零,则认为市场无法完全识别上市公司管理层的盈余管理行为,发生错误定价。

正如 Kraft et al.(2007)所言,密歇根检验法通过比较联立方程系数的差异进行研究,倘若方程中遗漏了与盈余持续性密切相关的公司特征指标,则可能导致盈余持续系数的衡量出现偏误,研究结论不稳健。而对于套利检验,异常的投资组合超额收益率可能源于宏观环境风险的变化而非市场的错误定价。为了解决上述问题,现有文献在密歇根检验和套利检验的基础上,进一步引入多元回归分析法考察市场反应。多元回归模型选取样本公司第 $t+1$ 年的股价超额收益率指标作为被解释变量,第 t 年盈余管理程度指标、第 t 年净利润(核心利润)指标及两者的交叉项作为解释变量,选取账面市值比、销售收入增长率、每股经营现金净流量等指标作为控制变量。若盈余管理指标与净利润(核心利润)指标的交叉项系数显著为负,则说明上市公司的盈余管理行为降低了盈余持续性,引起市场投资者发生错误定价。

除上述从投资者是否会对盈余管理产生误定价研究盈余管理的市场反应外,也有学者从盈余管理是否会影响企业的权益成本进行了研究。Bhattacharya(2003)通过对应计利润的分解构建盈余不透明指标,研究发现权益资本成本与盈余透明程度显著负相关,表明处于信息劣势的投资者为了避免损失要求更高的回报。于李胜和王艳艳(2007)认为整体应计质量与权益资本成本呈负相关关系,提高应计质量,能够降低权益资本成本。孙权(2013)研究发现上市公司管理层每调增 1 元的利润,权益资本成本会上升 0.06 元,说明上市公司为盈余管理付出了一定的权益资本代价。Kim & Sohn(2011)用美国公司的样本证实了公司的真实盈余管理及应计盈余管理均会带来股权融资成本的上升,但真实盈余管理对股权融资成本的正向影响更强。与此不同的是,罗琦和王悦歌(2015)基于公司成长性差异对真实盈余管理与权益资本成本之间的关系进行了研究。实证发现,高成长性公司利用真实盈余管理向市场传递"好消息"的动机比较强烈,而且真实盈余管理也助推了公司声誉上升并使得权益资本成本下降。而低成长性上市公司实施真实盈余管理的负面影响较大,最终将导致其权益资本成本上升。真实盈余管理的积极作用表现为通过真实盈余管理调整后的利润能够提升公司形象,传递发展良好、价值较高的信息。而真实盈余管理的负面作用主要表现为,扭曲了公司最优的生产、销售及研发的安排,容易出现库存积压、大量坏账等负面价值影响。成长性高的企业真实盈余管理的积极效应会大于负面效应,但成长性低的企业情况相反,即不太能够承担真实盈余管理高昂的实施成本。

三、盈余管理对信贷资源配置的影响

首先,盈余管理对企业债务资本的影响。基于银行及债权人是否能够看穿企业进行盈余管理,国内外学者一般有两种不同意见。部分学者认为相关债权人能够看穿企业的盈余管理行为,因此债务资本会随着应计盈余管理程度的提高而增加。姚立杰和夏冬林(2009)研究发现,盈余质量越高,债务成本越低。于静霞(2011)研究表明,企业向上的盈余管理与其贷款成本正相关。Ge & Kim(2014)讨论了真实活动盈余管理对新发行债券的融资成本的影响。他们认为,一方面,真实盈余管理损害了盈余质量,加大了经理人和债券持有者之间关于公司业绩的信息不对称程度,给公司未来的现金流带来了风险,因此,债券持有者会要求提高风险溢价来保障自身权益;另一方面,外部投资者很难辨别出真实活动盈余管理,他们将力度过大的销售折扣、过度的生产及过低的酌量性费用视为企业正常的经营策略、预期未来销量增加及效率增强的结果,而非一种人为操控。这种情况下,债券投资者很可能只看到真实盈余管理带来的现金流增加及业绩提高等暂时的好处,而忽略了隐性的利益损害对于目标收益率的负面影响。在实证部分,作者用发行时的债券收益率与国债收益率之差表示债券融资成本,得出了过度生产会损害债券的信用评级,以及销售操控和过度生产与债券融资成本正相关的结论。另一部分学者则认为银行无法有效识别企业的盈余管理行为,因此不会对债务成本产生影响甚至产生负向影响。Liu et al.(2010)的研究发现市场并不能识别公司发行债券前的盈余管理行为,存在显著向上盈余管理的公司债务成本反而较低。刘文军和曲晓辉(2014)研究也表明银行并没有对盈余管理程度不同的企业在贷款利率上有所差异。

其次,盈余管理对企业获得贷款的影响。陆正飞等(2008)以长期借款为研究对象,发现盈余管理对银行的信贷决策并没有影响。马永强等(2014)发现企业通过盈余管理上调利润越多,得到的信贷资源越多;国有企业通过应计盈余管理获取信贷资源的现象更明显,非国有企业通过真实盈余管理获取

信贷资源的现象更明显。这说明了企业通过盈余管理满足银行对自身盈利能力的要求,获取了更多的信贷资源,同时,我国银行对企业盈余管理行为的识别能力较为有限,盈余管理加大了银行的信贷风险。

最后,盈余管理对企业银行借款担保的影响。刘文军和曲晓辉(2014)通过使用 2001—2012 年 1319 笔银行借款数据,以操控性应计利润衡量盈余管理,实证检验发现:盈余管理与银行借款担保没有表现出显著的正相关关系;但在特定的条件下,公司盈余管理程度越高,银行借款需要担保的概率越大。特定条件主要包括银行预测到公司未来现金流较低,以及贷款银行处在金融市场发展水平较高的地区。

第四节　融资融券对公司治理影响的研究

融资融券业务是证券公司向客户出借资金供其买入证券或者出借证券供其卖出,并由客户交存相应担保物的经营活动。融资融券作为信用交易工具,是否能在股票市场层面和公司层面发挥治理作用,引起了理论界和实务界的广泛关注。

一、融资融券对股票定价效率的影响

融资融券在提高市场定价效率、平抑股价异常波动等方面的作用,学者并没有得出完全一致的结论。

投资组合的收益率满足正态分布是金融学研究的基本假设之一,是投资组合在"完美市场"中最高效率的定价方式和最为合理的收益率波动范围。大量研究认为,卖空约束的存在使得投资者无法针对利空消息做出及时和充分的反应,导致虚高的股价无法得到及时平抑,引起投资组合的收益率偏离正态分布,降低市场定价效率的同时也为股价暴跌埋下了隐患。Miller (1977)指出,股票价格的不确定性和风险反映了投资者预期的差异程度。当股票价格虚高时,卖空限制的存在将使得股票被乐观投资者集中持有,而悲观投资者则被迫退出市场,引起股价高估。Diamond & Verrecchia(1987)通过建立排除部分信息交易者的理性预期模型证实,倘若信息完全透明且投资者均为理性,卖空限制不会影响市场定价效率,但由于市场中存在非公开的私人信息,卖空限制将导致股价无法针对非公开的利空消息进行及时调整,降低了信息表达效率,引发市场错误定价。Hong & Stein(2003)基于 Miller

(1977)的研究思路,进一步考察了卖空限制对股价暴跌风险的影响,研究发现,卖空限制导致负面消息无法及时反映在股价中。负面消息积累到一定程度后会集中释放,引起股价下跌。在股价下行过程中,由于卖空限制使得股票被乐观投资者集中持有,大量悲观投资者成为潜在的交易对象。然而,考虑到悲观投资者对负面消息较为敏感,不愿意在虚高的价位购入股票,导致市场成交量萎缩,卖方无法将持有的股票及时售出,进一步加剧股价下行,最终引起崩盘。Chang et al.(2007)通过考察香港股票市场的经验数据指出,卖空约束将引起股价高估,且投资者对股票收益的分歧越大,市场定价效率越低,即从经验上证实了 Miller(1977)的理论研究。Bris et al.(2007)基于全球 46 个国家和地区资本市场的经验数据,发现相比于存在卖空限制的市场,允许卖空市场中的股价能够更快地针对利空消息做出反应,市场定价效率较高。由于不同国家和地区的资本市场存在系统性差异,因此研究结果存在较大噪声。Saffi & Sigurdsson(2011)利用个股回报相关性、市场信息反应滞后程度、收益分布范围等微观层面指标衡量市场定价效率,在 Bris et al.(2007)的研究基础上进一步控制了不同资本市场的异质性,证实卖空约束会损害市场定价效率。

2010 年 3 月 31 日,我国 A 股市场正式启动融资融券制度,为学术界研究融资融券的治理效应提供了优良的自然实验环境。Chang et al.(2014)基于我国 A 股市场推行融资融券业务的政策背景,从多角度考察论证了融资融券的股票市场治理效应。研究发现,对于首批被列入融资融券标的名单的上市公司,在政策实施当日及未来两个月内均能观察到个股收益率的异常滑坡,从侧面证实了政策实施前的卖空约束引起了股价高估。融资融券制度实施后,标的个股的定价效率和收益持续性显著提高,股价波动率显著降低。李科等(2014)基于 2012 年发生的"酒鬼酒塑化剂超标"突发事件,利用白酒行业可卖空与不可卖空的上市公司构建对冲投资组合,以考察融券机制对资本市场负面信息吸收速度的影响。研究指出,相比于可卖空的上市公司,不可卖空公司的股价被显著高估,意味着融资融券制度能够有效提高市场定价效率。陈海强和范云菲(2015)借鉴 Hsiao et al.(2012)提出的面板数据政策效应评估方法,证实融资融券制度的推行显著降低了标的公司的股价波动率。在此基础上进一步细分了融资交易和融券交易,发现融资交易显著平抑了股价波动,而融券交易则加剧了股价波动,由于样本区间内的融资交易量高于融券交易量,融资交易对股价波动的抑制效应占据主导地位。李志生等(2015a)在上述研究基础上,探讨了融券卖空量与市场定价效率改善程度的关系,并且进一步考察了融券交易机制作用于个股定价的传导途径和内在机理。研究发现,由于融券机制在优化市场流动性、降低市场信息不对称程度、提高持股宽度等方面对股票市场具有显著的治理作用,因此卖空交易能够有效提高市场定价效率,且融券卖空量越大,个股吸收负面消息越及时,定价效率越高。李志生等(2015b)通过考察比较融资融券标的上市公司与非标的上市公司及个股被标的前后的股价波动特征,证实融资融券机制显著平抑了个股价格的异常波动和跳跃风险,有效提高了上市公司的信息透明度和市场信息传递效率。

也有部分学者认为融资融券机制会降低市场定价效率。由于信用交易模式为市场哄抬股价或恶意做空提供了工具,融资融券制度的推行会加剧股价异常波动,带来更大的股价崩盘风险。Allen & Gale(1991)研究指出,由于上市公司私人利益与社会总体福利之间可能存在矛盾,卖空约束的存在能够使得资本市场处于有效均衡和完全竞争的状态,对社会总体福利最为有利。如若解除卖空约束,上市公司间无法进行完全竞争,市场的稳定运行将被打破,投资者将利用优势信息获取私人收益,而损害社会总体福利。Keim & Madhaven(1995)通过对机构投资者交易行为进行分解研究,发现机构投资者会基于私人负面信息大量卖空,成为加剧市场波动的"助推器"。Henry & Mckenzie(2006)通过考察香港股市的经验数据发现,由于卖空行为因上市公司的负面消息引起,且相比于正面消息,资本市场对企业负面消息更为敏感,因此卖空交易量越大,上市公司股价后续的异常波动程度越高。Goldstein & Guembel(2008)指出,由于二级市场的股价能够显著影响资本市场资源配置结构,在股价下行过程中,融资融券业务的推行为卖空交易者通过恶意进一步压低股价而获利提供了可能,卖空交易者可能的操纵行为将严重损害市场定价效率,加剧股价崩盘风险。许红伟和陈欣(2012)选取我国A股市场推行融资融券交易的前后各一年数据,考察融资融券对市场定价效率和股价崩盘风险的治理效应。研究发现,融资融券机制虽然能够平抑股价崩盘风险,但对股价异常暴涨没有显著的治理作用,且无法有效提高市场定价效率。褚剑和方军雄(2016)着重探讨了融资融券对股价崩盘风险的影响效应。研究指出,该项政策的推出加剧了股价崩盘风险。究其原因,一方面是标的公司自身的股价较为稳定,使得融券交易的治理作用无法充分发挥,另一方面是融资交易的杠杆效应放大了股价波动,从而恶化了股价崩盘风险。

二、融资融券对公司投融资决策的影响

国内外学者从现金价值、投融资决策等角度深入探讨了融资融券的公司治理效应。侯青川等(2016)指出,卖空机制的推行能够有效威慑大股东掏空

公司利益的行为,提升公司内部治理效率,从而增加公司的现金价值。由于民营企业大股东对股价涨跌更为敏感,因此在第一大股东持股比例较高的民营企业中卖空机制的治理作用更为显著。Grullon et al.(2015)研究 2005—2007 年间美国证券交易委员会放松卖空限制、允许市场投资者在股价下跌时进行卖空的政策事件,发现随着卖空交易量增大,上市公司有意识地主动降低股票发行和投资的规模,但并未考察上述缩减投融资规模行为对维持公司价值是否确有积极作用。靳庆鲁等(2015)基于我国股票市场的卖空实践,在Grullon et al.(2015)的基础上继续深化研究。研究结果证实,放松卖空管制能够有效抑制上市公司的非效率投资行为,引导上市公司有效执行清算期权,从而提高公司的期权价值。顾乃康和周艳利(2017)发现,卖空机制对上市公司融资行为的治理作用主要体现在潜在卖空交易的事前威慑,而非实际卖空交易本身传递的信号,着重强调了卖空机制的反向作用,进一步丰富了融资融券公司治理效应的研究视角。

三、融资融券对公司盈余管理的影响

大部分研究主要围绕融资融券对上市公司盈余管理等财务操纵行为的抑制作用,考察融资融券的公司治理效应。Karpoff & Lou(2010)指出,卖空交易者能够在上市公司发布财务错报公告前及时发现其财务不端行为,且上市公司财务操纵程度越大,财务错报公告前的空头头寸数量越多。他们首次从经验上证实了外部投资者能够识别上市公司的财务操纵行为并据此做出相应的卖空决策。Hirshleifer et al.(2011)通过考察美国资本市场 1988—2009 年的经验数据,发现上市公司某年度异常高的应计利润将诱使市场投机者通过大量卖空交易进行短期套利,意味着资本市场中存在卖空交易者通过分析上市公司盈余质量主动搜寻融券目标的现象。

基于上述研究,国内外大量学者开始从上市公司的视角考察管理层应对卖空威胁所采取的措施。Massa et al.(2015)选取 2002—2009 年 33 个国家和地区的公司层面卖空交易数据,发现潜在的卖空交易量越大,上市公司的应计盈余管理程度越小,从经验上直接证实了融资融券业务对上市公司盈余管理行为的抑制作用。在上述研究基础上,为进一步消除上市公司个体异质性对研究结论的干扰,Fang et al.(2016)着眼于 2007 年 4 月美国证券交易委员会颁布施行的融券交易新规则试点,比较考察放松卖空约束的试点公司与非试点公司盈余管理程度的变化。研究指出,相比于非试点公司,试点公司的盈余管理程度在新规颁布后出现显著下降,并且该种变化不能由市场关注度和股票交易量

等外生因素的变动来解释,进一步证实了融资融券制度对上市公司盈余管理行为的治理作用。陈晖丽和刘峰(2014)首次基于我国资本市场考察融资融券的盈余管理治理作用。研究发现,融资融券业务的推行不仅能够抑制上市公司管理层的应计盈余管理行为,对管理层的真实盈余管理行为也具有显著的治理作用。进一步的研究指出,融资融券制度作为一项外部治理机制,在股权结构缺乏制衡的公司中能够发挥更强的治理效应,即与公司内部治理机制互为替代,但其治理效应的发挥需要依靠优质的市场经济法律环境,即与其他外部治理机制共生互补。肖浩和孔爱国(2014)首次将融资融券的股票市场治理效应和公司治理效应结合考察,在探究融资融券的股票市场治理效应作用机制时发现,由于管理层在面临资本市场的卖空威慑时被迫放弃高程度的盈余管理行为,股票价格的信息含量显著提升,股价异常波动得到有效平抑。顾琪和陆蓉(2016)的研究结果证实,卖空机制与盈余管理之间存在双向作用效应,即市场投资者能够准确识别盈余管理程度高的融券标的公司并进行大量卖空,而融券卖空量越大,卖空机制对盈余管理行为的抑制效果越显著,能够帮助资本市场淘汰盈余质量低的上市公司。贺学会等(2016)将上市公司管理层的盈余管理行为细分为阈值型和融资型两大类,分别考察卖空机制对不同类型盈余管理的治理效应的异同。研究发现,对于为迎合特定财务门槛而进行的阈值型盈余管理,由于卖空机制在发挥威慑作用的同时也给予了上市公司巨大的业绩压力,诱导其为避免被卖空而进行盈余管理,因此卖空机制无法有效发挥抑制作用;而对于举债和发行股票等动机的融资型盈余管理,市场投资者能通过分析财务报告质量主动搜寻融券的目标公司,从而有效震慑上市公司可能存在的盈余管理行为。上述研究结果证实,融资融券只能对特定的盈余管理行为发挥治理作用。张璇等(2016)在现有研究基础上进一步剖析了卖空机制发挥盈余管理治理效应的传导路径。研究指出,融券业务的推行使得上市公司的股权激励强度和分析师跟进人数显著增加,内部治理和外部监督的力度均得到显著改善,从而能够有效抑制上市公司管理层的盈余管理行为。

第五节　反腐败的公司治理效应研究

　　腐败会弱化公司治理环境,恶化高管激励机制,降低会计信息质量,最终损害股东价值,并影响宏观经济的良性运行。我国 2012 年开始的反腐新政,更引起了理论界与实务界对反腐败与公司治理效应关系的关注。

一、反腐败对资源配置效率的影响

关于腐败对资源配置的影响,一类文献以"有效腐败论"为支撑,将腐败看作经济的润滑剂,认为腐败的本质是对抗低效政策导致的无谓损失的保险机制,可以通过纠正资源的无效率配置来促进效率的提升(Leff,1964;Shleifer & Vishny,1994;吴一平和芮萌,2010;李捷瑜和黄宇丰,2010)。另一类文献则从官僚体制和政府职能失效、交易成本提高、社会生产性活动降低、国家投资水平削弱等角度反对腐败,为反腐败运动提供理论支持(Shleifer & Vishny,1993;Mauro,1995;Tanzi,1998;陈刚等,2008)。

不少文献从反腐败对经济增长影响的角度关注资源配置效率。王贤彬等(2016)在对中纪委通报官员落马事件的研究中发现,党的十八大以后的高压反腐行动打破了原有的稳态均衡,由于官员腐败降低而促进经济增长的新稳态均衡难以在短期内建立,因此会出现经济增长短期下滑的可能。但从长期来看,反腐败对经济增长的推动作用是值得肯定的。孙刚等(2005)借助经济增长模型探讨最优反腐败路径,并指出通过市场建设可以使市场途径取代腐败活动成为资源配置的主要方式,进而使经济更加容易在反腐败的同时保持持续增长。长期来看,反腐败行动一方面提高了官员腐败的机会成本,在党政和群众的双重监督以及法律法规限制下,官员不得不提升管理效率、增强社会服务意识;另一方面,也减少了腐败现象、降低经济运行的不确定性,提高了市场的资源配置力度和市场运行透明度,有利于实现公平竞争。进一步,政府治理和市场环境的改善也有利于增强对外商直接投资的吸引力,促进固定资产投资增长,推动增长经济方式转型(高远,2010;汤向俊等,2015;龙小宁和黄小勇,2016)。

二、反腐败对公司价值的影响

一部分学者认为反腐败会影响公司的价值。这类文献主张"反腐损失论",反腐运动可能会降低在职官员的积极性、推迟部分投资项目的审批,不利于市场投资环境的改善;反腐运动切断了企业煞费苦心建立和经营的政商关系,削弱了附着于政治关联的发展优势,短期内反腐带来的政治不确定性也会对公司投资行为产生负面影响,进而延缓企业自身发展速度、损害公司价值。金宇超等(2016)研究发现,反腐高压使得瑕疵官员倾向于"不作为"以降低政治风险、带来投资不足问题,而反腐过程中上级官员的"落马"打开了下级官员晋升的渠道、国企高管为追求晋升"急于表现"倾向于过度投资以提升绩效;但无论是投资不足还是投资过度,都会削弱企业捕捉投资机会的能力,一定程度损害企业价值。应千伟等(2016)实证检验发现反腐事件导致国有企业尤其是地方国有企业、有政治关联或有政治寻租行为的企业、高补贴企业和垄断企业的市场价值短期显著下降。

很多学者的文献为反腐能提升公司长期价值的观点提供了理论和实证支持。一方面,反腐败为企业提供了良好的商业环境,市场在资源配置中的决定性作用进一步提升,社会交易成本降低,有利于培育公平竞争的市场环境。另一方面,反腐败有助于提升企业经营管理效率。

反腐败抑制管理层的机会主义倾向,促使将企业资源重新配置到生产性领域,激发公司创新活动的开展,推动公司价值持续增长。在转型阶段,政治关联和自主创新是企业谋求竞争优势的两种手段(杨其静,2011)。党力等(2015)通过构建模型证实两者之间存在替代关系,资源有限的企业根据两种手段的成本在两种方式之间做出权衡,对哪种手段更加依赖完全取决于两种方式的相对成本。强力反腐之前,企业更倾向于维持良好的政治关联,以便更高效地获取廉价资源、推动企业成长。党的十八大以来,不断加强的反腐败行动切断了旧的政商关系,加大了新政商关系建立的难度,也提升了新政商关系的维护成本,大大削弱企业谋求政治关联的内在激励。当反腐败对通过政治关联谋求发展的方式形成抑制时,也对企业的研发创新投入形成一种倒逼机制,加快了企业发展方式的改变。

当企业通过寻租能带来更高的回报率时,企业家能力被更多地配置到非生产领域,用以维护政商关系。而那些最有才能的人也将会改变职业选择,从生产者转变成寻租者,进而造成人力资本的无效配置(Murphy et al.,1991)。因此从企业家能力的角度看,反腐新政关闭了官员设租通道、提高了政治关联成本,进而刺激更多有才能的人从寻租者转换为创新者的角色。企业家改变已有的"拉关系"策略,加强对创新方向的把握、创新动力的提供和创新物资的保障(王健忠等,2017)。因此反腐降低了寻租活动的回报,激励企业大力开展研发创新活动,进而改善企业运营流程、优化生产,提升公司价值。

反腐败提高企业投资效率。吃喝腐败降低了投资效率、扭曲了资源配置效应(申宇和赵静梅,2016),反腐降低了企业面临的不确定性、减少了企业的寻租成本和交易成本,弱化了投资扭曲程度,进而提高企业投资效率、增加企业价值。

反腐败能改善公司治理机制。更好的公司治理能够提升股东价值(Gompers et al.,2003)。反腐能有效阻止内部人集权、改善代理难题,企业内部贪腐文化的削弱和廉洁风气的建设也能减少公司管理层选拔中存在的"劣币驱逐良币"现象、有效抑制管理层"传染性贪婪"效应的蔓延;反腐败作为一种新型的非正式机制能够间接参与公司治理,通过加强党政、媒体、群众等的外部监督等渠道,降低代理成本,提高代理效率,从而对公司治理发挥积极的作用(梁红玉等,2012)。

三、反腐败对会计信息质量的影响

腐败会降低会计信息质量(王茂斌等,2016)。腐败使得品德不良的人有更大的机会攫取公司管理层的高位,形成了不良的企业文化,而且腐败形成的保护伞会纵容公司的会计舞弊行为,或者企业会主动进行会计操纵来掩饰其腐败行为。因此,腐败更容易导致企业从事会计舞弊等违法违纪行为。Faccio et al.(2010)研究指出,政治关联对企业的保护作用使得企业提高会计信息的压力相对较弱,这使得相比无政治关联企业,有政治关联企业的盈余质量更差。Chaney et al.(2008)在对多个国家数据研究分析后得出政治关联显著降低企业会计信息质量的类似结论。

反腐败可以优化公司治理,改善会计信息质量。公司治理通过一套制度安排来保证会计信息质量(刘立国和杜莹,2003),并通过分析会计信息反映出来的公司治理问题,调整公司治理机制,不断完善信息质量,降低信息不对称程度。公司治理水平越高的公司,盈余管理水平越低(高雷和张杰,2008)。王茂斌和孔东民(2016)以公司现金持有的市场价值作为代理成本的测度指标,以盈余管理和财务报表质量为会计质量的代理变量,发现反腐新政提升了公司治理水平、降低了代理成本,改善了公司的会计质量,且这些效应对于非国有企业更加显著。

既有的实证研究中主要采用应计盈余管理指标作为会计信息质量的代理变量,检验反腐与会计信息质量的关系(王茂斌和孔东民,2016),而对反腐与其他盈余管理方式关系的进一步研究相对较少。我国会计账户的明细科目由企业确定内容范围,一定程度上带来了相近明细科目之间交叉使用的状况,这种明细科目使用和监督情况的松散混乱也造成了会计信息被有目的地分类管理的可能(钟覃琳等,2016),因此在"八项规定"出台等一系列高压反腐下,国企倾向于在不降低公款消费水平的情况下,努力将公款消费不计入敏感会计科目中,而是将公款消费计入相对不太敏感的会计科目中。敏感科目包括管理费用或销售费用中的业务招待费、办公费、差旅费等,不敏感科目包括原材料、生产成本等。叶康涛和臧文佼(2016)从上市国有企业消费性现金支出费用化或资本化的角度,对"八项规定"实施后企业费用归类操纵行为进行了实证分析,研究发现"八项规定"实施后,国企通过费用归类变更,实现了消费性现金支出费用化比率的显著下降,部分规避了"八项规定"对在职消费的管制;同时国有企业消费性现金支出有很大比例计入当期存货。他们的研究丰富了费用归类操纵行为的相关研究成果,也有助于更好地认识"八项规定"的实施效果,为反腐工作如何切实改善会计质量、提升公司治理提供了工作指导。

第六节　研究评述

　　国内外学者对应计项目盈余管理与真实活动盈余管理的关注较多,研究视角也很广。这些文献涉及应计项目盈余管理与真实活动盈余管理的操作手段、内外部影响因素及经济后果。经济后果又可分为对资本成本的影响、对业绩的影响及对股价的影响。总的来说,学者对应计项目盈余管理与真实活动盈余管理的研究较为全面,采用的研究方法也相对成熟。但对归类变更盈余管理的研究文献较少,不够系统。在归类变更盈余管理的手段上,主要研究了核心利润与非经常性项目的归类变更,而且也只重点关注了其中的经常性费用与非经常性费用的归类变更,没有关注经常性收入与非经常性收入的归类变更,更没有研究归类变更的其他方式。影响归类变更盈余管理因素的研究还比较零散,基本可分为三类:资本市场因素、公司治理因素、宏观环境因素。资本市场因素促使企业进行归类变更盈余管理以达到资本市场的要求,主要涉及分析师预测、增发、避免亏损等;而公司内外部治理因素在一定程度上能抑制企业的归类变更盈余管理,主要涉及所有权结构、审计质量、机构投资者持股、公司董事会审计委员会特征等;宏观环境因素主要涉及具体政策制度的出台、税率的变化等。而且学者在各种因素对归类变更盈余管理的作用是促进还是抑制的结论上还未达成共识,如有学者指出公司治理因素在抑制"应计"和"真实"的同时反而会提高归类变更的程度。对于归类变更的后果,当前尚未有文献进行系统的研究和探讨。现有文献中,已有学者将真实活动盈余管理和应计项目盈余管理联系起来,讨论各种影响因素对这两种盈余管理方式选择的影响。但很少有学者将应计项目盈余管理、真实活动盈余管理和归类变更盈余管理三者联系起来研究,研究三种盈余管理方式的替代作用,以及更进一步地研究三种盈余管理方式的选择问题。这与归类变更盈余管理被关注不足有关,因此有必要加强归类变更盈余管理的系统性研究。

　　围绕融资融券的盈余管理治理效应,当前研究主要考察了卖空机制对管理层应计盈余管理和真实盈余管理的抑制作用、生效条件、传导机制和经济后果,但尚未考察对管理层归类变更盈余管理的治理效应。现有文献指出,归类变更盈余管理在上市公司中广泛存在(McVay,2006;张子余和张天西,2012),且会引起资本市场发生错误定价,为市场投机者进行套利提供空间(Alfonso et al.,2015;李晓溪等,2015),因此研究融资融券对归类变更盈余管理的治理效应,对缓解财务信息不对称、提升股价信息含量和提高市场定价效率等均有重要意义。

反腐败对会计信息质量影响方面的研究非常不足,而反腐败对盈余管理影响的研究更是极其匮乏。王茂斌和孔东民(2016)采用应计盈余管理指标作为会计信息质量的代理变量,检验反腐与会计信息质量的关系。叶康涛和臧文佼(2016)从上市国有企业消费性现金支出费用化或资本化的角度,对"八项规定"实施后企业费用归类操纵行为进行了实证分析。这为盈余管理相关研究提供了全新的思路,但反腐败对归类变更盈余管理的影响有待更全面系统地关注。

现有研究着重考察应计盈余管理的市场反应,围绕真实盈余管理和归类变更盈余管理市场反应的研究较少。一般认为,与经营现金流相匹配的核心利润不易被操纵,具有更强的持续性,被视作评判公司价值和未来业绩的重要依据(Bradshaw & Sloan,2002),因此较为隐蔽的归类变更盈余管理行为更易引起市场发生错误定价,值得深入考察。除此之外,现有研究仅仅关注市场投资者是否发生错误定价,尚未考察可能存在的治理渠道。市场错误定价发生的原因在于投资者无法准确识别上市公司管理层的盈余管理行为,而机构投资者作为资本市场的重要组成部分,拥有强大的信息筛选整合能力和专业技能,更易识别上市公司可能存在的盈余管理行为。大比例持股的机构投资者能否对市场错误定价发挥有效的治理作用,值得进一步探究。

现有学者研究了应计项目盈余管理及真实盈余管理对信贷资源配置的影响。部分学者发现,盈余管理掩盖了公司真实业绩,损害了会计信息的债务契约有用性(陆正飞等,2008),银行无法识别上市公司会计信息中包含的应计项目盈余管理,导致这些企业信贷规模扩大(马永强等,2014;周德友,2015),信贷融资成本降低(周德友,2015)。马永强等(2014)将盈余管理的方式拓展至真实活动盈余管理,并发现了上市公司同时使用这两种盈余管理以增加信贷规模的证据。也有部分学者认为,在一定程度上,银行能够识别盈余管理。应计项目盈余管理水平越高,企业信贷融资成本越高(于静霞,2011),银行借款需要担保的比例越高(刘浩等,2010;刘文军和曲晓辉,2014;周德友,2015)。对于我国银行识别盈余管理的能力,既有研究并未得出一致的结论,而且没有涉及归类变更盈余管理。

第三章 归类变更盈余管理形成机理分析

应计项目盈余管理、真实活动盈余管理和归类变更盈余管理是影响企业利润报告的三大类盈余管理,但这三类盈余管理在运作方式、操作难度及经济后果等方面各有特点,具体见表 3.1。为达到预期的盈余目标,管理层会在三种盈余管理方式中选择,当某一种方式的盈余管理实施成本较高或者实施空间受限时,企业可能会转向其他方式的盈余管理。当某一种盈余管理具有其他盈余管理无法实现的功能时,管理层会偏好某一种具有特殊功能的盈余管理方式。本章从偏好与约束两方面讨论归类变更盈余管理的形成机理。

表 3.1 三类盈余管理的特点比较

类别	应计项目盈余管理	真实活动盈余管理	归类变更盈余管理
运作方式	会计准则运用层面的操作	业务活动安排层面的操作	会计科目分类层面的操作
主要表现	1. 资产减值准备的计提与转回 2. 改变折旧与摊销的方式	1. 销售调节 2. 生产调节 3. 费用调节 4. 处置资产	1. 经常性费用归入非经常性支出 2. 非经常性收入归入经常性收入
操作难度	进行会计政策与会计估计的变更,难度较小	涉及公司生产经营的各个业务环节的配合,难度较大	科目归属的变更,难度最小
未来影响	对未来发展的负面影响较小,但反转效应导致空间有限	改变了正常生产经营活动,偏离了公司最佳经营决策,影响长期发展	对未来发展的负面影响最小

第一节　管理层对归类变更盈余管理选择的偏好

三种盈余管理方式特点不同,各有优劣。其中任何一个优点都可能引起管理层的关注,形成其对盈余管理方式选择的偏好。企业对归类变更盈余管理的偏好源于核心利润(或扣除非经常性损益后净利润)被监管者与投资者的特别关注。

一、扣非后净利润已经成为关键监管指标

扣除非经常性损益后的净利润在我国上市公司年度报告中要求单列,而且处在非常醒目的位置,在年度报告正文前面部分的主要会计数据表中,列示的项目主要包括营业收入、净利润和扣除非经常性损益后的净利润等,然后紧随其后是一张非经常性损益表,详细列示本期非经常性损益的具体内容。这个信息披露安排表明监管方从保护投资者的角度,提醒投资者在阅读使用财务数据时要考虑到"非经常性"项目带来的干扰,应该基于扣除非经常性损益后的净利润进行决策。为了美化公司形象,管理层存在少披露非经常性收入与多披露非经常性损失的机会主义倾向,以期实现更乐观的扣非后净利润,公司的盈余管理行为也因此从应计项目盈余管理与真实盈余管理转向了归类变更盈余管理。应计项目盈余管理和真实活动盈余管理都会直接改变企业的收入、费用进而改变企业的利润总额与净利润,这两者之间的替代是显而易见的。归类变更的特殊性在于,其不改变企业的利润总额与净利润,仅改变净利润在经常性项目和非经常性项目中的分布结构。然而,由于我国对非经常性损益披露监管的日益重视、再融资监管政策对"扣除非经常性损益后净利润"这一指标的广泛使用及投资者对扣非后净利润的关注,企业不仅将净利润作为盈余管理的目标,而且会将"扣除非经常性损益后净利润"作为盈余管理的目标。提高"扣非后净利润",既可以通过应计项目盈余管理和真实盈余管理提高净利润来实现,也可以通过归类变更盈余管理在不改变净利润的前提下降低非经常性损益净额来实现。即使在无法通过应计项目盈余管理与真实盈余管理提高净利润时,管理层可能通过归类变更盈余管理实现扣非后净利润的提高。

二、核心利润更容易获得投资者的认可

由于核心利润的持久性高,而营业外收支即非核心利润的持久性较低,它们对未来收益及股价会有不同的预测能力,即具有不同的盈余信息含量。理性的投资者在评价企业价值时会主要关注未来可持续的核心利润,而基本忽略非核心利润的存在。进行了归类变更盈余管理的公司,事实上其核心利润的持续性较低,同时由于这种在报表账户间的归类变更行为比较隐蔽,投资者通常会误判核心利润的持续性,监管者也较难识别用作决策的核心利润已经被粉饰。总之,偏好归类变更盈余管理是基于相信投资者及监管者对核心利润的认可度高于非核心利润。这种观念也有一定的证据支撑。例如,美国会计师协会对财务报告的态度是公司的经常或重复发生的核心经营活动才是预测未来业绩的最佳指标。美国金融分析师也主张在公司估值时区分经常(核心)和偶然(非核心)业务,因为它们代表不同的经济事项,会有不同的持续性,同时对未来现金流有不同的预测能力。我国证监会相关监管政策如上市、退市及增发等越来越多地运用扣非后净利润指标,这一方面激励企业追求经营活动及经营利润的可持续性,但另一方面也诱导了企业通过归类变更盈余管理提高核心利润的偏好。

第二节　管理层面临应计及真实盈余管理的约束

企业所处环境呈现多样化与不确定性,各种盈余管理方式又各有其自身的劣势,那么,很可能出现因上市公司所处环境对某方面劣势非常敏感,从而使某种盈余管理方式很难适用。也就是说,应计盈余管理与真实活动盈余管理存在一些制约因素,使得企业管理层转向归类变更盈余管理。

应计项目盈余管理行为的约束,主要体现为应计操控能力有限:一方面,应计项目盈余管理更容易受到外部监督力量的约束。应计项目盈余管理是利用会计准则的空间进行的盈余操作,但与应计项目盈余管理相关的法律、准则越来越完善,相关边界越来越明确,从而降低了操控的可能性。另一方面,应计盈余管理的操控具有转回的性质,以前期间会计方法或会计估计的变更会限制当期应计调整的范围或程度。例如:以前年度为了增加利润延长固定资产折旧年限,由于大量折旧的递延会带来现在或未来年度的利润降低。又如:以前年度坏账准备金的少提增加了以前年度的报表利润,但少提

没有可能持续,而且会引起现在或未来年度的补提,从而也带来利润下滑的压力。

真实活动盈余管理的劣势则主要表现在其对公司的伤害上,影响实际利润,减少公司长期价值。例如:过度的销售折扣会降低消费者对公司未来产品的价格预期,提供过度的商业信用会增加公司的潜在坏账损失,过度生产会增加公司的存货管理成本,而削减研发广告费用则是以牺牲公司未来持续增长性为代价。当然,企业所处环境不同,真实活动盈余管理对企业未来业绩影响的严重程度不同。一旦其对未来业绩的影响超出企业承受能力,避免未来业绩损失便成为盈余管理选择的"约束"。因此,当上市公司承担这种"未来业绩损失"能力较差,或者说当真实活动盈余管理对企业影响严重时,企业选择真实活动盈余管理操纵盈余的可能性降低,为达到操控目的,企业会更多地选择应计盈余管理或归类变更盈余管理。

当企业同时出现制约应计盈余管理与真实盈余管理的因素时,归类变更盈余管理可能被作为一种替代方式高频率使用,下面具体探讨应计项目盈余管理和真实活动盈余管理的限制性因素如何影响企业实施归类变更盈余管理。

一、所得税负担

真实活动盈余管理是具有所得税成本的(李增福等,2011;Zang,2012)。当企业通过削减酌量性费用(如研发支出)、过度生产降低单位生产成本、放宽信用政策扩大销售规模等手段增加账面利润时,相应地也增加了应纳税所得额及相关税费,从而加大了当期的税收成本。李增福、董志强等(2011)发现上市公司会依据预期税率的变动方向来选择相应的盈余管理方式,预期税率上升的公司更倾向于通过真实盈余管理来实施正向盈余管理。赵景文、许育瑜(2012)同样发现上市公司在进行税收筹划时会对比考虑"应计"与"真实"两种盈余管理的成本收益,综合权衡以后选择最适合本公司自身情况的避税方式。相反,归类变更盈余管理只涉及利润内部分布结构的改变,提高了核心利润不改变利润总额,不影响纳税所得额,因而也没有所得税成本。所以,归类变更盈余管理能成为真实盈余管理受税收约束时的替代,对于拥有更高边际税率的公司在考虑税收成本时有更多地采用归类变更盈余管理的可能。

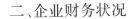

二、企业财务状况

企业财务状况是限制其真实活动盈余管理的一大因素,尤其是对于陷入财务困境的公司来说,偏离最佳经营策略安排真实活动盈余管理的成本将会很高,因为对这类财务境况较差的公司而言,他们的主要目标可能是持续存活并努力改善经营状况,而非眼前账面盈余的提高。在 Graham et al.(2005)对财务总监的问卷调查中,许多财务总监认为当企业陷入"混乱"状态时,他们会更关注企业的真实经营而非账面盈余。即使有财务报告的管理需求,企业也会更谨慎地对待真实活动盈余管理,而倾向于采取负面影响较小的归类变更盈余管理。所以,财务健康状况较差的企业因真实活动盈余管理的实施成本较高,更可能实施归类变更盈余管理。

三、机构投资者持股

现有研究表明,机构投资者作为一种外部监督力量能够抑制企业的真实盈余管理。比如,Bushee(1998)发现机构持股比例较高的企业为避免盈余下滑而削减研发费用的可能性更小。Roychowdhury(2006)发现机构持股比例与真实活动盈余管理程度存在负相关关系。由于真实活动盈余管理对企业的长期价值有一定的影响,机构投资者具有知识上的专长及更强的信息获取能力,相比个人投资者,他们更能够理解企业的真实经营活动对企业价值的长期影响,这将促使他们更努力地去监督企业的真实盈余管理。因此,当管理层的经营策略被机构投资者密切监督时,其实施真实盈余管理的难度将加大,机构持股比例较高的公司更可能实施归类变更盈余管理。

四、市场势力

由于真实活动盈余管理是对企业最优经营策略的偏离,对企业的长期价值与发展可能会有不利影响,因而对处于激烈竞争环境中的企业而言实施成本更高(Datta et al.,2013)。尤其是在行业市场中占据份额较小的企业,因为真实活动盈余管理更可能使其陷入不利的竞争地位。市场占有率较大的企业则因其行业领导者的地位和行业声誉,在调整经营策略(如放宽信用政策等)时,不必过于顾虑行业内其他竞争对手的反应。基于此,在行业中市场占有率较低的公司更可能实施归类变更盈余管理。

以上是分析真实盈余管理的制约因素对归类变更盈余管理实施可能性的影响。紧接着,考察应计项目盈余管理的限制性因素对归类变更盈余管理的影响。

五、审计质量

已有研究表明事务所审计质量(国际"四大"会计师事务所、国内"十大"会计师事务所等)能够抑制企业的应计盈余(Cohen et al.,2008;Zang,2012)。应计项目盈余管理是会计政策和会计估计的变更,由于审计师具有专业知识及行业背景,具备较强的财务信息解读能力,容易从以往的财务数据与当年度数据的比较中判断应计盈余管理的程度。因此,应计盈余管理更容易被审计师察觉。对于归类变更盈余管理,正如周夏飞和魏炜(2015)指出,注册会计师目前对非经常性损益项目的审核力度不足,审计责任不够明确,相比应计项目盈余管理,归类变更盈余管理更容易被审计师忽略,实施成本较低。所以面临更严格审计的企业,因其应计项目盈余管理空间受限,更可能实施归类变更盈余管理。

六、会计弹性

企业的应计项目盈余管理空间也受到企业自身的会计弹性影响(Zang,2012)。如果企业的财务体系本身缺乏弹性,即会计政策或会计估计变更的空间较小,则其实施应计项目盈余管理的能力将显著受到抑制,此时企业更有可能实施不受企业财务体系约束的归类变更盈余管理。应计项目盈余管理的回转特性决定了公司经营者并不能无限制地调整应计项目,以前年度应计项目盈余管理的调整程度将限制后期的调整空间,即会计弹性与以前年度应计项目调整程度呈负向关系。所以会计弹性越小的企业,因其应计盈余管理空间受限,更可能实施归类变更盈余管理。

七、分析师的现金流预测

分析师拥有多种渠道采集公司公开信息和私有信息,并能结合行业专长对公司财务状况进行专业性解读,直接监督公司的盈余管理行为(Yu,2008);而且,由于分析师提供信息的对象不仅是现时股东,也包括潜在的未来股东及其他市场参与者,因此分析师并不会以维护现时股东的利益为唯一目的而隐瞒公司盈余管理行为,不易受到单一集团的掌控(Yu,2008;李春涛等,2014)。分析师的现金流预测对盈余管理的约束主要体现在应计项目盈余管理上,如果由证券分析师发布现金流量预测,则分析师的盈利和现金流量双预测就意味着设定了应计项目的预测值,因为利润=应计项目利润+现金流,这为信息不对称方提供了更全面的预测信息。应计项目盈余管理可以提高净利润但不会提高现金流,使得投资者可以根据现金流预测分析公司业绩的真实性,从而管理层的应计项目盈余管理变得透明化,减轻了其隐蔽性。McInnis & Collins(2011)研究也发现,当分析师对公司的现金流量进行了预测时,公司的应计项目盈余管理水平显著降低。现金流量也能够在一定程度上反映公司的经营业绩,如果现金流量与利润的背离程度过高,则可能引起投资者对公司业绩真实性的怀疑。分析师的现金流预测增加了企业进行应计项目盈余管理的成本与难度,因此会提升企业归类变更盈余管理程度。

第三节　本章小结

由于核心利润更容易获得投资者及监管者的认可,且应计项目盈余管理与真实活动盈余管理具有一定的因素制约,管理层产生了归类变更盈余管理的偏好。当企业因市场占有率较低、机构持股比例较高、实际税率较高、财务困境等因素导致其实施真实活动盈余管理的成本较高时,企业会实施更多的归类变更盈余管理行为;当审计质量较高、分析师进行现金流预测报告且企业的会计弹性较小时,由于其应计项目盈余管理的实施成本较高,企业会倾向实施更多的归类变更盈余管理行为。

正因为企业会使用多种盈余管理方式来满足企业既定的盈余目标,故监管部门和审计师在对企业财务报表进行考察时,应当兼顾盈余管理方式之间的关系,并结合企业自身财务特征和所处行业竞争环境及外部治理特征,从全局的视角来分析归类变更盈余管理是否存在。从学术研究角度来看,大多数既有研究仅从应计盈余管理这样的单一维度来衡量企业的盈余管理程度,这是有偏误的,未来对盈余管理的研究应当尽可能同时考虑企业使用三种盈余管理的情况,并充分考虑归类变更盈余管理对其他两种方式的替代性。

第四章 归类变更盈余管理存在方式考察

归类变更盈余管理与应计盈余管理和真实盈余管理的主要差异在于：应计项目和真实活动盈余管理都会改变利润总额，而归类变更并不改变利润总额，仅改变了利润在经常性项目和非经常性项目中的分布，因而这种方式更隐蔽，更不易被审计师发现。这也正是归类变更盈余管理尚未引起理论界和实务界广泛关注的原因之一。尤其是国内学者对归类变更盈余管理的研究更是甚少，本章系统地研究我国上市公司归类变更盈余管理的方式。

我国资本市场的多项监管政策都将扣除非经常性损益后净利润（下称扣非后净利润）作为监管利润指标，包括对 IPO、公开增发、特别处理、恢复上市等各项资本市场行为的监管，而投资者及分析师也越来越关注核心利润。严格意义上的扣非后净利润就是公司的核心利润，因此上市公司有动机通过归类变更盈余管理操纵扣非后净利润指标来达到相应的政策要求以及投资者的预期。基本方式是将经常性费用转移到营业外支出，以及将营业外收入转移到营业收入，可以分别简称为费用归类变更与收入归类变更。这种方式的归类变更盈余管理已经受到了国内外学者一定程度的关注（McVay，2006；Fan et al.，2010；Fan & Liu，2015；张子余和张天西，2012；程富和王福胜，2015），本书将其称为归类变更盈余管理的基本方式。另外，上市公司的非经常损益表必须在年报中单独披露，并以该表公布的非经常性损益净额计算公司扣非后净利润，由于非经常性损益项目是证监会颁布的监管指标，与会计科目中的营业外收支并不完全对应，这就给公司带来了少披露非经常性收益及多披露非经常性损失以提高扣非后净利润的特殊空间。本书将非经常性损益表披露的归类变更称为归类变更盈余管理的特殊方式。提高核心利润后进一步提高经营现金净流量更能展现核心利润的质量，本书把经营现金流量的归类变更称为归类变更盈余管理的补充方式。在无法通过归类变更盈余管理提高核心利润的公司,可能会寻找美化形象的另外方式,如提高研发投入的披露,本书将研发投入的归类变更称为归类变更盈余管理的替代方式。盈余管理的基本方式在中国上市公司存在状况如何?除归类变更盈余管理的基本方式外,是否还存在特殊方式的归类变更?通过归类变更盈余管理提高核心利润以后,公司是否会进一步进行现金流量归类变更以"塑造"高质量的利润形象?当无法通过归类变更盈余管理提升核心利润形象时,公司是否会进行研发投入的归类变更以便为不够理想的核心利润找到借口?理解与识别归类变更盈余管理的存在方式需要多角度的关注,具体见表4.1。

表 4.1   归类变更盈余管理方式的多维视角

类型	方式特征	目的	手段
核心利润归类变更	基本方式	最大化核心利润	利润表中将经常性费用科目归入非经常性损失科目;将营业外收入归入核心收入科目
非经常性损益表的归类变更	特殊方式	最大化扣除非经常性损益后的利润	非经常性损益表中少归入非经常性收益、多归入非经常性损失
现金流量归类变更	补充方式	最大化经营现金净流量	将经营性现金流出归入投资及融资现金流出;将投资及融资现金流入归入经营性现金流入
研发费用归类变更	替代方式	最大化研发费用	将一般经营费用归入研发费用

本章的研究试图检验我国上市公司是否存在上述归类变更盈余管理行为,以此考察扣非后净利润指标的真实性与可信度,进而为证监会非经常性损益披露监管政策的作用评价提供参考。

第一节   利润科目之间的归类变更

国外已有研究表明,对利润组成中的非经常性项目与经常性项目进行重分类是一种能够有效提高企业核心利润的盈余管理行为。Collins et al.(1997)研究发现,管理层在财务信息披露时通常喜欢刻意强化偶发性的损失项目而弱化偶发性的利得项目,试图使核心利润最大化。Dye(2002)也发现管理层会将一些偶发性利得项目人为划分为经常性收入。Burgstahler et al.(2002)和

Moehrle(2002)研究表明,上市公司存在将持续性的费用项目划分为特殊损失项目,从而达到操纵利润组成结构的行为。McVay(2006)实证研究指出美国上市公司普遍存在归类变更盈余管理行为,尤其是当企业具有迎合分析师盈利预测的动机时更加显著。Fan et al.(2010)借鉴 McVay(2006)的方法,发现公司在第四季度实施归类变更盈余管理的可能性更大,在未达到盈利预期或者应计项目盈余管理受限时尤其如此。Abernathy et al.(2014)通过实证研究指出,当公司应计项目和真实活动盈余管理的能力和空间受限时,更有可能采取归类变更行为。

我国资本市场监管规则、会计准则及信息披露制度与国外存在一定的差异,因此我国上市公司的归类变更盈余管理行为是否存在及方式如何都是值得探讨的问题。

中国证监会首次在 1999 年 12 月发布的《公开发行股票上市公司信息披露的内容与格式准则第 2 号——年度报告的内容与格式》中使用"非经常性损益"概念,随后出现过多次修订,沿用至今的规则是 2008 年证监会发布的《公开发行证券的公司信息披露解释性公告第 1 号——非经常性损益》。非经常性损益概念的出台与长达接近 20 年的运用,强化了扣非后净利润的重要性,扣非后净利润逐渐成为监管利润,在资本市场中发挥着重要作用。监管利润、扣非后净利润、非经常性损益等之间的关系可以用以下关系式表示:

监管利润=扣非后净利润与净利润中较低者

扣非后净利润=净利润-(非经常性收入-非经常性损失)

=净利润-非经常性损益净额

严格意义上的扣非后净利润应该等于公司的核心利润,前提是将非经常性损益彻底剔除。核心利润是企业运用经营资产从事经营活动带来的利润,具有很强的持续性,是投资者进行价值评估的重要指标。根据利润表的构成,核心利润可以用以下等式表达:

核心利润=营业收入-营业成本-管理费用-销售费用

扣非后净利润与核心利润的差别主要在于算法上的差异,核心利润是核心盈利能力的顺算法,而扣非后净利润是核心盈利能力的倒算法,但两者的实质是相通的,即都不包括非经常性损益。

证监会相关监管政策对扣非后净利润指标的运用越来越多(具体见表 4.2),滋生了上市公司降低非经常性损益净额以提高扣非后净利润的动机,进而满足监管机构对上市公司有关扣非后净利润的要求及投资者的期望。降低非经常性损益净额不外乎减少非经常性收益与增加非经常性损失,但并不是所有这些行为都会带来扣非后净利润提高。降低非经常性损益净额可以区分

表 4.2　我国主板上市公司主要的扣非后利润监管政策

出台时间	发布部门	监管对象	具体内容
2006 年 5 月	证监会	IPO	最近 3 个会计年度净利润均为正数且累计超过人民币 3000 万元,净利润以扣除非经常性损益前后较低者为计算依据
2006 年 5 月	证监会	配股	最近 3 个会计年度连续盈利。扣除非经常性损益后的净利润与扣除前的净利润相比,以低者作为计算依据
2006 年 5 月	证监会	公开增发股票和公开发行可转换债券	最近 3 年加权平均净资产收益率平均不低于 6%(扣除非经常性损益后的净利润与扣除前的净利润相比,以低者作为计算依据)
2006 年 5 月	证监会	其他特别处理及撤销	撤销股票交易退市风险警示后若扣除非经常性损益后的净利润为负值,要进行其他特别处理;被其他特别处理以后最近 1 个会计年度,只有扣非后净利润为正值,才能撤销处理
2012 年 7 月	沪深证交所	恢复上市	被暂停上市公司最近 1 个会计年度经审计的扣除非经常性损益前后的净利润均为正值
2012 年 7 月	上交所	重新上市	终止上市公司最近 2 个会计年度经审计的净利润均为正值且累计超过 2000 万元(净利润以扣除非经常性损益前后较低者为计算依据)

资料来源:证监会官网与沪深证交所官网收集整理。

为真实降低与归类降低等各种情况,具体如表 4.3 所示。可见,只有归类降低的情况会带来扣非后利润的提高,也即通过将非经常性收益归类变更为经常性收益,或者将经常性费用归类变更为非经常性损失,以提高公司扣非后的净利润。

表 4.3　非经常性损益净额对扣非后净利润影响的类别

项目与类别	真实增减非经常性损益净额		归类增减非经常性损益净额		真实增加并归类减少非经常性损益净额
	增加	减少	增加	减少	
净利润	增加	减少	不变	不变	增加
扣非后净利润	不变	不变	减少	增加	增加

国内学者近几年开始关注这种归类变更。早在 2006 年,吴溪(2006)就发现了一例将经常性费用确认为非经常性损失,并被监管部门发现明确指出和纠正的 A 股公司。樊行健和郑珺(2009)指出,我国学者对非经常性损益的研究忽视了非经常性损益项目的"归类安排",即隐蔽性更强的"分类转移"行为。此外,会计环境是一种开放的、动态的环境,企业经营活动中的不确定性及多样性增加,导致经常性项目与非经常性项目之间的界限逐渐模糊,从而加大了审计师对非经常性损益项目判断的难度,也给公司管理层提供了实施利润表各会计科目间"归类变更"的机会。

在我国,非经常性收益与损失是监管概念,而不是会计科目。利润表中哪些项目会涉及非经常性损益项目是值得探讨的问题。2008 年颁布的非经常性损益规则虽然进一步明确了非经常性损益的判断标准,并具体化了其包含的项目,但与会计科目的对应关系还是纷繁复杂,并会受到主观判断的影响,这也为上市公司归类变更创造了可能。表 4.4 梳理了非经常性损益项目与会计科目的基本对应关系。

表 4.4　非经常性损益项目与会计科目的基本对应关系

非经常性损益项目	影响利润表科目
1.非流动性资产处置损益,包括已计提资产减值准备的冲销部分	营业外收入、营业外支出、投资收益、资产处置收益
2.越权审批,或无正式批准文件,或偶发性的税收返还、减免	营业外收入
3.计入当期损益的政府补助,但与公司正常经营业务密切相关,符合国家政策规定、按照一定标准定额或定量持续享受的政府补助除外	营业外收入、其他收益
4.计入当期损益的对非金融企业收取的资金占用费	财务费用、其他业务收入
5.企业取得子公司、联营企业及合营企业的投资成本小于取得投资时应享有被投资单位可辨认净资产公允价值产生的收益	营业外收入
6.非货币性资产交换损益	主营业务收入、主营业务成本、其他业务收入、其他业务成本、投资收益、营业外收入、营业外支出
7.委托他人投资或管理资产的损益	管理费用
8.因不可抗力因素,如遭受自然灾害而计提的各项资产减值准备	资产减值损失

续表

非经常性损益项目	影响利润表科目
9. 债务重组损益	营业外收入、营业外支出
10. 企业重组费用，如安置职工的支出、整合费用等	管理费用、冲减所有者权益
11. 交易价格显失公允的交易产生的超过公允价值部分的损益	营业外收入
12. 同一控制下企业合并产生的子公司期初至合并日的当期净损益	净利润项目下单列项目反映
13. 与公司正常经营业务无关的或有事项产生的损益	营业外收入、营业外支出、销售费用等
14. 除同公司正常经营业务相关的有效套期保值业务外，持有交易性金融资产、交易性金融负债产生的公允价值变动损益，以及处置交易性金融资产、交易性金融负债和可供出售金融资产取得的投资收益	公允价值变动损益、投资收益
15. 单独进行减值测试的应收款项减值准备转回	资产减值损失、信用减值损失
16. 对外委托贷款取得的损益	投资收益
17. 采用公允价值模式进行后续计量的投资性房地产公允价值变动产生的损益	公允价值变动损益
18. 根据税收、会计等法律法规的要求对当期损益进行一次性调整对当期损益的影响	涉及利润表的多个科目
19. 受托经营取得的托管费收入	其他业务收入、其他业务成本、管理费用
20. 除上述各项之外的其他营业外收入和支出	营业外收入、营业外支出
21. 其他符合非经常性损益定义的损益项目	涉及利润表的多个科目

资料来源：证监会官网收集整理。

根据表 4.4，大量的非经常性损益项目对应于营业外收支科目，而且营业外收入与支出一般都会被报表使用者识别为非经常性损益。如果公司具有异常高的核心利润并同时具有异常低的营业外收入，则公司可能存在将营业外收入归入营业收入的归类变更；同样，如果公司具有异常高的核心利润并同时具有异常高的营业外支出，则公司可能存在将经常性费用（管理费用、销售费用等）归入营业外支出的归类变更。这两种归类变更都会引起非经常性损益净额直观数据的减少，从而引起扣非后净利润或核心利润的增加。

综上,非经常性损益在上市公司盈余管理中有着很重要的作用,即上市公司可能存在通过提高非经常性损益净额以提高净利润的行为。但上市公司更有可能在真实提高非经常性损益净额的基础上通过归类变更降低非经常性损益净额以提高扣非后的净利润。这也是国内外学者正在关注的归类变更盈余管理的方式(McVay,2006;Fan et al. ,2010;张子余和张天西,2012;Abernathy et al. ,2014)。因此,非经常性损益披露监管带来的归类变更盈余管理的基本方式可以表述为:在会计处理中将非经常性收益归类为经常性营业收入,将经常性费用归类为非经常性损失。由此,提出假说 H4.1。

H4.1:上市公司异常核心利润与营业外收入呈负相关,与营业外支出正相关。

第二节　非经常性损益表披露的归类变更

我国非经常性损益披露监管政策的又一特色是企业必须在年报中单列非经常性损益项目及金额(下称非经常性损益表),利润表中包含的非经常性损益项目是否完整真实地被披露在非经常性损益表中将直接影响扣非后净利润的计算。

从表 4.4 可以看出,虽然大量的非经常性损益项目与利润表的营业外收入、营业外支出、投资收益、公允价值变动损益、资产减值损失等科目相关,但也有一些非经常性损益项目与营业收入、营业成本相关,相反从会计科目的内涵看,投资收益、资产减值损失等也可能包含了一些经常性项目。所以从利润表到非经常性损益表又涉及分类的问题,拉长了非经常性损益净额形成的链条,从而也带来了"特殊方式"归类变更的可能。比如,上市公司将几项政府补助计入了营业外收入,但未在非经常性损益表中充分披露,比如只披露了其中一两项政府补助或者披露的金额小于实际金额。由于扣非后净利润是由净利润扣除非经常性损益净额计算得到的,这种方式也能够通过降低非经常性损益净额来提高扣非后净利润。如果公司具有异常高的扣非后净利润,同时伴随着异常低的非经常性损益净额,则公司可能采取了这种方式的归类变更。2008 年东湖高新为避免触发追送股份的条件,将利率互换公允价值变动损失这一正常有效套期保值归入了非经常性损益。

如果说归类变更盈余管理的基本方式是注册会计师审计的对象,那么归类变更盈余管理的特殊方式也许就是审计的"真空"地带。《中国注册会计师审计准则第 1101 号——财务报表审计的目标和一般原则》规定,财务报表审计的目标是注册会计师通过执行审计工作,对财务报表的合法性、公允性发表审计意见。注册会计师的审计责任是按审计准则的规定对财务报表发表审计意见。然而非经常性损益并不是一个会计指标,没有单独在财务报表中体现,它仅是一个需要在财务报告中做出表外披露的项目(樊行健和郑珺,2009)。所以注册会计师会认为对非经常性损益并没有审计的责任。证监会在《解释性公告第 1 号——非经常性损益》(2008)中做出了规定:注册会计师为公司招股说明书、定期报告、申请发行新股材料中的财务报告出具审计报告或审核报告时,应对非经常性损益项目、金额和附注说明予以充分关注,并对公司披露的非经常性损益及其说明的真实性、准确性、完整性及合理性进行核实。根据该项规定,注册会计师对非经常性损益项目的责任只是"充分关注",而非"审计"。这些事实都造成了当前对非经常性损益项目的审计"真空",因而形成了上市公司实施非经常性损益归类变更的空间。

基于上述分析,从利润表到编制非经常性损益表的过程诱发了上市公司另一种归类变更,本章把这种方式表述为特殊方式:在报告披露中尽可能少披露非经常性收益项目,并尽可能多地披露非经常性损失项目。这是归类变更盈余管理基本方式的一种延伸方式。由此,本章提出假说 H4.2。

H4.2:上市公司异常的扣非后净利润与披露的非经常性损益净额正相关。

归类变更盈余管理不影响净利润,但会影响扣非后的净利润。那么,哪些公司具有更强烈的归类变更盈余管理的偏好?

McVay(2006)认为,管理层进行归类变更盈余管理的动因在于市场对核心利润和非经常性损益的反应不同,为了迎合分析师预测和投资者期望而进行归类变更。Fan et al. (2010)发现存在较强归类变更动机的公司包括三类:一是零盈余公司,二是营业利润零增长公司,三是利润刚好达到分析师预测的公司。我国上市公司在融资监管政策中的监管利润均为净利润和扣非后净利润中的较低者。具体来说,对于公开增发,要求 3 年平均净资产收益率和扣非后的净资产收益率均不低于 6%;对于配股,则要求连续 3 年净利润和扣非后净利润中较低者为正。满足监管规则要求是我国上市公司盈余管理的主要动因(魏涛等,2007;王克敏和刘博,2012;蔡春等 2013)。王克敏和刘博(2012)发现我国上市公司为达到公开增发业绩门槛,公开增发前确实通过可操控应计向上盈余管理。由于公开增发的硬性财务条件为 3 年平均 ROE(净资产收益率)和扣非后 ROE 都达到 6%及以上,因此单纯依赖应计盈余管理不一定能够达标。一方面是因为应计盈余管理空间有限,另一方面倘若其大量运用非经常性收益(如借助政府补助)等真实活动达成盈利目标,并且充分披露非经常性损益项目,则由于其非经常性损益净额一般较大,扣非后净利润可能依然为负,无法达到监管政策要求。由此推断,为了符合增发条件,公开增发公司就会有强烈的动机利用归类变更提高扣非后 ROE。

即使不考虑公开增发条件,公司也有强烈的动机维持核心盈利的稳定增长,以维护自身财务形象并获得投资者及分析师的好评。高雨和闫绪奇(2014)研究发现,在非经常性损益披露监管政策出台后盈利公司具有明显的分类转移盈余管理的动机与表现特征。张子余和张天西(2012)的研究表明,某类特殊微利公司具有将利润表中的部分"核心费用"转移到"营业外支出"项目的归类变更盈余管理行为。所以核心盈利微增长的公司有强烈进行归类变更盈余管理的可能。

第三节　研究设计

一、归类变更盈余管理基本方式考察

对归类变更盈余管理的基本方式,通过异常核心利润与营业外收支的关系来考察。

首先,借鉴 McVay(2006)的模型估计合理的核心利润,其参考 Jones 应计利润模型,将核心利润分为预期部分和未预期部分:

$$CE_t = \beta_0 + \beta_1 CE_{t-1} + \beta_2 ATO_t + \beta_3 Accrual_t + \beta_4 Accrual_{t-1} +$$
$$\beta_5 \Delta Sales_t + \beta_6 Neg \Delta Sales_t + \varepsilon_t \qquad (4.1)$$

模型(4.1)中,CE_t 为核心利润,ATO_t 为净经营资产周转率,$Accrual_t$ 为应计利润,$\Delta Sales_t$ 为销售收入(营业收入)增长率,均由财务报表数据计算得到。有关核心利润的定义,具有代表性的而且前文已经有涉及的是以下两种表达:

第一种定义为:核心利润=(营业收入-营业成本-销售费用-管理费用+固定资产折旧、油气资产折耗、生产性生物资产折旧+无形资产摊销+长期待摊费用本年摊销)/营业收入(McVay,2006;张子余和张天西,2012)。

第二种定义为:核心利润=(净利润-非经常性损益净额)/营业收入(李晓溪等,2015;刘宝华等,2016)。

由于第二种核心利润的计算是假定非经常性损益披露正确为前提的,但是笔者认为我国可能存在非经常性损益披露也被归类变更的情况,需要区分考察归类变更盈余管理的两种方式,再加上第一种定义消除了折旧摊销人为调整带来的对核心利润的影响,并且这种定义更符合国际上研究的内涵。所以在研究归类变更盈余管理的基本方式时使用第一种定义。

考虑到核心利润具有持续性,故将其滞后一期项作为解释变量引入模型。ATO_t 为净经营资产周转率,第 t 期期末经营资产 NOA_t＝期末经营资产－期末经营负债＝(资产合计－货币资金－交易性金融资产－应收利息－可供出售金融资产－持有至到期投资)－(负债合计－短期借款－交易性金融负债－应付利息－长期借款－应付债券);ATO_t＝第 t 期营业收入/第 t 期平均净经营资产,将资产周转率纳入模型是因为其与销售利润率呈负相关(Nissim & Penman,2001)。Sloan(1996)发现,应计利润水平对未来的业绩表现有一定的影响,同时考虑到应计盈余管理的存在,使得当期业绩与当期的应计利润水平正相关,因而将应计利润 $Accrual_t$ 和其滞后一期项纳入模型,应计利润＝营业利润＋财务费用－公允价值变动净收益－投资收益－经营现金净流量。$\Delta Sales_t$ 为销售收入增长率,随着销售收入的增长,单位销售收入对应的固定成本减小;$Neg\Delta Sales_t$ 这一变量较特殊,当 $\Delta Sales_t$ 小于 0 时,其取值与 $\Delta Sales_t$ 相同,当 $\Delta Sales_t$ 大于 0 时,其取值为 0。销售上升时成本的变化大于销售下降相同幅度时成本的变化(Anderson et al.,2003),$Neg\Delta Sales_t$ 的意义正在于刻画这种变化差异。除净经营资产周转率和营业收入增长率外,所有变量均为经营业收入平减后的相对值。

对模型(4.1)做回归,得到被解释变量核心利润(CE_t)的估计值,将其作为预期核心利润,实际的核心利润与预期核心利润的差额(即残差项)作为异常(未预期)部分,记为 $UNCE_t$。

然后,借鉴 Fan et al.(2010)、Alfonso et al.(2015)、Zalata & Roberts (2015)、李晓溪等(2015)检验归类变更盈余管理存在性的思路,考察模型(4.1)估计得到的异常核心利润($UNCE_t$)与营业外收支的关系,以此来推断归类变更盈余管理是否存在。若企业存在将经常性费用转移到营业外支出,或者将营业外收入计入营业收入的行为,则异常核心利润将表现为与营业外支出正相关,与营业外收入负相关。故建立模型(4.2):

$$UNCE_t = \beta_0 + \beta_1 EXTRAINC_t + \beta_2 EXTRAEXP_t + \beta_3 RM + \beta_4 DA + \varepsilon_t$$
$$(4.2)$$

考虑到异常核心利润可能会受公司真实活动盈余管理与应计项目盈余管理的影响,模型(4.2)加入控制变量以控制其他盈余管理方式对归类变更盈余管理的干扰。其中,应计项目盈余管理参照 Kothari(2005)控制公司业绩(ROA_t)的修正 Jones 模型计算估计得到的可操控应计利润(DA_t)衡量。构建模型(4.3):

$$\frac{TA_t}{A_{t-1}} = \alpha_1\left(\frac{1}{A_{t-1}}\right) + \alpha_2\left(\frac{\Delta REV_t - \Delta AR_t}{A_{t-1}}\right) + \alpha_3\left(\frac{PPE_t}{A_{t-1}}\right) + \alpha_4 ROA_t + \varepsilon_t \quad (4.3)$$

模型(4.3)中,TA_t 为总应计利润,等于经营利润减去经营现金净流量;A_{t-1} 为期初总资产;ΔREV_t 为营业收入变化量,等于当期营业收入与上期营业收入之差除以期初总资产;ΔAR_t 为应收账款变化量,等于当期应收账款与上期应收账款之差除以期初总资产;PPE_t 为固定资产,等于固定资产原值除以期初总资产;ROA_t 为总资产收益率,等于当期净利润除以期初总资产。其中的残差为应计项目盈余管理,记为 DA_t。

对于真实活动盈余管理,沿用 Roychowdhury(2006)的模型,使用异常经营活动现金流、异常生产成本和异常酌量性费用作为衡量真实活动盈余管理的指标,具体模型如下:

$$\frac{CFO_t}{A_{t-1}} = \alpha_0 + \alpha_1 \frac{1}{A_{t-1}} + \alpha_2 \frac{REV_t}{A_{t-1}} + \alpha_3 \frac{\Delta REV_t}{A_{t-1}} + \varepsilon_t \quad (4.4)$$

$$\frac{PROD_t}{A_{t-1}} = \alpha_0 + \alpha_1 \frac{1}{A_{t-1}} + \alpha_2 \frac{REV_t}{A_{t-1}} + \alpha_3 \frac{\Delta REV_t}{A_{t-1}} + \alpha_4 \frac{\Delta REV_{t-1}}{A_{t-1}} + \varepsilon_t \quad (4.5)$$

$$\frac{DISEXP_t}{A_{t-1}} = \alpha_0 + \alpha_1 \frac{1}{A_{t-1}} + \alpha_2 \frac{REV_t}{A_{t-1}} + \varepsilon_t \quad (4.6)$$

其中,CFO_t 为经营活动现金净流量;$PROD_t$ 为生产成本,等于营业成本加上本年存货变化量;$DISEXP_t$ 为酌量性费用,等于本年销售费用加管理费用;REV_t 和 REV_{t-1} 分别为本年和上年营业收入;ΔREV_t 和 ΔREV_{t-1} 分别为本年和上年营业收入变化量。

对上述三个模型分行业分年度进行回归,得到的残差分别为异常经营活动现金流($CFOEM_t$)、异常生产成本($PRODEM_t$)和异常酌量性费用($DISEXPEM_t$)。参照 Roychowdhury(2006)的定义,将 $RM_t = PRODEM_t - CFOEM_t - DISEXPEM_t$ 作为衡量总体真实活动盈余管理程度的变量。

模型(4.2)中,被解释变量为异常核心利润,$EXTRAINC_t$ 为营业外收入,$EXTRAEXP_t$ 为营业外支出,若 β_1 显著为负,β_2 显著为正,则可推断我国上市公司存在归类变更盈余管理的基本方式。

为了进一步考察不同样本公司间归类变更盈余管理的差异,在模型(4.2)中引入虚拟变量进行异质性分析,将具有更强的归类变更盈余管理动机的营业利润增长率处于(0,1%)区间,以及公开增发公司归为动机组(下同),用 CS 表示,属于动机组变量为1,普通组为0,并引入该虚拟变量与营业外收入和营业外支出的交叉项,考察交叉项的参数符号及显著性,构建模型:

$$UNCE_t = \beta_0 + \beta_1 EXTRAINC_t + \beta_2 EXTRAEXP_t + \beta_3 CS_t + \beta_4 EXTRAINC_t \times CS_t + \beta_5 EXTRAEXP_t \times CS_t + \beta_6 RM + \beta_7 DA + \varepsilon_t \quad (4.7)$$

模型(4.7)主要关注 β_4 与 β_5，预期 β_4 显著为负，β_5 显著为正，表明利润微增长与公开增发公司存在明显的归类变更盈余管理的基本方式。

二、归类变更盈余管理特殊方式的考察

根据归类变更盈余管理特殊方式的内涵，通过异常扣非后净利润与披露的非经常性损益净额之间的关系来考察。构建模型：

$$EXDEARNING_t = \beta_0 + \beta_1 EXDEARNING_{t-1} + \beta_2 ATO2_t + \beta_3 Accrual_t +$$
$$\beta_4 Accrual_{t-1} + \beta_5 \Delta Sales_t + \beta_6 Neg\Delta Sales_t +$$
$$\beta_7 EXTRAINC_t + \beta_8 EXTRAEXP_t + \varepsilon_t \qquad (4.8)$$

借鉴 McVay(2006)的思想，首先，运用模型(4.8)估计合理的扣非后净利润，这里的扣非后净利润＝净利润－非经常性损益净额。模型(4.8)中，$EXDEARNING_t$ 为扣非后净利润，考虑到扣非后净利润具有持续性，将其滞后一期项纳入模型中。$ATO2_t$ 为总资产周转率，$ATO2_t=$ 第 t 期营业收入/第 t 期平均总资产，与(4.1)中的净经营资产周转率不同，因为这里的被解释变量为净利润，而(4.1)中的核心利润更接近于经营利润的概念。$Accrual_t$，$\Delta Sales_t$，$Neg\Delta Sales_t$ 的含义与(4.1)式同。$EXTRAINC_t$ 为营业外收入，$EXTRAEXP_t$ 为营业外支出，之所以把这两项纳入模型，是为了控制住归类变更盈余管理的基本方式对扣非后净利润的可能影响。除资产周转率和营业收入增长率外，所有变量均为经营业收入平减后的相对值。

通过模型(4.8)的回归，得到了扣非后净利润的估计值，实际值与估计值的差额(残差)即为异常的扣非后净利润。特殊方式归类变更预示着披露的非经常性损益净额和异常扣非后净利润的负相关。因此，构建模型：

$$UNEXDEARNING_t = \beta_0 + \beta_1 EXTRAITEMS_t + \beta_2 RM + \beta_3 DA + \varepsilon_t$$
$$(4.9)$$

式中，等号左边的 $UNEXDEARNING_t$ 代表异常的扣非后净利润，等号右边解释变量 $EXTRAITEMS_t$ 表示披露的非经常性损益净额。同样的，这两个变量也是经营业收入平减后的相对值。若能观测到 β_1 显著为负，则可推断存在特殊方式归类变更。

为了进一步考察动机组在归类变更盈余管理特殊方式上的表现，在模型(4.9)的基础上加入虚拟变量区分是否属于利润微增长或公开增发组，虚拟变量的设置与前面相同，形成模型(4.10)。

$$UNEXDEARNING_t = \beta_0 + \beta_1 EXTRAITEMS_t + \beta_2 CS_t + \beta_3 EXTRAITEMS_t \times$$
$$CS_t + \beta_4 RM + \beta_5 DA + \varepsilon_t$$
$$(4.10)$$

式中,若 β_3 显著为负,则表明动机组存在归类变更盈余管理的特殊方式。

倘若两种归类变更存在,则企业披露的非经常性损益净额和扣非后净利润不再真实可信,这大大降低了扣非后净利润及非经常性损益披露监管政策的有效性。

三、样本数据

选取中国 A 股主板上市公司作为研究对象,考虑到 2007 年新会计准则的实施,时间跨度选为 2007—2015 年,并剔除金融保险业。由于模型(4.1)和模型(4.8)是基于行业-年度的截面回归,为保证估计的有效性,将行业-年度样本数不足 15 的剔除,共得到 11577 个样本数据。公司财务数据全部来自国泰安数据库,所有变量上下 1% 做缩尾处理,以剔除异常值对结果的影响。

第四节　实证检验与结果分析

一、样本描述性统计

表 4.5 列示了主要变量的统计特征。核心利润占营业收入比重的均值为 14.07%,营业外收入占营业收入的均值为 3.32%,营业外支出占营业收入比重的均值为 0.77%。未预期核心利润的均值为 0。非经常性损益占营业收入比重的均值为 4.71%,扣非后净利润占营业收入比重的均值为 0.23%。

表 4.5　主要变量的描述性统计

变量	均值	标准差	中位数	最小值	最大值
CE_t	0.1407	0.1950	0.1200	−0.9871	0.7124
$UNCE_t$	0.0000	0.0832	−0.0013	−1.0601	1.0786
ATO_t	1.8510	2.7501	1.0963	−3.5403	17.5279
$EXTRAINC_t$	0.0332	0.1102	0.0071	0.0000	0.9224
$EXTRAEXP_t$	0.0077	0.0289	0.0014	0.0000	0.2430

变量	均值	标准差	中位数	最小值	最大值
$Accrual_t$	−0.0264	0.3221	−0.0156	−1.9538	1.2623
$\Delta Sales_t$	0.2128	0.7199	0.0946	−0.7180	5.1711
$ATO2_t$	0.1821	0.1384	0.1494	0.0094	1.9400
$EXTRAITEMS_t$	0.0471	0.1755	0.0068	−0.7462	1.4485
$EXDEARNING_t$	0.0023	0.3148	0.0347	−2.4789	0.4704
$UNEXDEARNING_t$	0.0000	0.1157	0.0002	−1.8585	1.3435

表 4.6 列示了主要变量的相关性系数。对角线下方为 spearman 相关性检验,对角线上方为 pearson 相关性检验。可以看到,当期核心利润与其滞后一期显著正相关,表明其具有持续性;核心利润与经营资产周转率显著负相关,与 Nissim & Penman(2001)的观点一致;核心利润与当期应计利润正相关,符合预期。

表 4.6　主要变量的相关性系数

变量	CE_t	CE_{t-1}	ATO_t	$Accrual_t$	$\Delta Sales_t$	$Neg\Delta Sales_t$	$EXTRAINC_t$	$EXTRAEXP_t$
CE_t	1.000	0.731*	−0.128*	0.272*	0.125*	0.267*	−0.335*	−0.321*
CE_{t-1}	0.731*	1.000	−0.149*	0.122*	−0.163*	0.062*	−0.279*	−0.200*
ATO_t	−0.128*	−0.149*	1.000	0.041*	0.087*	0.134*	−0.103*	−0.097*
$Accrual_t$	0.272*	0.122*	0.041*	1.000	0.104*	0.142*	−0.219*	−0.237*
$\Delta Sales_t$	0.125*	−0.163*	0.087*	0.104*	1.000	0.358*	0.001	−0.053*
$Neg\Delta Sales_t$	0.267*	0.062*	0.134*	0.142*	0.358*	1.000	−0.229*	−0.239*
$EXTRAINC_t$	−0.335*	−0.279*	−0.103*	−0.219*	0.001	−0.229*	1.000	0.441*
$EXTRAEXP_t$	−0.321*	−0.200*	−0.097*	−0.237*	−0.053*	−0.239*	0.441*	1.000

注:* 表示在 1% 的显著性水平上显著。

二、归类变更盈余管理基本方式存在性检验

表 4.7 的第(1)列与第(3)列列示了针对模型(4.2)全样本回归的计量结果,其中第(1)列为不控制应计与真实盈余管理的回归结果,第(3)列是控制应计与真实盈余管理的回归结果。从第(1)与(3)列中可以发现,营业外收入系数显著为负,符合预期,说明在全样本公司存在将营业外收入归类为营业

收入的盈余管理。营业外支出系数显著为负,与预期不符合,但与张子余和张天西(2012)在全样本公司检验中得出的结果相同。

表 4.7　归类变更盈余管理基本方式存在性检验

解释变量	(1) $UNCE_t$	(2) $UNCE_t$	(3) $UNCE_t$	(4) $UNCE_t$
$EXTRAINC_t$	-0.0361^{**} (-1.74)	-0.0348^{**} (-1.66)	-0.0420^{**} (-1.91)	-0.0407^{**} (-1.83)
$EXTRAEXP_t$	-0.3301^{***} (-4.38)	-0.3330^{***} (-4.40)	-0.3229^{**} (-4.25)	-0.3253^{***} (-4.28)
CS_t		-0.0020 (-0.62)		-0.0008 (-0.26)
$EXTRAINC_t \times CS_t$		-0.1800^{***} (-3.80)		-0.1591^{***} (-2.93)
$EXTRAEXP_t \times CS_t$		1.4995^{***} (3.57)		1.1634^{***} (2.29)
RM			-0.0543^{***} (-9.80)	-0.0543^{***} (-9.79)
DA			-0.0155 (-0.92)	-0.0151 (-0.89)
常数项	0.0125^{***} (2.13)	0.0125^{***} (2.14)	0.0133^{***} (2.37)	0.0133^{***} (2.36)
调整拟合优度	0.0239	0.0243	0.0477	0.0480
观测值	10632	10632	10295	10295

注:***、** 和 * 分别表示在 1%、5% 和 10% 的显著性水平上显著,括号内为 t 值。

模型(4.7)回归结果如表 4.7 中第(2)与(4)列所示,其中第(2)列为不控制应计与真实盈余管理的回归结果,第(4)列是控制应计与真实盈余管理的回归结果。可以看到,$EXTRAINC_t \times CS_t$ 的系数显著为负,$EXTRAEXP_t \times CS_t$ 的系数显著为正,表明在动机组中,不仅存在收入的归类变更,也存在费用的归类变更。

三、归类变更盈余管理特殊方式存在性检验

表 4.8 第(1)列报告了模型(4.9)的回归结果,第(2)列为模型(4.10)的回

归结果。可以看到,不管是全样本公司还是考虑利润微增长及增发动机,披露的 $EXTRAITEMS_t$ 的系数均显著为负,与理论预期相符,由此可以推断企业存在特殊方式的归类变更。同时第(2)列中披露的 $EXTRAITEMS_t \times CS_t$ 系数显著为负,这说明动机组比非动机组存在更明显的归类变更盈余管理特殊方式的现象。

表 4.8　归类变更盈余管理特殊方式存在性检验

解释变量	(1)	(2)
	$UNEXDEARNING_t$	$UNEXDEARNING_t$
$EXTRAITEMS_t$	-0.0181^{**} (-1.93)	-0.0181^{**} (-1.93)
CS_t		0.0102^{**} (1.72)
$EXTRAITEMS_t \times CS_t$		-0.6896^{*} (-1.47)
RM	-0.0407^{***} (-4.84)	-0.0405^{***} (-4.82)
DA	-0.1545^{***} (-5.39)	-0.1549^{***} (-5.40)
常数项	-0.0022 (-0.41)	-0.0024 (-0.45)
调整拟合优度	0.0503	0.0505
观测值	7337	7337

注:$***$、$**$ 和 $*$ 分别表示在 1%、5% 和 10% 的显著性水平上显著,括号内为 t 值。

四、稳健性检验

对归类变更盈余管理基本方式,替换核心利润的度量方法进行重新考察。从利润表的结构及报表使用者对利润表的直观可读性角度,重新定义核心利润,具体计算公式为:核心利润=(营业收入-营业成本-营业税金及附加-销售费用-管理费用)/营业收入。用这种方法计算得到的核心利润去替换模型(4.1)中的核心利润变量,得到异常的核心利润并重新对模型(4.2)进行回归。得到结果见表 4.9。表 4.9 中第(1)与(3)列是模型(4.2)重新回归的结果,第(2)与(4)列是模型(4.7)重新回归的结果,其中第(1)和(2)

列为不控制应计与真实盈余管理的回归结果,第(3)和(4)列是控制应计与真实盈余管理的回归结果。可以看到,$EXTRAINC_t \times CS_t$ 的系数显著为负,$EXTRAEXP_t \times CS_t$ 的系数显著为正,表明在动机组中,不仅存在收入的归类变更,也存在费用的归类变更,结论保持不变。

表 4.9 归类变更盈余管理基本方式稳健性检验

解释变量	预期符号	$UNCE_t$ (1)	$UNCE_t$ (2)	$UNCE_t$ (3)	$UNCE_t$ (4)
$EXTRAINC_t$	—	−0.0561*** (−3.00)	−0.0547*** (−2.90)	−0.0664*** (−3.14)	−0.0646*** (−3.02)
$EXTRAEXP_t$	+	−0.3159*** (−3.97)	−0.3187*** (−4.00)	−0.3151*** (−3.78)	−0.3183*** (−3.81)
CS_t	+		0.0001 (0.04)		−0.0002 (−0.04)
$EXTRAINC_t \times CS_t$	—		−0.1497** (−2.52)		−0.1678*** (−4.33)
$EXTRAEXP_t \times CS_t$	+		1.3126*** (2.69)		1.2869*** (3.04)
RM				−0.0498*** (−9.36)	−0.0497*** (−9.34)
DA				−0.0434** (−2.56)	−0.0430** (−2.53)
常数项		0.0061 (0.95)	0.0060 (0.94)	0.0065 (1.05)	0.0064 (0.22)
调整拟合优度		0.0230	0.0233	0.0510	0.0514
观测值		9126	9126	8760	8760

注:***、**和*分别表示在1%、5%和10%的显著性水平上显著,括号内为 t 值。

另外,为剔除微利公司的样本选择对回归结果的影响,重新将界定微利公司的标准改为营业利润增长率处于(0,2%)的公司,按照同样的方法对原核心利润概念下的模型(4.1)、模型(4.2)、模型(4.7)进行计量分析,结果如表4.10所示。研究结论未在性质上发生重大变化。

表 4.10　改变动机公司组设定的稳健性检验结果

解释变量	预期符号	(1) $UNCE_t$	(2) $UNCE_t$	(3) $UNCE_t$	(4) $UNCE_t$
$EXTRAINC_t$	—	-0.0361^{**} (-1.74)	-0.0345^{**} (-1.64)	-0.0420^{**} (-1.91)	-0.0404^{**} (-1.81)
$EXTRAEXP_t$	+	-0.3301^{***} (-4.38)	-0.3343^{***} (-4.42)	-0.3229^{**} (-4.25)	-0.3266^{***} (-4.29)
CS_t	+		-0.0020 (-0.68)		-0.0015 (-0.53)
$EXTRAINC_t \times CS_t$	—		-0.1836^{***} (-3.85)		-0.1680^{***} (-3.11)
$EXTRAEXP_t \times CS_t$	+		1.2587^{***} (4.01)		1.0574^{***} (3.23)
RM				-0.0543^{***} (-9.80)	-0.0543^{***} (-9.79)
DA				-0.0155 (-0.92)	-0.0150 (-0.89)
常数项		0.0125^{***} (2.13)	0.0125^{***} (2.13)	0.0133^{***} (2.37)	0.0133^{***} (2.37)
调整拟合优度		0.0239	0.0244	0.0477	0.0482
观测值		10632	10632	10295	10295

注：***、** 和 * 分别表示在 1%、5% 和 10% 的显著性水平上显著，括号内为 t 值。

采用新的思路考察归类变更盈余管理特殊方式的存在性。借鉴 McVay（2006）的思想，将披露的非经常性损益净额作为因变量，将营业外收入、营业外支出、投资收益和公允价值变动损益作为解释变量，构建模型（4.11）估计合理的非经常性损益净额。

$$EXTRAITEMS_t = \beta_0 + \beta_1 EXTRAINC_t + \beta_2 EXTRAEXP_t +$$
$$\beta_3 IR_t + \beta_2 CFV_t + \varepsilon_t \quad\quad (4.11)$$

其中，IR_t 代表企业投资收益，CFV_t 代表企业公允价值变动损益。

结果如表 4.11 所示。动机公司组异常非经常性损益净额（回归模型的残差部分）显著为负，而普通公司约为 0，且两个样本均值差异的 t 检验在 5% 水平上显著，表明动机公司比普通公司进行了更强程度的归类变更盈余管理特殊方式的操作，与原结论相符。

表 4.11　异常扣非后净利润的分样本对比

$UNCE_t$	动机组	普通组
均值	-0.02248	0.00047
标准差	0.04417	0.13734
t 值	2.0845	
$P(T<t)$	0.0371	
观测值	156	7530

第五节　归类变更盈余管理的补充方式：
　　　　现金流量的归类变更

经营现金净流量作为决定企业价值和管理层业绩的重要指标,近年来逐渐引起了投资者和分析师的关注。一般认为,相比于以权责发生制为核算基础的会计利润,以收付实现制为核算基础的现金流量信息不易被操纵,更能客观反映企业的实际经营状况。然而,现有研究证实,理论上相对客观的现金流量信息依然摆脱不了被操纵的命运(吴联生等,2007;张然,2007;Lee,2012;Nagar & Sen,2012)。

经营现金流的操纵手段主要分为两种。第一种是在年末通过加速收回或出售应收账款、延迟支付货款等理财手段做大当年度经营现金净流量,即"真实活动操纵";第二种是将部分现金流入流出业务在现金流量表三类项目之间进行分类转移,利用会计准则的模糊界限做大当年度经营现金净流量,即"归类变更操纵"。相比于真实活动操纵,现金流归类变更操纵尚未引起理论界和实务界的广泛关注。通观国内外相关研究,Lee(2012)基于美国资本市场,验证了面临财务困境、信用评级处于不同等级临界点、存在分析师针对经营现金净流量的预测、股票收益率与经营现金净流量关联较大的四类企业存在现金流归类变更操纵动机。Nagar & Sen(2012)利用印度资本市场的经验数据,证实了面临财务困境的企业存在现金流归类变更行为,且操纵程度高于美国同类企业。而国内学者尚未给出基于我国上市公司的经验证据。我国资本市场的运行规律、会计准则和监管制度与国外存在一定差异,因此,我国上市公司是否存在现金流归类变更行为,值得深入研究。本部分着重关注我国上市公司的现金流归类变更行为,以及进行了归类变更盈余管理的公司是否会同时进行现金流归类变更,旨在填补国内这一研究领域的空白。现金流归类变更具体有两种方式:一是将经营现金流出转移到投资、筹资现金流出;二是将投资、筹资现金流入计入经营现金流入(Nagar & Sen,2012)。本部分以 2007 年至 2015 年我国 A 股沪深主板上市公司作为研究样本,发现了在进行利润归类变更的上市公司中存在现金流归类变更的证据。

一、现金流归类变更的可能性分析

经营现金净流量的操纵手段主要分为真实活动操纵和归类变更操纵两类。两者经济后果的主要差异在于:真实活动操纵将改变现金净流量总额,而归类变更操纵并不改变现金净流量总额,仅改变各项现金流业务在现金流量表中的分布;真实活动操纵的实质是"透支"未来年度的经营现金净流入,很可能导致来年第一季度的经营现金流发生反转(Lee,2012),而归类变更操纵并不需要付出此类代价。因此,归类变更操纵方式更为隐蔽,成本更低,更不易被审计师发现。

现金流归类变更具体分为两种方式:一是将经营现金流出转移到投资、筹资现金流出;二是将投资、筹资现金流入计入经营现金流入(Nagar & Sen,2012)。现金流量表的"三分法"客观上为企业进行现金流归类变更提供了空间。依照我国《企业会计准则第 31 号——现金流量表》的披露规则,除明确归为企业投资活动和筹资活动的所有交易和事项,其他现金流均可计入经营活动现金流量,而自然灾害损失、保险索赔等特殊项目应当根据其性质在三类活动中合理分配。由于上市公司财务环境纷繁复杂,经营业务的涉及面越发广泛,"经常"与"特殊"之间的界限变得模糊,为企业管理层利用自由裁量权进行现金流归类变更、做大当期经营现金净流量提供了空间。与此同时,与资产负债表"其他应收款""其他应付款"科目相似,现金流量表的"其他"类科目常常被用作模糊项目的"垃圾桶"。企业管理层能够借此将模糊的现金流入项目计入"收到其他与经营活动有关的现金",将模糊的现金流出项目转移至"支付其他与投资活动有关的现金"或"支付其他与筹资活动有关的现金"科目,从而做大当期经营现金净流量。

二、归类变更盈余管理与现金流归类变更的关系

现有研究证实,为迎合投资者的预期或维持营业利润持续增长的表象,上市公司有动机进行归类变更盈余管理,以期做大企业当期的核心利润

(McVay,2006;Fan et al.,2010;张子余和张天西,2012)。钱爱民和张新民(2008)的研究指出,单位核心利润对应的经营现金净流量数额反映了企业主营业务的现金获取能力和盈余质量。主营业务的现金获取能力被视作评判企业持续经营和长远发展的重要指标,而高质量的会计盈余能够强化投资者的信心,降低交易成本和资本成本,提高上市公司的资源配置效率(周春梅,2009;魏明海等,2013)。因此,为了提高盈余质量,上市公司通过归类变更盈余管理夸大核心利润后,有可能伴随着大量的经营现金流操纵行为。

与此同时,核心利润代表企业自身开展经营活动所产生的经营成果,与企业经营现金净流量之间存在着内在逻辑关系(钱爱民和张新民,2008)。企业若仅进行利润归类变更而未进行现金流归类变更,势必会拉大核心利润与经营现金净流量的差距,容易引起投资者的关注和审计师的怀疑。因此,基于匹配动机,上市公司倾向于同时进行利润归类变更和现金流归类变更。

因此,提出假说 H4.3。

H4.3:进行归类变更盈余管理的上市公司有较强动机进行现金流归类变更。

针对上文阐述的两种现金流归类变更方式,将研究假说 H4.3 具体表述如下:

H4.3a:进行归类变更盈余管理的上市公司有较强动机将经营现金流出转移到投资或筹资现金流出;

H4.3b:进行归类变更盈余管理的上市公司有较强动机将投资或筹资现金流入转移到经营现金流入。

三、补充关系存在性检验

1. 非预期经营现金净流量指标的衡量

借鉴 Dechow et al.(1998)和 Roychowdhury(2006)的研究方法,将样本数据代入模型(4.12),分行业、分年度进行 OLS 回归,残差项即为非预期经营现金净流量 $UNCFO_t$。

$$\frac{CFO_t}{A_{t-1}} = \alpha_0 + \alpha_1 \frac{1}{A_{t-1}} + \alpha_2 \frac{REV_t}{A_{t-1}} + \alpha_3 \frac{\Delta REV_t}{A_{t-1}} + \varepsilon_t \qquad (4.12)$$

其中,A_{t-1} 代表企业第 $t-1$ 期总资产,CFO_t 代表企业第 t 期经营现金净流量,REV_t 代表企业第 t 期营业收入,ΔREV_t 衡量企业第 t 期与第 $t-1$ 期营业收入的变化量。

2. 多元回归模型的构建

基于理论分析,若企业进行了归类变更盈余管理,则非预期经营现金净流量与投资、筹资现金流出和流入的相关性将更强。故建立模型:

$$UNCFO_t = \beta_0 + \beta_1 ICO_t + \beta_2 FCO_t + \beta_3 ICI_t + \beta_4 FCI_t + \beta_5 UNCE_t +$$
$$\beta_6 UNCE_t \times ICO_t + \beta_7 UNCE_t \times FCO_t + \beta_8 UNCE_t \times ICI_t +$$
$$\beta_9 UNCE_t \times FCI_t + \beta_{9+i} \sum_{i=1}^{6} Control_t + \varepsilon_t \qquad (4.13)$$

其中,β 表示模型的回归系数,ε 为残差项,$Control$ 表示一组控制变量。变量的详细解释见表 4.12。

表 4.12　变量及其解释

变量性质	变量名称	变量代码	变量解释
被解释变量	非预期经营现金净流量	$UNCFO_t$	根据 Roychowdhury(2006)模型计算得出
解释变量	投资现金流出量	ICO_t	根据企业年度现金流量表数据得到,经过企业平均资产的标准化处理
	筹资现金流出量	FCO_t	
	投资现金流入量	ICI_t	
	筹资现金流入量	FCI_t	
	归类变更盈余管理程度	$UNCE_t$	根据 McVay(2006)模型计算得出的
控制变量	企业规模	$Size_t$	企业总资产的自然对数
	企业成长性	$Growth_t$	企业销售收入的变化百分比
	资产收益率	ROA_t	企业净利润与平均资产总额的比值
	应计项目盈余管理指标	DA_t	根据修正的 Jones 模型计算得出
	行业虚拟变量	$Industry$	
	年度虚拟变量	$Year$	

3. 样本与描述性统计

考虑到新企业会计准则于 2007 年开始实施,选取 2007—2015 年度沪深主板上市公司作为样本,财务数据取自 CSMAR 数据库。样本选择过程如下:由于金融保险行业采用特殊的会计核算制度,因此剔除所有金融保险行业数据;由于 ST 公司财务数据不稳定、波动较大,因此剔除上述公司的数据;剔除主要财务数据缺失的公司数据;为保证估计的有效性,剔除年度观测值小于 15 的行业数据;为消除异常值的影响,对所有连续变量采用 Winsorize 命令进行 1% 的缩尾处理。经过上述程序,最终筛选出 10365 组样本。

表 4.13 列示了主要变量的统计特征。表中数据显示,非预期经营现金净流量 $UNCFO_t$ 的标准差为 0.085,最大值为 0.549,最小值为 -0.463;非预期核心利润 $UNCE_t$ 的标准差为 0.082,最大值为 1.079,最小值为 -1.060。

表 4.13 现金流相关变量的描述性统计

变量	均值	标准差	中位数	最大值	最小值
$UNCFO_t$	-0.000	0.085	0.000	0.549	-0.463
$UNCE_t$	0.000	0.082	-0.001	1.079	-1.060
ICO_t	0.139	0.215	0.072	1.407	0.000
FCO_t	0.295	0.254	0.244	1.495	0.000
ICI_t	0.076	0.175	0.016	1.165	0.000
FCI_t	0.333	0.325	0.265	1.972	0.000
$Size_t$	22.198	1.366	22.086	25.745	18.834
$Growth_t$	0.206	0.693	0.094	5.171	-0.718
ROA_t	0.031	0.063	0.029	0.198	-0.320
DA_t	0.006	0.088	0.004	0.455	-0.539

表 4.14 列示了主要变量的相关性系数。对角线上方为 pearson 相关性检验结果,对角线下方为 spearman 相关性检验结果。在 pearson 相关系数分析中,非预期经营现金净流量 $UNCFO_t$ 与投资现金流出指标 ICO_t 在 1% 水平上显著正相关,与筹资现金流入指标 FCI_t 在 1% 水平上显著负相关,符合预期。在 spearman 等级相关系数分析中,上述关系依然成立。

此外,对变量进行了多重共线性检验,表 4.14 结果表明方差膨胀因子介于 1.17～9.30 之间(小于 10),对应的容忍度介于 0.11～0.85 之间(大于 0.1),说明不存在严重的多重共线性问题,可以纳入回归模型。

表 4.14　现金流相关变量的相关性系数

变量	$UNCFO_t$	$UNCE_t$	ICO_t	FCO_t	ICI_t	FCI_t	$Size_t$	$Growth_t$	ROA_t	DA_t
$UNCFO_t$		0.2328*	0.0867*	−0.0464*	−0.0182	−0.1738*	0.0227	0.0144	0.2039*	−0.6673*
$UNCE_t$	0.2928*		0.0096	0.0116	−0.0313*	−0.0273*	0.0397*	−0.0133	0.1547*	−0.0249
ICO_t	0.1249*	0.0076		0.0722*	0.7931*	0.2259*	0.0381*	0.2148*	0.1678*	0.0178
FCO_t	−0.0563*	−0.0006	0.0288*		−0.0062	0.8499*	0.1546*	0.2331*	−0.0771*	0.0085
ICI_t	−0.0589*	−0.0512*	0.4232*	−0.0086		−0.0000	−0.0711*	0.1044*	0.1290*	0.0233
FCI_t	−0.1771*	−0.0447*	0.1561*	0.8700*	−0.0366*		0.1703*	0.2900*	−0.0806*	0.1722*
$Size_t$	0.0229	0.0298*	0.1894*	0.1979*	−0.0029	0.2353*		0.0170	0.1307*	0.0839*
$Growth_t$	0.0252	−0.0686*	0.1593*	0.0705*	−0.0329*	0.1226*	0.1022*		0.1642*	0.0316*
ROA_t	0.2492*	0.1600*	0.2689*	−0.1704*	0.1243*	−0.1926*	0.0891*	0.3023*		0.2361*
DA_t	−0.5838*	−0.0198	−0.0103	0.0131	−0.0219	0.1415*	0.0862*	0.0526*	0.1622*	

注：*表示在1%的显著性水平上显著。

4.多元回归分析

将研究样本代入模型(4.13)，通过多元回归分析考察利润归类变更对上市公司现金流归类变更行为的影响，回归结果列于表4.15。表4.15结果显示，$UNCE_t \times FCO_t$的系数为0.1968，在5%水平上显著为正，表明进行利润归类变更的上市公司有更强的动机将经营现金流出转移到筹资现金流出；$UNCE_t \times FCI_t$的系数为−0.1591，在5%水平上显著为负，表明进行利润归类变更的上市公司有更强的动机将筹资现金流入转移到经营现金流入。表4.15的综合结果表明，进行利润归类变更的上市公司有较强动机进行现金流归类变更，与理论分析一致，假说H4.3a和假说H4.3b得到验证。

表 4.15　归类变更盈余管理与现金流归类变更补充关系检验

变量	预期符号	$UNCFO_t$
ICO_t	+	0.1373*** (14.16)
FCO_t	+	0.0532*** (5.74)
ICI_t	−	−0.1538*** (−14.54)

续表

变量	预期符号	$UNCFO_t$
FCI_t	−	-0.0594^{***} (-7.02)
$UNCE_t$	?	0.1392^{***} (7.59)
$UNCE_t \times ICO_t$	+	0.1220 (1.39)
$UNCE_t \times FCO_t$	+	0.1968^{**} (2.33)
$UNCE_t \times ICO_t$	−	-0.1534 (-1.57)
$UNCE_t \times FCI_t$	−	-0.1591^{**} (-2.17)
$Size_t$	+	0.0003 (0.68)
$Growth_t$	−	-0.0048^{***} (-3.03)
ROA_t	+	0.4625^{***} (30.82)
截距		-0.0297^{**} (-2.37)
年度		YES
行业		YES
观察值		10365
F 值		280.73
Adj. R^2		0.6531

注:***、**分别表示在1%、5%的显著性水平上显著,括号内为 t 值。

由表4.15的回归结果可以发现,进行利润归类变更的上市公司存在现金流归类变更,主要表现为利用"筹资现金流入"科目和"筹资现金流出"科目进行现金流归类变更。可能的解释是,从表4.13变量的描述性统计结果可知,筹资现金流入(流出)的总体规模远高于投资现金流入(流出)的总体规模,因

此进行归类变更的空间更大,隐蔽性更强。

5.进一步检验

根据 Abernathy et al.(2014)的研究,公司的财务状况与归类变更盈余管理成负向关系,其中财务状况以 Z_score(Altman,1968)衡量。本书借鉴这一结论,采用财务状况(Z_score)替代归类变更盈余管理程度,Z_score 越小,表示企业的财务状况越糟糕,面临财务困境的风险越大,采用归类变更盈余管理可能性越大。研究 Z_score 与现金流归类变更的关系,预期财务状况较差的企业进行现金流归类变更的程度更大,以进一步检验归类变更盈余管理与现金流归类变更的同向关系。故构建模型:

$$UNCFO_t = \alpha_0 + \alpha_1 ICO_t + \alpha_2 FCO_t + \alpha_3 ICI_t + \alpha_4 FCI_t +$$
$$\alpha_5 Z\_score_t + \alpha_6 Z\_score_t \times ICO_t + \alpha_7 Z\_score_t \times FCO_t +$$
$$\alpha_8 Z\_score_t \times ICI_t + \alpha_9 Z\_score_t \times FCI_t +$$
$$\alpha_{9+i} \sum_{i=1}^{6} control_t + \varepsilon_t \qquad (4.14)$$

表 4.16 结果显示,非预期经营现金净流量 $UNCFO_t$ 与投资现金流出指标 ICO_t 和筹资现金流出指标 FCO_t 在 1% 水平上显著正相关,与投资现金流入指标 ICI_t 和筹资现金流入指标 FCI_t 在 1% 水平上显著负相关,与预期相符。$Z\_score_t \times FCO_t$ 的系数为 -0.0033,在 5% 水平上显著为负,表明面临财务困境的上市公司有更强的动机将经营现金流出转移到筹资现金流出;$Z\_score_t \times FCI_t$ 的系数为 0.0033,在 1% 水平上显著为正,表明面临财务困境的上市公司有更强的动机将筹资现金流入转移到经营现金流入。表 4.16 的综合结果表明,面临财务困境的上市公司有较强动机进行现金流归类变更,使归类变更盈余管理与现金流归类变更的补充关系得到了进一步验证。

表 4.16　财务状况与现金流归类变更关系检验

变量/参数	预期符号	$UNCFO_t$
截距	?	-0.0563^{***} (-4.00)
ICO_t	$+$	0.1518^{***} (12.98)
FCO_t	$+$	0.0875^{***} (7.22)

续表

变量/参数	预期符号	$UNCFO_t$
ICI_t	—	-0.1712^{***}
		(-13.04)
FCI_t	—	-0.0889^{***}
		(-8.05)
Z_score_t	?	0.0006^{***}
		(4.11)
$Z\_score_t \times ICO_t$	—	-0.0010
		(-0.87)
$Z\_score_t \times FCO_t$	—	-0.0033^{**}
		(-2.52)
$Z\_score_t \times ICI_t$	+	0.0008
		(0.65)
$Z\_score_t \times FCI_t$	+	0.0033^{***}
		(3.17)
$Size_t$	+	0.0012^{**}
		(2.35)
$Growth_t$	—	-0.0056^{***}
		(-3.54)
ROA_t	+	0.4800^{***}
		(31.14)
DA_t	—	-0.6920^{***}
		(-60.50)
年度		YES
行业		YES
观察值		10365
F 值		254.74
Adj. R^2		0.6369

注：***、**分别表示在1%、5%的显著性水平上显著,括号内为 t 值。

第六节　归类变更盈余管理的替代方式：
研发投入的归类变更

知识经济时代，创新正逐渐成为企业发展的关键动因。企业的R&D活动能促进企业生产率的提高，是获得竞争优势的主要来源。作为一项特殊的企业活动，企业的R&D信息日益受到资本市场投资者和分析师的关注。然而，企业的R&D活动因其具有专业性、酌量性、披露非强制性等特点而成为企业管理者进行盈余管理的操纵对象。

根据《国际会计准则第38号——无形资产》规定，企业应将无形资产的形成过程分为研究阶段和开发阶段，即企业的R&D活动分为两阶段，属于研究的确认为期间费用，影响当期损益；属于开发的在满足有关条件的情况下确认为资产，资本化处理。目前学界对于企业R&D盈余管理研究主要集中于真实活动盈余管理，所谓R&D真实活动盈余管理，是指企业管理层更改正常的研发策略，如推迟研发活动开始的时间、削减酌量性R&D费用，进而直接提高企业利润。研究方法主要是建立正常水平的R&D预测模型，再根据R&D费用实际值减去估计的正常值得到的异常值作为R&D真实活动盈余管理的指标。笔者认为以往的真实活动盈余管理研究有其局限性，只关注了小于零的异常值，并把它解释为管理层削减R&D费用虚增利润（Athanasakou & Walker，2011；胡元木等，2016），但是忽略了大于零的异常值。Vorst（2016）关注了大于零的异常值，并把残差出现反转的现象作为判断企业进行R&D真实活动盈余管理的依据。Vorst认为企业削减R&D投资的真实活动存在成本，不利于企业的正常经营，为了避免损失，管理层可能在真实活动盈余管理的第二年增加投资恢复到正常水平，造成了前后两年残差一正一负的反转现象。但是，针对大于零的残差，还存在公司通过将一般经营费用归类变更为研发投入以提高市场形象的可能。

企业R&D活动具有信息含量，是传统会计盈余和账面净资产以外影响股价的重要因素之一，费用化的R&D支出虽然会减少会计盈余，但是投资者能识别出R&D投入给企业未来带来的潜在收益，并对企业R&D费用的评价高于其他期间费用。Osma & Young（2009）的研究进一步指出，当管理层面临亏损或者无法实现盈利增长的压力时，可能会采取减少R&D投入的真实活动盈余管理行为以虚增利润提高企业业绩，但投资者似乎未被企业的短视行为欺骗，股票市场收益未实现上升反而会有所下降，说明投资者不仅关注企业短期盈余,也注重由 R&D 投入等形成的企业长期竞争力。

如前文所述,投资者会识别企业的 R&D 真实活动盈余管理,因此,业绩不良的企业很有可能转向 R&D 归类变更盈余管理,以 R&D 的"大量"投入作为盈余不足的借口。此外,与 R&D 归类变更类似,归类变更盈余管理也夸大了高评价损益项目——核心利润,如果企业利润归类变更的空间较小,管理层操纵 R&D 归类变更的动机较强;反之,已经进行过利润归类变更的企业,其财务数据已经进行过"美化",因此操纵 R&D 归类变更的动机不强。本节拟检验我国上市公司是否存在 R&D 归类变更操纵行为,并关注归类变更盈余管理与研发投入归类变更之间的关系。

一、R&D 归类变更的可能性分析

R&D 费用是期间费用中高评价的损益项目,这有可能使管理层进行 R&D 归类变更盈余管理。R&D 归类变更盈余管理是指将正常经营费用归入 R&D 费用,以最大化高评价费用项目。Skaife et al. (2013)第一次实证证明了 R&D 费用归类变更盈余管理在美国资本市场的存在性,并发现亏损以及未达到盈余目标的企业更有动机进行 R&D 归类变更盈余管理。Skaife et al. (2013)对 R&D 费用预期模型回归得到残差大于零的部分做出解释,认为异常高的 R&D 费用是企业把其他期间费用"错误"转移到 R&D 费用下的证据。

我国会计准则对企业内部研究开发支出的会计处理基本原则是:企业内部研究和开发无形资产,其在研究阶段的支出全部费用化,计入当期损益(管理费用);开发阶段的支出符合条件的资本化,不符合资本化条件的计入当期损益(管理费用[①])。中国证监会于 2007 年 2 月 2 日所发布的修订后的《公开发行证券的公司信息披露编报规则第 15 号——财务报告的一般规定》中,规定在财务报表附注"公司开发项目支出"中,对无形资产必须"披露本期发生的内部研究开发项目支出总额,以及计入研究阶段支出金额和计入开发阶段的金额"。因此,相关项目之间的勾稽关系是:财务报告中披露的研发支出费用化金额与管理费用明细项目中的费用化金额一致,财务报告中披露的研发支出资本化金额与开发支出本期增加额一致。然而,在查阅上市公司年报的过程中,发现上市公司披露的研发信息存在前后互相矛盾、金额不一致的问题。这说明在研发信息披露不规范的背后,隐藏着管理层操纵

---

① 2018 年起利润表已经单列为研发费用。

R&D归类变更的可能。比如,把用于产品生产的材料确认为研发耗用的材料,把生产人员工资确认为研发人员工资,而直接材料和直接工资本应属于生产成本。再如,其他业务成本,本身存在模糊地带,管理层也有可能将模糊的其他业务成本确认为R&D投入。因此,把R&D归类变更表述为:在会计处理中,少记生产成本,多计R&D投入,把生产成本归类为R&D投入。由此,本书提出假说H4.4。

H4.4:上市公司的异常R&D投入与生产成本负相关。

二、归类变更盈余管理与R&D归类变更的关系

为迎合投资者的预期或实现管理层的特定目标(如IPO、增发),上市公司有动机进行归类变更盈余管理,虚增企业当期的核心利润。R&D归类变更和利润归类变更的目的都是最大化高评价损益项目,一方面,利润归类变更空间小的公司可能会转而寻求R&D归类变更,以美化投资者高评价的R&D项目,以此展现是大量的R&D费用造成了不理想的利润。另一方面,归类变更盈余管理大的公司已经通过提高核心利润提升了自己的形象,而虚增R&D投入可能会赚取额外的税收优惠反而引起税收部门的警觉,所以利润归类变更操纵公司再进行R&D归类变更的动机较小。因此,预测归类变更盈余管理与R&D归类变更存在"替代"效应,提出假说H4.5。

H4.5:未进行归类变更盈余管理的上市公司进行R&D归类变更的动机更强。

企业管理层在财报中公开研发策略与投入,以便让投资者了解企业的研发活动对维持和提高企业盈利能力的重要性。Skaife et el.(2013)发现美国上市公司中,业绩不良的企业更有可能进行R&D归类变更。本节把净利润为负(亏损企业)或净利润相比上年未实现增长(盈余不达标企业)的企业定义为业绩不良企业。这类企业也可以看成是归类变更盈余管理空间不大或者未进行归类变更盈余管理的企业。以这些企业作为样本,可以进一步检验归类变更盈余管理与研发投入归类变更的关系。当企业业绩不佳时,管理层很可能进行R&D归类变更操纵,虚增企业的研发投入。投资者在评价企业时,虽然发现企业业绩出现暂时困难,但由于作为高评价项目的R&D投入"很高",投资者有可能相信企业未来具有发展潜力,从而对企业的前景做出乐观评价。因此,进一步预测业绩不良的企业更有动机进行R&D归类变更操纵,提出研究假说H4.6。

H4.6a:亏损的上市公司进行R&D归类变更操纵的动机更强。

H4.6b:盈余不达标的上市公司进行R&D归类变更操纵的动机更强。

三、替代关系存在性检验

1. 研究设计

借鉴 Skaife et al. (2013)的 R&D 预期模型,以残差作为衡量企业 R&D 归类变更盈余管理的估计值。Skaife et al. (2013)认为企业任何年度的 R&D 投入都是由当年年初的 R&D 预算支出和运营过程发生的酌量性 R&D 费用构成。因此,预测公司 t 年度的 R&D 投入模型的解释变量包括:(1)影响公司 t 年度 R&D 预算支出的 $t-1$ 年度的研发投入;(2)影响公司 t 年度酌量性 R&D 投入的 $t-1$ 年度及 t 年度的变量。模型如 4.15。

$$RD_t = \alpha_0 + \beta_1 RD_{t-1} + \beta_2 NETCASH_{t-1} + \beta_3 Profit_{t-1} +$$
$$\beta_4 Size_{t-1} + \beta_5 OVERI_{t-1} + \beta_6 IFCF_t + \varepsilon_t \qquad (4.15)$$

模型(4.15)把滞后一期 RD_t 作为解释变量是因为企业的 R&D 投入具有一定连续性,$NETCASH_{t-1}$、$Profit_{t-1}$、$Size_{t-1}$ 分别代表企业第 $t-1$ 期的净营运资本、扣非后净利润、营业收入的自然对数,$NETCASH_{t-1}$ 衡量了企业在年初制定 R&D 预算时企业拥有的资源,$Profit_{t-1}$ 和 $Size_{t-1}$ 衡量了企业的盈利能力和规模。$OVERI_{t-1}$ 衡量了企业本年度的投资动机,首先对上一年行业-年度内企业的现金余额和负债率的负数由低往高分别排名,排名最前为 0 最后为 1,其余样本均在 0~1 之间按排名次序分布,最后取两个排名的平均数作为 $OVERI_{t-1}$。模型还引入 $IFCF_t$ 以衡量当期投资与筹资活动净现金流对本期酌量性 R&D 投入的影响。模型中的 RD_t 及其他连续性变量经由营业收入平减处理。

将样本数据代入模型(4.15),分行业分年度进行 OLS 回归,得到被解释变量 R&D 投入(RD_t)的估计值,将其作为预期 R&D 投入,实际的 R&D 投入与预期 R&D 投入的差额(即残差项)作为异常(未预期)部分,记为 $UNRD_t$,即异常的 R&D 费用。

但是 Skaife et al. (2013)的研究没有证明 R&D 费用的异常增加是否伴随其他费用成本的下降,而这是判断异常高的 R&D 费用是否是归类变更结果的主要证据。本节在前面分析研发费用与生产成本存在一定模糊性的基础上,尝试进一步考察异常研发投入($UNRD_t$)和生产成本的关系,以此来推断 R&D 归类变更的存在。如上所述,若企业存在将生产成本转移到 R&D 投入的行为,则异常 R&D 投入将表现为与生产成本($PROD_t$)负相关。故建立模型:

$$UNRD_t = \beta_0 + \beta_1 PROD_t + \varepsilon_t \qquad (4.16)$$

模型(4.16)中,被解释变量为异常 R&D 投入 $UNRD_t$,$PROD_t$ 为生产成本,生产成本=营业成本+期末存货-期初存货,用营业收入平减处理。若

β_1 显著为负,则可推断 R&D 归类变更存在。为了检验归类变更盈余管理强的公司更没有动机进行研发投入的归类变更,在模型(4.16)中引入虚拟变量 $Shift_t$,代表企业是否进行利润归类变更,$UNCE$ 大于 0,取 1,代表企业进行过利润归类变更,否则取 0,代表企业没有进行利润归类变更。在模型(4.16)中引入该虚拟变量与生产成本的交叉项,考察交叉项的参数符号及显著性,进而推断利润归类变更与 R&D 归类变更是否存在替代效应,具体见模型(4.17)。为了进一步验证业绩不良的公司更有动机进行 R&D 归类变更,在模型(4.16)中引入虚拟变量 $Loss$ 和 $Miss$,前者代表企业是否亏损,亏损组为 1,普通组为 0;后者代表企业是否达到盈余业绩目标①,未达标组为 1,普通组为 0;并引入虚拟变量与生产成本的交叉项,考察交叉的参数符号及显著性,具体见模型(4.18)与模型(4.19)。

$$UNRD_t = \alpha_0 + \beta_1 Shift_t + \beta_2 PROD_t + \beta_3 Shift_t \times PROD_t + \varepsilon_t \quad (4.17)$$

$$UNRD_t = \alpha_0 + \beta_1 Loss_t + \beta_2 PROD_t + \beta_3 Loss_t \times PROD_t + \varepsilon_t \quad (4.18)$$

$$UNRD_t = \alpha_0 + \beta_1 Miss_t + \beta_2 PROD_t + \beta_3 Miss_t \times PROD_t + \varepsilon_t \quad (4.19)$$

2. 样本与描述性统计

以主板上市公司 2007—2015 年的数据作为研究对象,筛选出在年报"董事会报告"中披露研发投入总额的公司,然后剔除金融保险业和 ST 公司,并采用中国证监会(2012)的行业分类标准,对制造业采用二级行业划分,其余按照一级行业划分。同时为保证模型估计的有效性,将行业-年度样本数不足 15 的剔除,这样共得到 4369 个样本数据。使用的数据来自国泰安数据库和万得数据库,所有连续变量上下 1% 做缩尾处理,以剔除异常值对结果的影响。

表 4.17 列示了主要变量的统计特征。R&D 投入占营业收入比重的均值为 2.3%,未预期 R&D 投入的均值为 0,生产成本占营业收入比重的均值为 88.6%。亏损的企业占样本的 10.8%,未达到盈余业绩目标的企业占样本的 56.4%,进行过利润归类变更的公司占样本的 49.5%。

表 4.17　R&D 相关变量的描述性统计

变量	均值	标准差	中位数	最大值	最小值
RD_t	0.023	0.025	0.016	0.140	0.000
$UNRD_t$	-0.000	0.011	-0.001	0.096	-0.855
$PROD_t$	0.886	0.380	0.848	3.094	0.213

---

① 将未达到盈余业绩目标定义为企业当年度扣除非经常性项目后利润与前一年度相比,没有增长。

续表

变量	均值	标准差	中位数	最大值	最小值
$Loss_t$	0.108	0.310	0	1	0
$Miss_t$	0.564	0.496	1	1	0
$Shift_t$	0.495	0.500	0	1	0

表 4.18 列示了主要变量的相关性系数。对角线上方为 pearson 相关性检验结果,对角线下方为 spearman 相关性检验结果。在 pearson 相关系数分析中,非预期 R&D 投入($UNRD_t$)与生产成本($PROD_t$)在 1% 的显著性水平上显著负相关,符合预期。在 spearman 等级相关系数分析中,上述关系依然成立。

表 4.18　R&D 相关变量的相关系数

变量	$UNRD_t$	$PROD_t$	$Loss_t$	$Miss_t$	CS_t
$UNRD_t$	1.0000	−0.1151	0.0550*	0.0431	0.0026
$PROD_t$	−0.1098*	1.0000	−0.0902*	−0.1795*	−0.1277*
$Loss_t$	0.0304	−0.1119*	1.0000	0.2594*	−0.1210*
$Miss_t$	0.0275	−0.1945*	0.3527*	1.0000	−0.0621*
$Shift_t$	0.0085	−0.1749*	−0.1278*	−0.1213*	1.0000

注:* 表示在 1% 的显著性水平上显著。

3. 替代关系实证结果

根据 Vorst(2016)的研究,大于 0 的 $UNRD$ 可能是公司上一年削减 R&D 真实活动盈余管理留下的"后遗症",为了排除真实活动盈余管理给研究带来的影响,在模型(4.15)回归所得的数据的基础上,剔除残差出现反转的数据,即 t 期小于 0,$t+1$ 期大于 0,则将 $t+1$ 期数据剔除。表 4.19 列示了剔除真实活动后的样本回归的计量结果。从第(1)列的回归结果可知,生产成本的系数显著为负,说明在样本中存在 R&D 归类变更操纵,符合假说 H4.4。从第(2)列结果,可以发现 $Shift_t$ 的系数显著为负,而交叉项 $Shift \times PROD_t$ 的系数显著为正,说明进行过利润归类变更的公司操纵 R&D 归类变更的动机不强烈,利润归类变更与 R&D 归类变更操纵存在替代效应,这符合假说 H4.5。从第(3)列与第(4)列的回归系数可以发现,$Loss \times PROD_t$ 和 $Miss \times PROD_t$ 的系数显著为负,说明净利润亏损的公司和净利润相比上年未实现增长的公司更有动机进行 R&D 归类变更操纵,验证了假说 H4.6。

表 4.19　R&D 归类变更与归类变更盈余管理替代效应

解释变量	(1)	(2)	(3)	(4)
$PROD_t$	-0.0031^{***} (0.000)	-0.0040^{***} (0.000)	-0.0025^{***} (0.000)	-0.0024^{***} (0.000)
$Shift_t$		-0.0028^{**} (0.019)		
$Shift \times PROD_t$		0.0033^{**} (0.012)		
$Loss_t$			0.0065^{***} (0.000)	
$Loss \times PROD_t$			-0.0058^{**} (0.004)	
$Miss_t$				0.0025^{**} (0.040)
$Miss \times PROD_t$				-0.0028^{**} (0.039)
常数项	0.0029^{***} (0.000)	0.0037^{***} (0.000)	0.0020^{***} (0.000)	0.0021^{***} (0.002)
调整拟合优度	0.0117	0.0134	0.0175	0.0127
观测值	2542	2542	2542	2542

注:括号内为 t 值,***、** 分别代表 1%、5%的显著性的水平上显著。

第七节　本章小结

由于非经常性损益对利润贡献的不可持续性,加之过去大量公司存在利用非经常性损益进行盈余管理的行为,无论是监管部门还是投资者越来越多地使用扣除非经常损益后的净利润指标。诚然,相比净利润指标,这一指标更能够反映企业的真实业绩,但是扣非后利润指标的可信度也是有限的。本章发现了两种操控扣非后净利润的路径。其一为基本方式,企业可以进行收入和费用(损失)项目之间的分类转移,将非经常性收益(营业外收入等)归入营业收入,或者将经常性费用归入营业外支出,从而虚增其核心利润;其二为特殊方式,在披露非经常性损益表时,企业也会选择性隐瞒,少披露非经常性收益而对非经常性损失予以充分披露,以增加扣非后净利润。企业的归类变更行为极大地违背了证监会要求披露非经常性损益项目的初衷,也误导了投资者对企业真实绩效的判断。

由于归类变更盈余管理的存在,扣非后净利润这一指标事实上也被企业操纵了,这导致非经常性损益披露监管政策并没有较好地发挥原本应有的作用,企业依然可以利用非经常性损益进行盈余管理,并通过归类变更方式将非经常性损益隐藏起来,以达到监管利润要求。归类变更盈余管理的存在值得监管部门关注,并积极采取对策加强对这一行为的监管。建议采用核心利润指标替代扣非后净利润监管与评价企业,至少可以减少非经常性损益表归类变更带来的影响。如何更好地识别与治理归类变更盈余管理行为,也是理论界和实务界共同面对的一个难题。

以2007—2015年我国主板上市公司作为研究样本,在进行了归类变更盈余管理的上市公司中发现了现金流归类变更存在的证据。企业能够在现金流量表三类项目之间进行分类转移,将经营现金流出转移到投资、筹资现金流出,或将投资、筹资现金流入计入经营现金流入,从而虚增经营现金净流量。企业的现金流归类变更行为违背了准确披露现金流量表的会计准则要求,误导了投资者和分析师对企业财务状况和真实业绩的判断。现金流归类变更与归类变更盈余管理之间的"共谋"和互补效应则进一步加大了外部监督者的识别难度。如何加强针对现金流归类变更行为的监管,值得进一步探索。

以2007—2015年我国A股主板上市公司作为研究样本,在亏损公司及净利润相对上年未实现增长的公司中发现了R&D归类变更操纵存在的证据。企业会在生产成本和R&D投入之间进行归类变更,将生产成本转移到R&D投入,而已经进行过归类变更盈余管理"美化"核心利润的上市公司,进行R&D归类变更的动机不强。这也可以解释归类变更盈余管理空间小的上市公司更有动机进行R&D归类变更,归类变更盈余管理与R&D归类变更存在替代效应。

第五章 卖空机制对归类变更盈余管理的影响

卖空机制作为金融创新的重要一环,是促进资源有效配置的重要手段。在欧美等发达国家,融资融券已经发展成为一项成熟的交易制度。国外学者认为,卖空机制优化资源配置的作用主要体现在两个层面:对于证券市场,卖空通过信用交易提升了市场流动性,同时,它具有价格发现功能,影响股票市场交易价格形成,有利于提高市场层面的有效性(Bris et al.,2007;Saffi & Sigurdsson,2011;Boehmer & Wu,2013);对于企业内部,卖空机制能有效约束经理人行为、缓解委托代理问题,从而优化企业的财务决策,有利于公司层面的资源有效配置(Massa et al.,2015)。

我国证券市场 2010 年正式启动融资融券交易试点,意味着证券公司可以向客户借出证券供其卖出(即卖空),使得投资者不仅可以买涨而且可以买跌,打破了我国证券市场长期以来"买涨不买跌"的"单边市"状态。围绕融资融券制度的引入与资源有效配置问题,国内学者展开了一系列研究,集中探讨了卖空机制对市场层面的资源优化配置,基本认为融资融券这一创新机制促进了标的股票的定价效率,进而影响了投资者在证券市场的资源配置(李科等,2014;李志生等,2015a;李志生等,2015b)。针对卖空机制对公司内部的治理效应,国内学者主要从企业的盈余管理、投资决策和融资行为等角度进行研究(陈晖丽和刘峰,2014;靳庆鲁等,2015;顾乃康和周艳丽,2017)。其中,对于卖空机制对公司盈余管理行为的影响,国内学者主要从应计盈余管理和真实盈余管理角度出发进行研究,且发现卖空机制确实对公司管理层具有外部监督约束的功能,能够有效减少公司的盈余管理行为(肖浩和孔爱国,2014;陈晖丽和刘峰,2014),卖空交易多集中于应计异象严重和出现财务重述的个股(顾琪和陆蓉,2016;张璇等,2016)。尽管卖空机制对于公司盈余管理行为的影响研究已经得到一定的关注,但主要集中在卖空机制对管理层应计盈余管理和真实盈余管理的抑制作用、生效条件的研究上（Hirshleifer et al.，2011；Massa et al.，2015；Fang et al.，2016；陈晖丽和刘峰，2014；顾琪和陆蓉，2016；张璇等，2016），对于卖空与归类变更盈余管理的研究，目前国内外学者尚未涉足。有鉴于此，本章将着眼于归类变更盈余管理，研究卖空机制对公司层面资源配置的影响。

2010 年启动融资融券试点，为研究卖空机制的引入对我国上市公司归类变更行为的影响创造了难得的"准自然实验"机会。本章基于这个准自然实验，选取截止到 2015 年被选为融资融券标的的企业作为处理组，非标的企业作为对照组，采用双重差分（DID）等模型对 2007—2015 年沪深 A 股主板上市公司年度面板数据进行实证检验。研究结果表明，在卖空机制引入之后，与没有进入卖空标的范围的公司相比，标的公司的归类变更盈余管理程度显著降低；当标的公司被踢出融资融券范围后，其归类变更盈余管理程度显著提高。进一步的检验结果还表明，对于外部市场环境弱、内部治理环境差的公司，卖空机制的约束效应更显著。

本章的贡献主要体现在以下几个方面：首先，首次利用中国上市公司数据研究卖空机制对归类变更盈余管理的影响，检验了我国融资融券制度实施的效果，研究发现卖空机制的引入能够抑制管理层归类变更盈余管理行为。其次，以往的归类变更盈余管理研究主要着重于方式与内部影响因素的探讨，而本章主要研究金融市场融资融券机制如何影响微观企业的行为。再次，提出了卖空机制是其他公司治理机制的一种有效补充。对于外部市场环境落后、内部治理水平欠佳的公司来说，卖空对归类变更盈余管理的抑制作用更加明显。最后，研究发现被踢出标的范围的公司盈余管理行为增加，为我国进一步推进和完善融资融券制度提供了新的证据。

第一节　卖空机制影响归类变更盈余管理的机理

归类变更盈余管理是一种虚高核心利润的负面信息，而卖空者具有更强的挖掘负面信息的动力与能力，使得负面信息更早更快地被反映到股票价格中，引起股价的下跌。卖空机制的事前威慑作用能使得公司的归类变更盈余管理下降。卖空机制对归类变更盈余管理的影响机理见图 5.1。

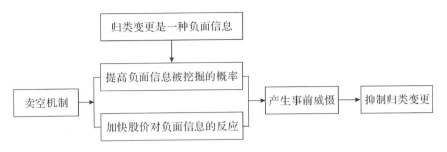

图 5.1　卖空机制对归类变更盈余管理的影响机理

一、卖空机制提高了公司负面信息被发现的概率

卖空机制为投资者提供了一种通过负面信息盈利的渠道,激励卖空者挖掘上市公司和管理层的负面信息,导致公司财务错报被发现的概率加大。Karpoff & Lou(2010)研究发现,卖空者既有动机又有能力去发现管理层损害公司未来价值的行为或当前股价尚未包含的公司负面消息,卖空交易者能够在上市公司发布财务错报公告前及时发现其财务不端行为,且上市公司财务操纵程度越大,财务错报公告前的空头头寸数量越多,从经验上证实了外部投资者能够识别上市公司的财务操纵行为并据此做出相应的卖空决策。更多相关研究表明,卖空交易是一种知情交易,在上市公司发布财务重述报告之前(Desai et al.,2006)、分析师公开发布下调评级之前(Christophe et al.,2010)、公司高管减持股票之前(Khan & Lu,2013),卖空者对该股的市场卖空交易量大幅增加。顾琪和陆蓉(2016)研究发现,卖空者能够甄别盈余管理严重、会计信息失真的"问题公司",并对其进行较为活跃的卖空交易。

二、归类变更盈余管理是核心利润虚高的负面信息

归类变更盈余管理导致了核心利润的虚高。管理层针对利润表的某些项目进行有目的的错误分类,包括将经营费用转移到非经常性损失,将非经常性收入转移到营业收入,以此提高公司的核心利润。上市公司进行归类变更盈余管理的动机主要包括迎合投资者和分析师的预期、避免业绩下滑以及提升资本市场定价等。由于非经常性损益项目在投资者、分析师进行公司价值评估时通常被剔除,而核心盈余是盈余质量评价和公司价值评估的主要依据,因此上市公司有动机通过归类变更盈余管理虚增核心盈余,以迎合投资

者和分析师的预期。Fan et al.(2010)通过考察美国资本市场的季度数据发现,为了优化盈余结构、避免业绩下滑,维护公司声誉和管理层利益,零盈余和同比微增长的上市公司同样拥有强烈的归类变更盈余管理动机。

由于经营利润即核心利润的盈利持久性高,而营业外收支即非核心利润的盈利持久性较低,它们对未来收益及股价会有不同的预测能力,即它们有不同的盈余信息含量。投资者在评价企业价值时会对核心利润赋予一个较高的权重,而对非核心利润赋予较低的权重。然而,归类变更所粉饰的核心盈余"好景不长",进行了归类变更盈余管理的公司,其核心利润持续性较低,同时由于这种在报表账户间的归类变更行为很隐蔽,投资者通常会误判核心盈余的持续性,市场可能就会对进行归类变更盈余管理公司的核心盈余错误定价,造成股价高估。因此,归类变更盈余管理是一种夸大公司核心盈余并会造成错误定价的负面行为,容易受到卖空者的关注与挖掘。

三、卖空机制加快了股价对负面信息的反应

卖空作为一种知情交易,会给股价施加一个向下的压力。因为卖空通常被视作对负面消息的一种行动,一旦卖空者展开实际的卖空攻击,对于被做空目标来说,往往是灾难性的。以辉山乳业暴跌事件为例,2016 年 12 月开始,这家在香港上市的内地乳企遭到著名做空机构浑水疯狂做空,2017 年 3 月 24 日,辉山乳业股价跳水大跌,盘中最大跌幅达 90.71%,一举创造港交所历史上单日最大跌幅纪录,可谓历经"生死劫"。由于卖空机制能够激励卖空者对企业负面信息进行深入挖掘,且卖空者针对性的大量卖空行为将释放长期"看跌"信号,会引起上市公司股东财富的巨额损失。在允许融券交易的市场中,股票价格的信息表达效率更及时;而在限制卖空交易的市场中,存在股价对负面消息反应不及时、市场定价效率低下、市场收益负偏和股价暴跌风险高等问题(Miller,1977;Diamond & Verrecchia,1987;Hong & Stein,2003;Bris et al.,2007;Saffi & Sigurdsson,2011)。Chang et al.(2014)研究发现,对于首批被列入融资融券标的名单的上市公司,在政策实施当日及未来两个月内均能观察到个股收益率的异常滑坡,从侧面证实了政策实施前的卖空约束引起了股价高估。卖空释放了公司的负面信息,会导致虚高的股价大幅下跌,并导致管理层所持股票或期权的市值下降,直接减少管理层的财富,同时也会增加公司被恶意收购的概率,导致经理人失业。投资者买卖股票可以被视为对管理层当前行为的信心投票,卖空可以被看成是投资者对管理层行为投"反对票"。在股价下行时,卖空作为保证金条件下的杠杆交

易,会放大投资者投"反对票"的效应,使股价更大幅度地下跌,进一步加重对经理人不当行为的惩罚。卖空机制正是通过事后的惩罚机制对公司管理层行为产生事前震慑作用。企业及其内部人不得不对这种卖空带来的震慑作用做出事前反应,抑制其采取不良财务行为的冲动。

针对卖空机制对盈余管理的影响的研究,国内外学者已经取得了较丰富的经验证据,发现放松卖空限制能够在一定程度上抑制上市公司管理层的盈余管理行为,潜在的卖空交易量越大,上市公司的盈余管理程度越低(Massa et al.,2015;Fang et al.,2016;陈晖丽和刘峰,2014;肖浩和孔爱国,2014;顾琪和陆蓉,2016;贺学会等,2016;张璇等,2016)。虽然上述卖空机制对会计信息质量影响的研究局限于应计盈余管理、真实盈余管理、财务重述等方面,但也为卖空机制对归类变更盈余管理影响的研究奠定了基础。卖空机制提高了卖空者挖掘公司归类变更盈余管理的概率,并通过事前震慑作用对卖空标的公司的归类变更盈余管理行为产生约束。基于以上分析,提出假说 H5.1。

H5.1:卖空机制引入后,与非卖空标的公司相比,卖空标的公司的归类变更盈余管理程度明显降低。

第二节　卖空机制、市场化水平与归类变更盈余管理

中国疆土辽阔,地区间的发展存在差异化,不同地区的企业所处的市场化发展水平有所不同。市场化水平综合考虑了政府与市场的关系、非国有经济的发展、产品市场的发育程度、要素市场的发育程度、市场中介组织的发育和法律制度环境等方面(樊纲,2009),处在不同市场化水平地区的企业及投资者对盈余管理的态度或认识有一定的差异。在市场化程度较高的地区,较少的政府干预、良好的法制观念以及有效的产权保护,决定了市场能够发挥提高会计信息质量的基础性作用。在这种市场环境中,企业的盈余管理行为相对容易被市场识别,这可能会加剧盈余管理的经济后果,如契约各方的代理冲突,提高代理成本,又如企业可能面临较高的会计信息诉讼风险和成本。基于降低代理成本、诉讼风险和成本的考虑,企业会选择披露高质量的会计信息。可见,较高的市场化程度约束了企业盈余管理行为。而在市场化程度较低的国家和地区,不完备的法律制度、较多的政府干预以及低效的产权保护,决定了市场很难发挥其应有的作用。在这种市场环境下,市场识别和反映会计信息的能力较弱,而法制的不完备又降低了会计信息诉讼风险和成

本。因此,企业没有动力披露高质量的会计信息。可见,较低的市场化程度降低了对企业盈余管理的约束。

卖空机制能否发挥企业层面的治理作用,也会受到企业所在地区的市场化水平的影响,而且这种影响存在两种可能。

一种是市场化程度越高的地区,卖空机制对盈余管理的约束作用越强。主要理由为:第一,市场化程度高的地区,卖空操作可能更加活跃。卖空交易比一般股票买卖行为更为复杂,对投资者的业务素养要求更高,投资者必须通过融资融券基础知识测评和风险测评,才能提出业务申请,而且对投资者有"资金"与"开户时长"两条硬性规定。在融资融券业务推出之初,证监会对投资者有"资金50万元、18个月开户时长"的规定。虽然自2013年开始,证监会相关窗口指导意见缩短为"6个月",资金门槛也一并降低,但从2015年开始证监会又重新强调证券公司不得向证券资产低于50万元的客户融资融券,证监会将加强对融资类业务的监管,适时启动检查,加大现场检查和处罚力度。总之,市场化程度较高的地区,有更多的具备融资融券业务资格证券公司的营业部,有更多熟悉融资融券业务流程的潜在投资者,也有更多符合开户资金实力的投资者,因此卖空操作相对活跃。第二,投资者的"本地化偏好"导致市场化程度高的地区的上市公司更容易被卖空。现有研究表明,个人投资者、机构投资者、国外投资者、国内投资者,都具有"本地化偏好"的投资倾向,即更倾向于选择地理位置接近的公司股票(Ivkovic & Weisbenner,2005;宋玉等,2012)。投资者与上市公司的距离接近,熟悉了解的方便程度较高,通过投资者既有的人脉关系或运用乡音的便利,能快速与公司周边民众交流,因此其信息获取成本更低,信息不对称程度也会降低,有利于投资者通过挖掘上市公司未被曝光的负面信息,更透彻地了解公司报表背后的真实面目,更精准地选择卖空标的进而获利。因此,在市场化程度较高的地区,不仅融资融券交易更加活跃,而且交易对象主要是本地化股票,卖空机制会给当地上市公司带来更加明显的约束作用。陈晖丽和刘峰(2014)认为,在市场化程度较高的地区,融资融券交易更加活跃,而投资行为的"本地化偏好"则会给当地上市公司带来更加明显的约束作用。

另一种可能是市场化程度越低的地区,卖空机制对盈余管理的约束作用越强。卖空是一种特别的投资行为,努力挖掘差公司或者有坏消息隐藏的公司是卖空者能否获利的关键,所以"本地化偏好"在卖空投资者中可能不存在。而且市场化程度较低地区的上市公司比市场化程度较高地区的上市公司具有更差的信息环境,信息质量较差,被挖掘负面信息的可能性更大。张璇等(2016)发现在落后地区,卖空机制对公司治理的边际贡献更高。Berglöf

& Claessens(2006)研究发现,糟糕的外部治理环境会诱发公司的不道德行为。在新兴的资本市场中,由于外部治理环境的不完善,控股股东通过降低盈余质量来侵吞中小股东利益的现象普遍存在,寻租和利益追逐行为的盛行使得外部治理环境的治理作用失灵,必然需要更进一步的替代保护机制,这种替代保护机制有可能是有效的公司治理,也可能是新型的外部治理因素。在外部治理环境较差的情况下,卖空机制的推出与合理运行可以成为公司信息披露的一种有效替代保护机制。在新兴市场国家中,卖空机制在那些有着薄弱外部治理环境的地区更为重要,主要因为卖空的威慑作用可以部分弥补法律和执法效率的不足,所以卖空机制可以有效降低薄弱的外部治理环境诱发公司盈余管理的可能。李延喜和陈克兢等(2012)研究发现,外部治理环境因素显著影响上市公司的盈余管理,市场化程度越低、政府干预程度越高、法治水平越低,公司的盈余管理程度越高。而潜在的卖空者更偏好挖掘负面信息,所以对治理环境差、信息透明度差及盈余管理程度高的公司特别关注,也可能导致更多的卖空量。因此,本书认为对于外部市场化程度弱的公司,卖空机制的治理效应更显著,提出假说 H5.2。

H5.2:在市场化程度较低的地区,卖空机制对归类变更盈余管理的约束效应更为显著。

第三节　卖空机制、公司治理与归类变更盈余管理

公司治理问题的根本原因是所有权和经营权分离,委托者和代理人之间信息不对称,出现两者经营目标理解偏差,导致双方为各自私利做出损害公司利益的行为。上市公司主要存在股东与管理层的委托代理问题、股东与债权人的委托代理问题,以及大股东与小股东的委托代理问题。李维安(2000)认为狭义的公司治理,是指所有者(主要是股东)对经营者的一种监督与制衡机制。其主要特点是通过股东大会、董事会、监事会及管理层所构成的公司治理结构的内部治理;广义的公司治理则是通过一套包括正式或非正式的内部或外部的制度或机制来协调公司与所有利益相关者(股东、债权人、供应者、雇员、政府、社区)之间的利益关系。本节的公司治理指的是内部治理,但有效的外部治理机制是对公司内部治理缺陷的一种弥补。

公司治理通过设置合理机制来制衡代理人和委托人,主要途径为激励和监督,激励的方式有薪酬激励和股权激励,激励对象主要是管理层,监督主体主要是股东大会、审计委员会、薪酬委员会、外部董事及独立董事等。理论

上,企业机制设置合理,治理水平提高,各利益相关者之间的制衡越平稳,各方监督力量越能真正深入到企业内部,解决信息不对称问题,保障会计信息质量,其进行盈余管理的动机得以抑制。一些学者的研究证明了公司治理对盈余质量的积极作用。股东之间的制衡度高有助于降低盈余管理程度(洪剑峭和薛皓,2009)。肖作平(2009)研究公司治理对于审计质量的影响,发现第一大股东的持股比例与盈余质量之间呈现倒 U 形关系。方红星(2011)认为自愿披露鉴证报告的企业盈余质量相对较高,因为自愿披露报告的企业大多拥有高质量的内部控制。白重恩等(2005)和高雷等(2008)都从不同的层面选取多个变量构建 G 指数代表公司治理水平进行研究,发现外部的监督力量强弱受到治理水平高低的影响,公司治理水平高与盈余质量之间显著正相关,能起到抑制盈余管理功能。总之,公司治理机制影响企业盈余管理,低水平的公司治理是滋生盈余管理的"温床"(Dechow et al.,1995),公司治理水平与盈余管理程度呈负相关关系。

在内部治理水平低下的公司中,由于盈余管理的程度可能更为严重,因此更容易成为卖空者的进攻对象,同时这些公司盈余质量的改进空间也更大,此时卖空机制对管理层机会主义行为的约束作用会更明显。一方面,治理水平较差的公司可能存在更多的负面信息,更容易引起卖空者的兴趣;另一方面,内部治理差的公司信息披露不完善,负面信息的透明程度更差,卖空者通过挖掘负面信息获利的可能性更大,因此卖空机制对治理水平较差的公司更容易产生事前威慑作用,对归类变更盈余管理的抑制作用也在内部治理较差的公司中表现得更加明显。相比之下,如果公司内部治理合理,管理层行为受到规范,那么卖空机制的边际贡献可能没那么明显。为此,提出假说 H5.3。

H5.3:在内部治理较弱的公司,卖空机制对归类变更盈余管理的约束效应更为显著。

第四节　研究设计

一、实证模型设计

1.归类变更盈余管理指标

采用第四章归类变更盈余管理基本方式的衡量指标,即借鉴 McVay (2006)的计量方法,用以下模型分行业-年度估计企业异常的核心利润:

$$CE_t = \alpha_0 + \alpha_1 CE_{t-1} + \alpha_2 ATO_t + \alpha_3 Accrual_t + \alpha_4 Accrual_{t-1} +$$
$$\alpha_5 \Delta Sales_t + \alpha_6 Neg \Delta Sales_t + \varepsilon_t \qquad (5.1)$$

模型(5.1)中,等号左边 CE 为核心利润,核心利润＝(营业收入－营业成本－销售费用－管理费用＋固定资产折旧、油气资产折耗、生产性生物资产折旧＋无形资产摊销＋长期待摊费用本年摊销)/营业收入(张子余和张天西,2012),考虑到核心利润具有持续性,故将其滞后一期项作为解释变量。ATO_t 为净经营资产周转率,$Accrual_t$ 和 $Accrual_{t-1}$ 分别为本期及滞后一期应计利润,$\Delta Sales_t$ 为销售收入增长率,各变量的具体解释可以参见第四章。除净经营资产周转率和营业收入增长率外,所有变量均为经营业收入平减后的相对值。模型(5.1)分行业-年度回归,取残差项,记为 $UNCE$,即异常核心利润,作为归类变更盈余管理的替代变量(刘宝华等,2016)。

2. 双重差分模型

本章在检验卖空机制能否有效抑制可融券卖空标的公司的归类变更盈余管理行为(H5.1)时,将基于我国实施融资融券制度而带来的准自然实验研究机会,借鉴陈晖丽和刘峰(2014)、顾琪和陆蓉(2016)的做法,采用双重差分固定效应 DID-FE 模型作为基本的统计方法,建立模型(5.2)。

$$UNCE_t = \beta_0 + \beta_1 List_t + \beta_2 List \times Post_t + \beta_3 TaxRate_t + \beta_4 Control +$$
$$\beta_5 DA_t + \beta_6 RM_t + \sum Year + \sum Industry + \varepsilon_t \qquad (5.2)$$

其中,被解释变量 $UNCE_t$ 代表归类变更盈余管理的程度。解释变量中,标的证券哑变量为 $List_t$,若是融资融券标的公司(即处理组样本),取值为 1,而非融资融券标的公司(即控制组样本)则取 0;融资融券执行时间哑变量为 $Post_t$,标的证券进入融资融券试点范围之后取 1,自此之前取 0。在模型(5.2)中,主要关注的是引入卖空机制的解释变量 $List \times Post$ 系数 β_2,该系数反映了处理组样本与控制组样本之间的差异。若 H5.1 成立,回归系数 β_2 显著为负,意味着与控制组样本相比,处理组中的融资融券标的公司在卖空机制引入后显著地减少了归类变更盈余管理。$\sum Year$ 和 $\sum Industry$ 分别控制时间和行业固定效应,DA 与 RM 分别代表控制应计盈余管理与真实盈余管理,其他影响归类变更盈余管理的控制变量借鉴 Abernathy et al.(2014),并结合实际进行选择设计,详见表5.1。

值得注意的是,融资融券标的范围经历了四次扩围,不同于一般 DID 模型"两组两期"的情景假设,模型(5.2)中并未包含独立的 $Post$ 变量,而是由控制时间趋势效应进行替代。此外,为了控制序列相关问题对估计的影响,本章依据在公司层面聚类(Cluster)的标准误对回归结果进行检验(Petersen,2009)。

在检验假说 H5.2 时,选取市场化进程这一指标为切入点综合考量企业外部环境。市场化进程是衡量公司外部环境的一个综合指标,是一系列经济、社会、法律制度的变革,或者说是一系列的大规模制度的变化(樊纲等,2011)。本书根据 2009 年樊纲市场化进程指数,按照公司注册地所在省份的指数高低对模型(5.2)进行分组回归。根据 H5.2 预测,在市场化进程低的分组中,卖空机制对归类变更的约束效应应该更强,$List \times Post$ 的系数经济意义及统计意义应更为显著。

在验证假说 H5.3 时,需要合理地选取反映企业内部治理水平的指标。为此,本章使用主成分分析法构建反映企业内部治理水平的测度指标。借鉴白重恩等(2005)、张学勇和廖理(2010)的研究成果,选取 3 个维度,共 12 个指标衡量公司治理水平 G 指标。3 个维度和 12 个指标分别为:持股结构与股东权益,包含第一大股东持股比例、股权制衡(第二至第五大股东持股之和除以第一大股东持股比例)、股东会次数、流通股比例、国有股比例 5 个指标;管理层治理,包含二职合一(董事长与 CEO 是否兼任)、管理层持股 2 个指标;董事、监事与其他治理形式,包含董事会规模、独立董事比例、董事会次数、监事会次数、委员会个数 5 个指标。对这些指标进行主成分分析,取第一大主成分衡量公司治理水平 G 指标。统计结果表明,第一大主成分的载荷系数的符号基本与理论预期相吻合,且第一大主成分得分越高表示企业的内部治理水平越好。在此基础上,把样本分为公司治理水平高组(G 指标大于中位数)和公司治理水平低组(G 指标小于中位数)。根据假说 H5.3 预测,在公司治理水平低的分组中,β_2 的经济意义及统计意义应更为显著。

二、控制变量选择

应计项目盈余管理、真实活动盈余管理与归类变更盈余管理虽然各自具有不同的特征,但相互之间存在一定的替代关系(Abernathy et al.,2014)。前两大盈余管理的限制性因素会影响企业实施归类变更的可能性,因此有必要从这个视角分析设计归类变更盈余管理的控制变量。

根据第三章的分析,当企业因市场占有率较低、机构持股比例较高、实际税率较高、财务困境等因素导致其实施真实活动盈余管理的成本较高时,企业会实施更多的归类变更盈余管理行为;当审计质量较高、分析师进行现金流预测报告以及企业的会计弹性较小时,由于其应计项目盈余管理的实施成本较高,企业会倾向实施更多的归类变更盈余管理行为。

除应计盈余管理与真实盈余管理的制约因素会影响企业归类变更盈余

管理的选择外,公司应计盈余管理与真实盈余管理的程度也会直接影响归类变更的程度。鉴于公司归类变更盈余管理受到上述多种因素的影响,本章在研究中将上述因素引入控制变量。除这些外,也考虑企业规模、资产负债率等一般因素对归类变更盈余管理的影响。控制变量的符号及含义见表5.1。

其中 Z_score 是衡量企业财务困境的指标,由 Altman(1968)提出。Altman 通过多变量分析,找出了 5 个最能够影响财务危机预测的财务比率,然后整合这些比率形成财务困境预警模型:

$$Z\_score = 1.2WC/TA + 1.4RE/TA + 3.3EBIT/TA + 0.6MV/TL + 0.999Sales/TA \tag{5.3}$$

式中,WC/TA 为营运资金与总资产之比,RE/TA 为留存收益除以总资产,$EBIT/TA$ 为息税前利润与总资产之比,MV/TL 为股权市值与总负债之比,$Sales/TA$ 为销售收入除以总资产。计算出的 Z_score 越大,说明公司的财务状况越健康。

在会计弹性衡量方面,根据资产负债表与利润表之间的勾稽关系,净资产增减变动的主要来源就是会计利润,资产负债表对以往的会计政策选择具有累积效应,净资产的高估水平反映了公司以前年度的应计项目调整程度,二者呈正向关系。因此参照 Barton & Simko(2002)的研究,运用"上期期末净经营资产/上期销售收入"反映净资产的高估水平,该值越大,表示公司的净资产高估越严重,公司可利用的会计弹性越低。为了减缓行业特征对会计弹性的影响,若企业净经营资产占比在行业中位数之上,则取值 1,否则取 0。此外,本书还用营业周期衡量企业的会计弹性。具有较长营业周期的企业具有更大的应计利润账户(如更大额的应收账款等)和更长的应计利润回转期,因而盈余管理的会计弹性较大(Zang,2012)。其中,营业周期=应收账款周转天数+存货周转天数—应付账款周转天数。

表 5.1 主要控制变量名称及定义

变量名称	变量符号	变量解释
真实盈余管理	RM	Roychowdhury(2006)的计量模型估计
应计盈余管理	DA	采用 Kothari(2005)控制业绩的修正 Jones 模型估计得到
实际所得税率	$TaxRate$	所得税费用/利润总额
Z_score 模型	Z_score	Altman 衡量企业财务健康状况的 Z_score
机构持股比例	$INST$	机构持股数/总股数
市场占有率	$MktShare$	企业销售额占当年度行业销售额的比重

续表

变量名称	变量符号	变量解释
审计质量	*Audit*	若审计事务所为国内前十大,取值1,否则为0
净经营资产	*HighNOA*	若企业净经营资产占比在行业中位数之上,则取值1,否则取0
现金流预测	*Analyst*	当年度是否有分析师进行现金流预测,有则取值为1,没有则取值为0
营业周期	*OPC*	应收账款周转天数+存货周转天数−应付账款周转天数,取对数值
企业规模	*Size*	企业总资产的对数值
资产负债率	*Lev*	总负债/总资产
账面市值比	*BM*	账面价值与市值之比

三、数据来源与样本处理

我国自 2010 年 3 月 31 日开始引入融资融券制度,首批有 90 家证券进入标的,随后又进行了 4 次扩容,其间又进行了若干次小范围调整,截至 2015 年年底,保留 891 家融资融券标的。通过沪深交易所网站,手工整理了融资融券各批次公司名单和变动情况,见表 5.2 与表 5.3。

表 5.2　沪市融资融券标的股票变动一览表

公布日期	施行日期	新增标的数/只	剔除标的数/只	标的股票总数/只
2010-02-12	2010-03-31	50	0	50
2010-06-21	2010-07-01	4	4	50
2010-07-16	2010-07-29	1	1	50
2011-11-25	2011-12-05	130	0	180
2013-01-25	2013-01-31	163	43	300
2013-03-05	2013-03-06	0	1	299
2013-03-28	2013-03-29	0	1	298
2013-04-26	2013-05-02	0	1	297

续表

公布日期	施行日期	新增标的数 /只	剔除标的数 /只	标的股票总数 /只
2013-05-02	2013-05-03	0	1	296
2013-09-06	2013-09-16	104	0	400
2014-03-27	2014-03-28	0	1	399
2014-03-31	2014-04-01	0	1	398
2014-04-30	2014-05-05	0	2	396
2014-09-12	2014-09-22	104	0	500
2015-02-10	2015-02-11	0	1	499
2015-03-30	2015-03-31	0	1	498
2015-04-22	2015-04-23	0	1	497
2015-04-28	2015-04-29	0	1	496
2015-04-30	2015-05-04	0	2	494
2015-11-30	2015-12-01	0	1	493

表5.3 深市融资融券标的股票变动一览

公布日期	施行日期	新增标的数 /只	剔除标的数 /只	标的股票总数 /只
2010-02-12	2010-03-31	40	0	40
2010-06-21	2010-07-01	1	1	40
2011-11-25	2011-12-05	59	1	98
2013-01-25	2013-01-31	113	11	200
2013-03-07	2013-03-07	0	1	199
2013-03-29	2013-03-29	0	1	198
2013-09-06	2013-09-16	102	0	300
2014-04-29	2014-04-29	0	1	299
2014-09-12	2014-09-22	114	13	400
2014-12-04	2014-12-04	0	1	399
2015-12-01	2015-12-01	0	1	398

　　本书选取 A 股沪深主板上市公司的数据作为研究对象,鉴于我国于 2006 年进行了会计准则改革,为了能够保持财务数据的一致性并为了能够对融资融券制度引入前后的归类变更盈余管理行为做出合理的比较检验,选取了 2007—2015 年作为研究的样本期间,用全样本对模型(5.2)进行回归。在对融资融券标的名单整理的过程中,注意到存在标的被剔除后又恢复进入范围的情况,在模型(5.2)回归中,删除被剔除的标的公司。

　　在此基础上,基于以下原则剔除了部分样本:(1)剔除金融保险业公司;(2)剔除 ST 的样本;(3)由于盈余管理的计量模型是基于行业-年度的截面回归,本书采用中国证监会(2012)的行业分类标准,对制造业采用二级行业划分,其余按照一级行业划分。为保证模型估计的有效性,将行业-年度样本数不足 15 的剔除。使用的公司层面数据来自国泰安数据库(CSMAR)和万得(WIND)数据库,所有连续变量上下 1% 做缩尾处理,以剔除异常值对结果的影响。

第五节　实证检验与结果分析

一、卖空机制影响归类变更盈余管理

1.样本描述性统计

　　表 5.4 列示了主要变量的数据统计特征。可以发现,$List$ 的均值为 0.480,表明在本章选择的总样本中,融资融券标的公司大概占一半的比例。从三类盈余管理的中位数、标准差、最大值、最小值来看,上市公司的盈余管理程度存在差异。其余变量的描述性统计结果如表 5.4 所示。

表 5.4　描述性统计

变量	样本个数	均值	中位数	标准差	最小值	最大值
$UNCE$	7195	0	0	0.080	−1.060	0.570
DA	7935	0.010	0	0.080	−0.470	0.640
RM	7793	0.010	0.010	0.230	−2.100	3.450
$List$	8052	0.480	0	0.500	0	1
$TaxRate$	8493	0.180	0.180	0.190	−0.670	0.850
Z_score	8493	4.810	2.990	5.980	0.220	40.74
$INST$	8493	0.390	0.390	0.230	0.010	0.880

续表

变量	样本个数	均值	中位数	标准差	最小值	最大值
MktShare	8493	0.030	0.010	0.080	0	0.920
Audit	8493	0.440	0	0.500	0	1
HighNOA	8493	0.500	0	0.500	0	1
OPC	8493	4.620	4.570	1.480	−3.910	8.310
Analyst	8493	0.290	0	0.454	0	1
Size	8493	22.15	22.03	1.300	18.83	25.75
Lev	8493	0.520	0.520	0.210	0.080	1.560
BM	8493	0.556	0.536	0.256	0.008	1.660

(2)回归结果分析

表 5.5 的第(1)列与第(2)列报告了模型(5.2)的基本结果,第(2)列为加入应计盈余管理和真实盈余管理作为控制变量的回归结果。双重差分固定效应回归显示,在控制了其他因素之后,交互项 $List \times Post$ 系数显著为负,说明融资融券推出后,卖空机制的约束作用将使得融券标的公司的归类变更程度显著降低,H5.1 成立。另外,在控制了应计和真实盈余管理后,模型的 R^2 提高了,模型的解释效果更好;两类盈余管理的系数显著为负,说明应计盈余管理、真实盈余管理和归类变更盈余管理存在替代关系。

控制变量方面,首先就真实盈余管理的制约因素而言,$TaxRate_t$ 系数在 1% 水平上显著为正,Z_score_{t-1} 和 $MktShare_t$ 系数在 1% 水平上显著为负,而 $INST_t$ 系数不显著,这表明较高的实际所得税率、较差的财务状况和较低的市场地位促进了企业的归类变更盈余管理行为,而机构持股比例与企业归类变更行为不存在显著的关系。就应计项目盈余管理的制约因素而言,$HighNOA_{t-1}$ 系数在 1% 水平上显著为正,$Aduit_t$ 和 $Analyst_{t-1}$ 系数不显著,这表明较高会计弹性的企业,虽然有较大的应计盈余管理空间,但由于归类变更盈余管理能提高核心利润,所以会计弹性也显著提升了企业的归类变更程度。审计质量系数不显著,说明审计质量对盈余管理的重视程度有待加强。分析师现金流预测系数不显著,可能是由于我国资本市场现阶段的效率仍然较低,投资者对于企业现金流状况以及利润与现金流背离情况的关注度不足,分析师现金流预测并不能起到抑制应计盈余管理的作用。

表 5.5 卖空机制对归类变更盈余管理的影响

变量	(1)	(2)
	$UNCE_t$	$UNCE_t$
$List_t$	−0.00	0.00
	(−0.32)	(0.26)
$List_t \times Post_t$	−0.01**	−0.01***
	(−2.52)	(−2.76)
$TaxRate_t$	0.04***	0.03***
	(5.81)	(5.55)
Z_score_{t-1}	−0.00***	−0.00***
	(−3.28)	(−3.64)
$INST_t$	0.01	0.00
	(1.46)	(0.91)
$MktShare_t$	−0.06***	−0.07***
	(−2.99)	(−3.23)
$Aduit_t$	−0.00	−0.00
	(−1.38)	(−1.55)
$HighNOA_{t-1}$	0.01***	0.00**
	(2.79)	(2.32)
OPC_{t-1}	−0.00	−0.00
	(−0.35)	(−0.27)
$Analyst_{t-1}$	−0.00	−0.00
	(−0.74)	(−1.16)
$Size_t$	0.01***	0.01***
	(4.27)	(3.72)
Lev_t	−0.03***	−0.02**
	(−3.55)	(−2.52)
BM_t	−0.02***	−0.01**
	(−3.70)	(−1.96)
DA_t		−0.04*
		(−1.78)
RM_t		−0.05***
		(−5.75)

续表

变量	(1) $UNCE_t$	(2) $UNCE_t$
常数项	−0.15*** (−3.89)	−0.13*** (−3.54)
年度固定效应	YES	YES
行业固定效应	YES	YES
R^2	0.0214	0.0446
N	6194	6033

注:括号内为 t 值;***、** 和 * 分别表示在 1%、5% 和 10% 的显著性水平上显著。

二、不同市场化水平下卖空机制对归类变更的影响

表 5.6 的结果显示了推出融资融券后,卖空机制对不同外部市场环境下公司归类变更盈余管理的约束作用。第(1)列与第(2)列是未控制应计盈余管理与真实盈余管理的回归结果,第(3)列与第(4)列是控制了应计盈余管理与真实盈余管理的回归结果。

表 5.6 不同市场环境下卖空机制对归类变更的影响

变量	(1) 市场化高 $UNCE_t$	(2) 市场化低 $UNCE_t$	(3) 市场化高 $UNCE_t$	(4) 市场化低 $UNCE_t$
$List_t$	−0.00 (−0.60)	0.00 (0.36)	−0.00 (−0.29)	0.01 (0.81)
$List_t \times Post_t$	−0.00 (−1.22)	−0.02*** (−2.59)	−0.01 (−1.52)	−0.02** (−2.39)
$TaxRate_t$	0.04*** (5.20)	0.03*** (2.64)	0.04*** (5.07)	0.02* (1.95)
Z_score_{t-1}	−0.00* (−1.87)	−0.00*** (−2.99)	−0.00** (−2.36)	−0.00*** (−2.95)
$INST_t$	0.01 (1.43)	−0.00 (−0.07)	0.01 (0.83)	0.00 (0.31)

续表

变量	（1） 市场化高 $UNCE_t$	（2） 市场化低 $UNCE_t$	（3） 市场化高 $UNCE_t$	（4） 市场化低 $UNCE_t$
$MktShare_t$	-0.05^{**} (-2.35)	-0.11 (-1.33)	-0.06^{**} (-2.56)	-0.08 (-1.16)
$Aduit_t$	-0.00 (-1.38)	0.00 (0.01)	-0.00 (-1.62)	0.00 (0.08)
$HighNOA_{t-1}$	0.01^{**} (2.55)	0.01^{*} (1.79)	0.01^{**} (2.41)	0.00 (0.73)
OPC_{t-1}	0.00 (0.23)	-0.00 (-0.65)	0.00 (0.17)	-0.00 (-0.43)
$Analyst_{t-1}$	-0.00^{*} (-1.77)	0.01 (1.63)	-0.00^{**} (-2.15)	0.01 (1.34)
$Size_t$	0.01^{***} (3.43)	0.01^{***} (2.64)	0.01^{***} (3.07)	0.01^{**} (2.37)
Lev_t	-0.03^{***} (-3.40)	-0.04^{*} (-1.74)	-0.03^{***} (-2.60)	-0.02 (-1.14)
BM_t	-0.02^{***} (-2.91)	-0.03^{*} (-1.84)	-0.01^{*} (-1.71)	-0.01 (-0.74)
DA_t			-0.03 (-1.05)	-0.10^{***} (-2.73)
RM_t			-0.04^{***} (-4.34)	-0.08^{***} (-4.35)
常数项	-0.12^{***} (-3.11)	-0.24^{***} (-2.62)	-0.11^{***} (-2.80)	-0.21^{**} (-2.47)
年度固定效应	YES	YES	YES	YES
行业固定效应	YES	YES	YES	YES
R^2	0.0209	0.0724	0.0378	0.1292
N	4894	1289	4757	1265
经验 p 值	\multicolumn{2}{c}{0.029^{**}}		\multicolumn{2}{c}{0.047^{**}}	

注：括号内为估计系数的 t 值；$***$、$**$ 和 $*$ 分别表示在 1%、5% 和 10% 的显著性水平上显著。经验 p 值用于检验组间 $List_t \times Post_t$ 系数差异的显著性，通过自体抽样 1000 次得到。

结果显示,在控制了其他可能的影响因素之后,交互项 $List_t \times Post_t$ 系数只有在市场化低的样本公司中显著为负,并且其绝对值更大。进一步地,采用费舍尔组合检验,发现无论是否控制另外两类盈余管理,两组交互项系数均在 5% 的显著性水平上存在显著差异。上述结论说明卖空机制对外部市场环境落后公司的约束效应更强,卖空机制能弥补落后的外部金融市场环境对公司盈余管理监督的不足,而发达的外部市场环境对卖空机制的治理作用具有替代作用,假说 H5.2 成立。

三、不同公司治理水平下卖空机制对归类变更的影响

表 5.7 显示了推出融资融券后,卖空机制对不同内部治理环境下公司的归类变更盈余管理的约束作用。第(1)列与第(2)列是未控制应计盈余管理与真实盈余管理的回归结果,第(3)列与第(4)列是控制了应计盈余管理与真实盈余管理的回归结果。结果显示,在控制了其他可能的影响因素之后,交互项 $List_t \times Post_t$ 系数只有在内部治理环境较弱的样本公司中显著为负,并且其绝对值更大。进一步地,采用费舍尔组合检验,发现在控制了另外两类盈余管理之后,两组交互项系数在 10% 的显著性水平上存在显著差异。上述结论说明卖空机制对内部治理环境较弱公司的约束效应相对更强,卖空机制可以改善现有的公司治理,卖空机制对公司治理作用具有一定的替代作用,假说 H5.3 成立。

表 5.7 不同公司治理水平下卖空机制对归类变更的影响

变量	(1) 内部治理强 $UNCE_{i,t}$	(2) 内部治理弱 $UNCE_{i,t}$	(3) 内部治理强 $UNCE_{i,t}$	(4) 内部治理弱 $UNCE_{i,t}$
$List_{i,t}$	-0.00 (-1.10)	0.00 (1.08)	-0.00 (-0.71)	0.00 (1.08)
$List_t \times Post_{i,t}$	-0.00 (-0.42)	-0.01^{**} (-2.53)	-0.00 (-0.33)	-0.01^{***} (-2.85)
$TaxRate_{i,t}$	0.05^{***} (4.82)	0.02 (1.61)	0.05^{***} (4.74)	0.02 (1.53)
$Z\_score_{i,t-1}$	-0.00^{***} (-2.93)	-0.00 (-1.15)	-0.00^{***} (-3.40)	-0.00 (-1.16)

续表

变量	(1) 内部治理强 $UNCE_{i,t}$	(2) 内部治理弱 $UNCE_{i,t}$	(3) 内部治理强 $UNCE_{i,t}$	(4) 内部治理弱 $UNCE_{i,t}$
$INST_{i,t}$	-0.00 (-0.25)	0.01 (0.98)	-0.00 (-0.08)	0.00 (0.16)
$MktShare_{i,t}$	-0.06^* (-1.77)	-0.03 (-1.03)	-0.09^{**} (-2.11)	-0.05 (-1.55)
$Aduit_{i,t}$	0.00 (0.02)	-0.01^* (-1.95)	-0.00 (-0.25)	-0.01^* (-1.80)
$HighNOA_{i,t-1}$	0.00 (1.56)	0.01^* (1.75)	0.00 (1.10)	0.00 (1.62)
$PC_{i,t-1}$	-0.00 (-0.80)	0.00 (0.52)	-0.00 (-0.90)	0.00 (0.36)
$Analyst_{i,t-1}$	0.00 (0.52)	-0.00 (-0.81)	0.00 (0.30)	-0.00 (-1.10)
$Size_{i,t}$	0.01^{**} (2.25)	0.01^{***} (2.91)	0.01^* (1.71)	0.01^{***} (2.95)
$Lev_{i,t}$	-0.03^{**} (-2.16)	-0.02^* (-1.73)	-0.03 (-1.59)	-0.01 (-1.00)
$BM_{i,t}$	-0.03^{**} (-2.07)	-0.03^{***} (-3.32)	-0.02 (-1.27)	-0.02^* (-1.94)
$DA_{i,t}$			-0.04 (-0.99)	-0.04 (-1.49)
$RM_{i,t}$			-0.04^{***} (-3.79)	-0.05^{***} (-3.06)
常数项	-0.13^{**} (-2.19)	-0.14^{**} (-2.44)	-0.10 (-1.64)	-0.15^{***} (-2.76)
年度固定效应	YES	YES	YES	YES
行业固定效应	YES	YES	YES	YES
R^2	0.0349	0.0378	0.0517	0.0680

续表

变量	（1） 内部治理强 $UNCE_{i,t}$	（2） 内部治理弱 $UNCE_{i,t}$	（3） 内部治理强 $UNCE_{i,t}$	（4） 内部治理弱 $UNCE_{i,t}$
N	2615	2634	2543	2564
经验 p 值	0.128	0.092*		

注：括号内为估计系数的 t 值；***、** 和 * 分别表示在 1%、5% 和 10% 的显著性水平
上显著。经验 p 值用于检验组间 $List_i \times Post_i$ 系数差异的显著性，通过自体抽样 1000 次
得到。

四、卖空机制影响归类变更盈余管理的渠道分析

卖空能约束归类变更盈余管理行为，说明卖空是一种重要的公司外部治理机制。那么卖空对公司归类变更盈余管理发生作用的传导机制是什么呢？从企业内部来看，卖空机制能有效约束经理人行为、缓解委托代理问题、减少代理成本，从而抑制归类变更盈余管理行为。另外，卖空机制还能加强企业的外部治理。卖空机制引入后，卖空者对公司信息的需求增加，对分析师的需求也相应增加。进而带来分析师关注度的提升，外部治理增强，企业归类变更盈余管理行为减少。

从卖空对公司代理成本的影响考察。首先，卖空具有强大的事前威慑功能，管理层对股价下跌的担忧会促使管理者更加敬业，至少收敛发布虚假信息或误导信息的行为，以维护职业经理人的声誉。其次，大股东对股价下跌的担忧会促使大股东加强对公司管理层的监督，内部人控制现象会得到一定的缓解，从而提高会计信息质量。再次，卖空加大了上市公司审计委员会的责任与风险，而审计委员会主要由独立董事组成，独立董事相对具有更高的专业能力及声誉关注度，在卖空标的公司任职的独立董事风险意识自然加大，因此也会强化对公司管理层信息披露的检查。总之，在我国中小股东利益保护机制及公司内部治理尚不健全的状况下，卖空机制的引入会减轻公司的代理问题，降低公司的代理成本，迫使公司内部人在被卖空前努力约束其不良的财务行为。

从卖空对分析师跟进影响视角考察。卖空者积极挖掘公司的负面信息以便卖空获利，在卖空机制引入后，卖空者对卖空标的公司的信息需求增加，从而增加了分析师跟踪的数量。同时，卖空使得市场定价效率提高，能够提

高分析师预测的正确度,这也会导致分析师跟踪人数增加。而分析师能够降低公司内外部的信息不对称,提高上市公司信息透明度,从而降低公司盈余管理水平。具体而言,首先,分析师拥有多种渠道采集公司公开信息和私有信息,并能结合行业专长对公司财务状况进行专业性解读,直接监督公司的盈余管理行为(Yu,2008)。其次,由于分析师提供信息的对象不仅是现时股东,也包括潜在的未来股东及其他市场参与者,因此分析师并不会以维护现时股东的利益为唯一目的而隐瞒公司盈余管理行为,不易受到单一集团的掌控(Yu,2008;李春涛等,2014)。最后,分析师的持续性跟进强化了监督效力,其监管强度和效果超越股东会、外部审计、监管部门等间断性的监管机制。因此,学者认为卖空是外部监督上市公司欺骗性行为的最有效力量(Yu,2008)。综上,卖空机制增加了分析师跟进,从而加强了卖空标的公司的外部监督,抑制公司进行归类变更盈余管理。

本书验证了代理成本和分析师跟踪是否是卖空机制抑制归类变更盈余管理行为的作用渠道。如果卖空机制能显著降低代理成本、增加分析师跟踪,且代理成本和分析师跟踪能显著影响归类变更程度,那么即可证明卖空确实是通过这两条途径抑制企业归类变更行为的。代理成本方面,一般使用管理费用率和总资产周转率这两个指标来衡量(罗进辉,2012),由于管理费用与归类变更盈余管理这一主要被解释变量有较密切的关系,因此本书采用总资产周转率(TAT)作为代理成本指标,总资产周转率=营业收入/总资产。总资产周转率越高,意味着代理成本越小。分析师跟进方面,本书参考 Yu(2008)和李春涛等(2016)研究的方法,采用国泰安 CSMAR 数据库中"被分析师关注度"指标作为分析师盈余预测人数的数据基础,该指标的含义是当年对该公司进行过跟踪分析并出具盈余预测研究报告的分析师(团队)数量,一个团队数量为1,不单独列出其成员计算数量。

表5.8显示了渠道检验的结果。首先,借鉴邓莉等(2007)、蔡卫星和曾诚(2010)的模型构建,在控制了一系列影响因素后,发现卖空机制确实能显著增加总资产周转率,即降低代理成本,并增加跟踪券商数量,具体见表5.8第(1)列与第(2)列。进一步,将总资产周转率和跟踪券商数量这两个变量加入模型(5.2)中,重新进行估计,发现交互项系数的显著性水平明显下降,且总资产周转率和跟踪券商数量均显著抑制了企业归类变更行为,表5.8第(3)列是原模型的基本结果,第(4)列与第(5)列是分别加入资产周转率与分析师跟进变量后的结果。结论表明代理成本和分析师跟踪均是卖空机制抑制归类变更行为的重要渠道。

表 5.8　卖空影响归类变更盈余管理的渠道检验

变量	（1）	（2）	（3）	（4）	（5）
	ATO_t	$Analyst_t$	$UNCE_t$	$UNCE_t$	$UNCE_t$
$List_t$		1.89***	0.00	0.00	0.00
		（9.03）	（0.26）	（0.13）	（0.13）
$List \times Post_t$	0.02**	1.42***	−0.01***	−0.01**	−0.01**
	（2.22）	（4.88）	（−2.76）	（−2.54）	（−2.43）
ATO_t				−0.01***	
				（−3.32）	
$Analyst_t$					−0.00*
					（−1.68）
控制变量	YES	YES		YES	YES
常数项	YES	YES		YES	YES
年度固定效应	YES	YES		YES	YES
行业固定效应		YES		YES	YES
个体固定效应	YES				
R^2	0.1196	0.4039	0.0446	0.0452	0.0435
N	7625	7523	6033	5866	5866

注：括号内为估计系数的 t 值；***、** 和 * 分别表示在 1%、5% 和 10% 的显著性水平上显著。

五、稳健性检验

1. 安慰剂检验

为进一步检验 DID 模型的稳健性，以事件发生之前的观测样本进行安慰剂检验。模型设定如（5.4）。

$$UNCE_t = \beta_0 + \beta_1 List_t + \beta_2 Post_t + \beta_3 List_t \times Post_t + \beta_4 Control + \sum Industry + \varepsilon_t \tag{5.4}$$

具体而言，选用融资融券制度实施前的样本数据（2005 年和 2006 年），假设融资融券制度在 2005 年末实施，2005 年为政策前年份，赋值 $Post_t = 0$，2006 年为政策后年份，赋值 $Post_t = 1$；2015 年末的标的证券为实验组，赋值 $List_t = 1$，非标的组为控制组，赋值 $List_t = 0$。该模型是"两期"DID 模型，是上文"多期"DID 模型的特例,年度固定效应被 $Post_t$ 吸收。需要注意的是,我国在 2006 年进行会计准则改革,2007 年 1 月 1 日起正式施行,所以会计准则的变更对安慰剂实验没有影响。另外,根据旧会计准则,将模型(5.1)中的应计利润 $Accrual_t$ 重新定义为应计利润=营业利润+财务费用-经营现金流,重新回归得到 $UNCE_t$。其他控制变量定义与模型(5.2)相同。按照安慰剂检验的思想,本书对模型(5.4)回归。如果标的公司归类变更的减弱的确是由卖空机制约束,那么,在安慰剂检验的回归结果中,$List_t \times Post_t$ 的估计系数应该是不显著的。

表 5.9 安慰剂检验结果

变量	归类变更程度 UNCE
$List_t$	−0.00 (−0.69)
$Post_t$	−0.01 (−1.63)
$List_t \times Post_t$	−0.00 (−0.36)
控制变量	YES
常数项	YES
行业固定效应	YES
R^2	0.054
N	1391

注:为了节省篇幅,这里未列回归中的控制变量。括号内为 t 值;*** 、** 和 * 分别表示在 1%、5% 和 10% 的显著性水平上显著。

根据回归结果表 5.9 可知,$List_t \times Post_t$ 的估计系数不显著,这一回归结果再次证明了本书结论的有效性。

2.被踢出融券标的公司的检验

在推进融资融券试点范围的过程中,有部分标的曾被踢出范围。对于被剔出标的公司来说,卖空机制的约束不复存在,继续进行盈余管理没有"后顾之忧"。因此,作为对假说 H5.1 的进一步说明,选取对融资融券试点推出后被踢出融资融券标的的公司进行事件分析,认为融资融券推出后,被踢出的融券标的公司归类变更盈余管理程度显著提高。通过模型(5.5)Logit 回归模型来检验上述推断。

$$Prob(Shift_t = 1 \mid X_t) = E(\beta_0 + \beta_1 After\_Drop_t + \beta_2 Control + \varepsilon_t)$$

$$(5.5)$$

被解释变量为虚拟变量 CS_t,代表公司是否进行了归类变更盈余管理。解释变量为虚拟变量 $After\_Drop_t$,踢出时点前定义为 0,踢出时点后定义为 1,其他的控制变量与模型(5.2)相同。表 5.9 的结果显示了被剔出融资融券范围后,公司归类变更盈余管理可能性的变化。结果表明,与加入融资融券标的样本的结果刚好相反,股票被踢出融资融券标的的这一事件 $After\_Drop_t$ 的系数显著为正,说明股票在踢出卖空标的后的盈余管理可能性显著增加,进一步证明了假说 H5.1。

表 5.10 踢出融资融券标的对归类变更程度的影响

变量	$Shift$
$After\_Drop_t$	1.84*
	(1.86)
控制变量	YES
Pseudo R^2	0.2134
N	146

注:为了节省篇幅,这里未报告回归中的控制变量。括号内为 t 值;***、** 和 * 分别表示在 1%、5% 和 10% 的显著性水平上显著。

第六节 本章小结

卖空交易是一种知情交易,卖空机制提高了公司负面信息被发现的概率,而归类变更盈余管理是一种夸大核心利润的负面信息,管理层在卖空威慑时被迫放弃高程度的盈余管理行为,本章按照上述逻辑梳理了卖空机制对归类变更盈余管理的影响机理。而且我国证券市场 2010 年启动融资融券试点,为研究卖空机制的引入对我国上市公司归类变更盈余管理行为的影响创造了难得的准自然实验机会。本章基于这个准自然实验,选取截止到 2015 年被选为融资融券标的的企业作为处理组,非标的企业作为对照组,采用双重差分(DID)等模型对 2007—2015 年沪深主板上市公司年度面板数据进行检验,实证考察了卖空机制对归类变更盈余管理的影响。研究发现,卖空机制能够显著减少上市公司归类变更盈余管理行为,说明卖空是一种重要的公司治理机制。为进一步检验 DID 模型的稳健性,以事件发生之前的观测样本进行安慰剂检验,然后又选取被踢出融资融券标的的公司进行事件分析,通过Logit回归模型检验,结果发现被踢出的融券标的公司归类变更盈余管理程度显著提高。

卖空对归类变更盈余管理的影响会因为市场化程度的差异及公司治理的好坏出现不同的效果:(1)卖空的威慑作用可以部分弥补法律和执法效率的不足,所以卖空机制可以有效降低薄弱的外部治理环境诱发的公司盈余管理。为了实证考察市场化环境的影响,本章根据 2009 年樊纲市场化进程指数,按照公司注册地所在省份的指数高低进行了分组回归检验。(2)卖空机制对治理水平较差的公司更容易产生事前威慑作用,从而卖空机制对归类变更盈余管理的作用也在内部治理较差的公司表现得更加明显。为了实证考察公司治理的影响,本章选取了影响公司治理的 3 个维度,共 12 个指标,并使用主成分分析法构建反映企业内部治理水平的测度指标 G,把样本分为公司治理水平高组(G 指标大于中位数)和公司治理水平低组(G 指标小于中位数),然后进行了分组检验。研究结果表明,对于外部市场环境落后、内部治理水平欠佳的公司来说,卖空对归类变更盈余管理的治理作用更加明显,说明卖空机制可以弥补公司外部环境及内部治理机制的不足。

本章进一步检验了卖空对公司归类变更盈余管理发生作用的传导机制。从企业内部来看,卖空机制能有效约束经理人行为、缓解委托代理问题、减少代理成本,从而抑制归类变更盈余管理行为。另外,卖空机制引入后,卖空者对公司信息的需求增加,对分析师的需求也相应增加,进而带来分析师关注度的提升,外部治理增强,企业归类变更盈余管理行为减少。实证检验表明,降低代理成本与增加分析师跟进是卖空抑制公司产生盈余管理行为的重要渠道。

第六章 反腐新政对归类变更盈余管理的影响

    尽管有学者认为一定范围内的盈余管理有一定的积极作用,如降低企业的契约成本、帮助企业树立良好形象等,但这种"范围"本身是难以量化的,企业具有盈余操纵的机会主义倾向,很容易形成路径依赖。普遍性、长期性的盈余管理行为一方面不利于企业核心竞争力的提高和长远发展;另一方面也将损害资本市场的资源配置效率,扰乱市场经济秩序,不利于社会资源的有效配置。因此,探寻盈余管理的影响因素及如何抑制上市公司的盈余管理行为一直是证券市场会计监管和投资者利益保护的重要内容。研究发现,良好的外部监管环境,如分析师跟进、卖空机制和舆论监督等均可以对上市公司的盈余操纵产生制约作用(李春涛等,2014;张璇等,2016;于忠泊,2011)。除此之外,盈余管理程度也会受到政商合谋治理关系的影响,政商合谋会形成会计舞弊的保护伞,而简单、干净的政商关系,无疑有助于企业财务质量的改善。党的十八大以来,新一届党中央和中央政府掀起了史无前例的反腐风暴,坚持"老虎苍蝇一起打",致力于营造廉洁政府,取得了良好的政治效果、社会效果和法纪效果,深刻地改变了原有的政商环境,也对企业的盈余管理决策产生冲击。

    理论上来看,反腐新政会切断寻租设租渠道,培育更加健康的企业文化,改善外部监督和公司治理环境,提高企业绩效,减少影响会计质量的行为,使得会计质量有所改善。王茂斌和孔东民(2016)基于2009—2014年120个城市的上市公司数据,考察党的十八大后中国上市公司的会计质量,发现高腐败地区上市公司在党的十八大后财务报表质量明显提升,同时应计盈余管理的情况明显减少。这意味着反腐败在经济转型时期可以对微观主体的行为发挥非正式的外部治理效应。但类似研究极其匮乏,更没有关注反腐败对隐蔽性高又更能"塑造"企业财务形象的归类变更盈余管理的影响。反腐新政是否可以对归类变更盈余管理产生治理机制效应将是本章关注的重点。具体来说,本章主要研究以下几个问题:在上市公司大样本数据中反腐败是否会对企业归类变更盈余管理表现出治理效应,从而提高核心利润的质量?这种影响在不同的所有制结构及不同的市场化背景下是否存在差异?如果反腐败的治理效应存在,那么其渠道机制又是如何?

基于上述背景,本章利用党的十八大之后的反腐新政作为外生政策冲击,通过构建多期 DID 模型,系统性地检验反腐败对企业归类变更盈余管理程度产生的影响,并进一步探究其中的异质性表现和背后的作用渠道。实证研究发现,反腐败确实可以对上市公司归类变更盈余管理程度产生抑制效应,并且这种效应因产权性质和市场化水平高低存在边界。反腐败可以有效降低国企的归类变更盈余管理行为,而对民企的影响不大。在市场化水平高的地区,反腐败可以有效降低企业的归类变更盈余管理,而在市场化水平相对较低的地区,反腐败的作用有限。基于反腐败抑制企业归类变更盈余管理的逻辑机理的分析,进一步发现反腐败是通过降低代理成本和提升企业绩效来影响企业归类变更盈余管理的,其中降低代理成本是反腐败作用于企业归类变更盈余管理的主要渠道。本章的结果对于增加公司治理控制变量、删除大比例代表性样本、安慰剂检验等都是稳健的。

本章的创新及边际贡献如下:第一,首次基于上市公司大样本数据考察了反腐败对企业归类变更盈余管理程度的影响,拓展了反腐败与微观企业行为关系及盈余管理领域的相关研究;第二,使用党的十八大后反腐新政的自然实验,通过构建双重差分模型,较好地解决了内生性和反向因果关系问题;第三,系统地分析了反腐败对公司产生外部治理效应的作用渠道,有效地弥补了反腐败影响机制这方面的研究不足,在纵向角度上拓展了腐败经济学的研究;第四,揭示了反腐败已成为经济转型时期公司治理的非正式机制,研究结果具有现实价值,对进一步加大反腐力度、规范政企关系、推进简政放权和市场化改革等有一定启发。

第一节　反腐败影响归类变更盈余管理的机理

上市公司的利益相关者对于不同会计科目的关注度不同,投资者、分析师及监管部门进行公司价值评估时通常剔除营业外收入与营业外支出,核心利润是盈余质量评价和公司价值评估的主要依据。因此,管理层有动机通过操纵各项收入或费用的科目归类,来改变利益相关者对公司业绩的评价,以迎合投资者与分析师的预期及监管层的要求,实现投融资竞争形象的美化、股价上升与业绩考核等目标。Alfonso et al.(2015)指出,由于投资者和分析师过分信任核心利润指标的真实性,上市公司能够通过归类变更盈余管理虚增核心盈余,成功诱使资本市场高估企业的核心盈余持续性和市场价值。李晓溪等(2015)以我国资本市场公开增发公司为研究对象,发现随着监管机构开始逐渐重视扣除非经常性损益后的净利润指标,上市公司偏好采用归类变更盈余管理虚增核心盈余,以满足公开增发的业绩要求。刘宝华等(2016)发现,持有处于行权限制期限内的期权和限制性股票的管理层优先考虑通过归类变更盈余管理夸大核心利润,以满足行权业绩考核条件。这些文献表明归类变更盈余管理能帮助企业实现提升股价、公开增发及业绩考核等目标。随着我国国有企业管理层业绩考核方式的改革,归类变更盈余管理发挥功能的领域进一步拓宽,因此有必要提高关注程度。

国务院国资委在 2010 年推出了对我国央企领导者进行经济增加值的考核,大大提升了对国有资本保值增值的要求,其中也明确了经济增加值的计算应该扣除非经常性收益。经济增加值是指企业税后净营业利润减去资本成本后的余额。基本计算内涵为:

经济增加值=税后净营业利润-资本成本
　　　　　＝税后净营业利润-调整后资本×平均资本成本率
税后净营业利润=净利润+(利息支出+研究开发费用调整项-
　　　　　非经常性收益调整项×50%)×(1-25%)

其中,非经常性收益调整项包括:①变卖主业优质资产收益:减持具有实质控制权的所属上市公司股权取得的收益。企业集团转让所属主业范围内且资产、收入或者利润占集团总体 10%以上的非上市公司资产取得的收益。②主业优质资产以外的非流动资产转让收益:企业集团转让股权收益、资产转让收益。③其他非经常性收益:与主业发展无关的资产置换收益、与经常活动无关的补贴收入等。2013 年修订的《中央企业负责人经营业绩考核暂行办法》,将非经常性收益的 50%扣除标准提高到全额扣除。以央企经济增加值考核为导向,地方国资委及民营企业也在考核上做出了观念上与方式上的调整。经济增加值考核计算扣除非经常性收益的规定,促使管理层专心主业,推动经营管理的实质改善,但也增大了管理者通过归类变更盈余管理降低非经常性收益的程度。

由于腐败企业往往存在巨大的腐败支出,与没有腐败的同类企业相比,会出现管理费用大、核心利润低的现象,而且腐败会培育不良的企业文化,政商勾结、内部人控制、法律意识差等导致腐败企业管理层更容易从事会计舞弊等违法违纪行为,管理层通过归类变更盈余管理提升形象、美化业绩并谋求私利,因此腐败企业归类变更盈余管理的程度更大。反腐新政可以通过切断政府保护渠道,改善公司治理环境和经营绩效等对归类变更盈余管理行为产生抑制效应,提高会计质量。反腐败对归类变更盈余管理的影响机理见图6.1。

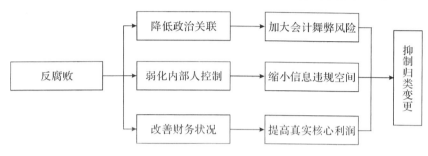

图 6.1　反腐败对归类变更盈余管理的影响机理

一、反腐败降低政治关联从而加大会计舞弊风险

在本轮反腐新政之前,政治关联已经成为企业发展的重要手段,因为政治关联可以帮助企业避开各种管制和进入壁垒,给企业提供各种保护,帮助企业获得银行的廉价贷款,获得政府的更多补贴。再加上国有企业具有先天的政治关联优势,促使非国有企业寻求政治关联以获取平等的发展机会。政治关联必然导致"吃喝拿"等腐败行为,而腐败会培育不良的政商关系和企业文化,企业更容易从事会计舞弊等违法违纪行为。Faccio et al. (2010)研究指出,政治关联对企业的保护作用使得企业提高会计信息的压力相对较弱,这使得相比无政治关联企业,有政治关联企业的盈余质量更差。Chaney et al. (2008)在对多个国家数据研究分析后得出政治关联显著降低企业会计信息质量的类似结论。更严重的是,腐败形成的保护伞会放纵公司的盈余管理、会计舞弊等信息失真行为。反腐败不仅提高了政府官员为企业提供保护的成本和风险,也大大地提高了企业获取政治关联的成本,降低了企业寻求政治关联的动力。因此,反腐败有利于切断寻租设租渠道,推进廉洁政府和廉洁企业的建设,培育上市公司正确的发展理念和财务观,从源头减少会计舞弊概率。

二、反腐败弱化内部人控制从而缩小违规的空间

现代企业制度的建立,使得企业所有权与经营权相分离,企业所有者不

再直接进行企业日常经营决策活动,而是将经营权委托给管理者。这种制度安排在带来专业化分工、融资便利、风险分散等好处的同时,也导致了代理问题的发生。一般认为,在公司制企业中,由于利益冲突和信息非对称性,管理层普遍存在着机会主义倾向,可能做出违背委托人利益的事情,比如采取盈余管理的方式进行财务操纵,以达到特定目的。Perry & Thomas(1994)通过对 1981—1988 年 175 家存在管理层收购情况的公司的实证分析,发现管理层在收购前一年会进行调减报告收益的盈余管理,从而分割股东利益。管理层出于报酬契约考核的激励,会通过盈余管理行为递延收益或提高报告收益。另外,即使都是公司股东,大股东与小股东之间也存在利益差异与冲突,管理层和大股东构成了公司内部人,存在以各种方式损害小股东利益的可能。公司内部人通过在职腐败及政商关系的营建,可以获得强有力的保护伞,从而强化其对公司的控制。公司内部人为了避免外部监督,也会偏好选择进一步强化内部人控制的各种公司治理机制,比如提高股权集中度,降低信息透明度,减少独立董事知情权。管理层权力越大,越容易采取极端的投融资决策,公司业绩波动越剧烈,进而使公司盈余无法平稳持续,盈余质量下降。而且,管理层权力越大越容易造成决策权的集中,由此带来决策的盲目与专制、管理的混乱及资源的浪费,进而导致公司治理水平劣化,最终影响到公司盈余质量。

党的十八大后的反腐新政,在"打虎拍蝇"的同时,对企业来说实际上也形成了一种新型的非正式治理机制,反腐能有效阻止内部人集权、改善代理难题,企业内部贪腐文化的削弱和廉洁风气的建设也能减少公司管理层选拔中存在的"劣币驱逐良币"现象、有效抑制管理层"传染性贪婪"效应的蔓延。无论是外部监督和舆论压力的增加,还是政府对企业腐败尤其是国企腐败的整治,均对企业管理层构成可置信威胁,从而有助于促进企业提高信息透明度,降低会计信息真实性和充分性的披露障碍,以及迫使管理层提高代理效率,减少机会主义行为,缓解代理问题,而这种效应无疑会压缩盈余管理的空间。

三、反腐败有助改善企业财务状况并提升真实的核心利润

腐败会引发高额的交易成本,造成人力资本的错配,并诱使管理层将主要精力转向非正式活动,损害企业的创新开发活动,从而导致技术低效,降低投融资效率,不利于企业绩效的提高。而从归类变更盈余管理本身的特点来说,在企业费用高企、绩效不佳的情况下则更有动机进行盈余操纵。叶康涛

和臧文佼(2016)发现,国有企业可能将本应计入当期管理和销售费用的消费性现金支出转移到本期存货科目,以减少报表上受关注的费用值。李增福等(2011)研究表明,当企业业绩达不到已有承诺或融资门槛时,企业倾向于进行盈余管理以实现特定目标。而党的十八大后的反腐新政,一方面改善了企业的经营环境,提高了官员的设租成本,有力地遏制了官员渎职失职行为,有助于提升政府服务质量。而且反腐败减少了经济运行的不确定性,提高了资源配置效率,降低了市场交易成本,有助于企业公平竞争。另一方面,反腐败降低了企业的业务招待费等支出,减少了企业负担,让企业更加专心于日常生产经营,强化企业家能力对创新的促进作用,优化投融资效率和生产效率,提高营业收入(党力等,2015;王茂斌和孔东民,2016;王健忠和高明华,2017)。在内外部的双向影响下,反腐新政有助于企业经营利润的提高和财务状况的改善,从而降低企业进行费用及收入归类变更的程度。

基于上述分析,提出假说 H6.1。

H6.1:反腐败能够降低腐败企业归类变更盈余管理的程度,改善会计质量。

第二节　反腐败、产权性质与归类变更盈余管理

在不同的产权控制下,企业的行为特征存在着很大的差异。尤其在中国,"国民"之分明显,国企和民企在组织架构、目标激励和行为决策等方面都存在着异质性。比如在避税方面,一般来说民企的避税倾向要高于国企,但国企管理层先天的政企关系对企业避税的影响力度显著强于民企;在投资方面,国企往往呈现过度投资现象,而相比之下民企投资不足较为严重,同时民企高质量内部控制抑制企业非效率投资行为的效果要好于国企;在融资方面,国有产权能够发挥隐性担保作用,降低投资者面临的违约风险,从而提高贷款的可得性并降低融资成本;在会计信息质量方面,国企由于存在所有者缺位和债务软约束,管理层过度自信对会计稳健性的影响相比于民企会更强,对国企管理层盈余操控的监督难度更大。同样,在面对高压反腐时,国企和民企在盈余管理上的选择也难免会呈现出异质性。

首先,从反腐败关注的重点来说,反腐是国企改革中的一项重要内容,党的十八大以来,国企党风廉政建设和反腐败的力度不断加码,打击腐败的压力层层向下传递,国企反腐向基层、向纵深推进。国资委官网数据显示,2016年前 11 个月国资委和中央企业各级纪检监察机构查处的违反中央八项规定

精神的问题767起,处理1314人,曾经被喻为"硬骨头"的国企,特别是央企的反腐败工作,取得了显著成效。相比之下,尽管民企也有一定的自发反腐动作,如阿里巴巴、腾讯等知名企业都曾以内部邮件形式向员工通报内部腐败案,将涉案嫌疑人移送公安机关,但总的来说民企受反腐败影响不大、震慑不足。

其次,从企业自身来说,国企高管具有"准政府官员"的性质,任免受到政府的干预或影响,对政治环境具有极强的敏感性,对反腐败的感受更为强烈。面对反腐败高压时,国企管理层出于个人政治前途和职业发展考虑,通常不会选择冒很大的风险指使财务部门进行会计报表的虚假操纵,也会减少诸如为满足个人在职消费而进行的隐蔽性的归类操纵。他们更关心的是个人的前途和任职的稳定性,独特的激励目标会使得其在面临反腐时选择降低归类变更盈余管理。而对民营企业来说,其经营管理相对独立,管理层对反腐败的感受不深。且相比于国企,民企面对更重的业绩压力。也就是说,民企对反腐败的反应不如国企敏感,归类变更盈余管理程度可能变化不大。

最后,国企的会计信息披露与政府意向密切相关,国有企业的财务目标往往由相应的政府部门进行下达、评价与考核,国有企业的管理者为了提升自己职业前景,或者为了从业绩评价中谋取私利,有动机与相应的政府部门及官员结成紧密关系,甚至可能对相关部门及官员投其所好。各级政府干预国有企业的经营和投资行为具有天然的基础,甚至干预国有企业的会计信息披露。相对非国有企业而言,国有企业在投资和经营活动上受到的调控和管制相对较强,其与相关政府部门更容易形成利益关联,更加可能涉及寻租等活动。当反腐败力度加大时,在短期内,国企高管面临的政治环境可能更加不确定,利用管理权和控制权来获取私利的风险更高,这会改变国企高管对会计信息披露的态度,而非国有企业会计信息质量出现反腐背景波动的可能性较低。

基于上述分析,提出假说H6.2。

H6.2:反腐败对企业归类变更盈余管理的影响因产权性质存在区别。反腐败可以有效减少国企的归类变更盈余管理行为,而对民企的影响不大。

第三节　反腐败、市场化水平与归类变更盈余管理

改革开放后,各地地方政府承担起了发展经济、改善民生以及稳定社会秩序的重任,控制着行政审批、土地划拨出让、金融借贷以及政策优惠等重要

资源,对于辖区内资源配置和市场活动产生了重要影响。但政府只是一个抽象的"公共人格",真正掌握权力的还是背后的各级官员。在这种条件下,很容易导致企业经营活动对官员权力的依赖,形成政商合谋,滋生寻租设租、贪污腐败等现象。

相关研究发现,腐败常被企业用作不公平竞争的一种手段,能够帮助企业更容易地获取税收优惠、获得政府订单和银行贷款等(Cai et al.,2011;黄玖立和李坤望,2013;申宇和赵静梅,2016),甚至可以帮助企业绕开法律、行政管制获取稀缺资源(李捷瑜和黄宇丰,2010),尤其在市场化不发达的地区,腐败的这种"润滑剂"效应更加明显。具体来说,市场化水平越低,政府的作用就越强大,加之信贷市场不发达、外部监督机制缺位等,造成企业发展手段有限,过度依赖政府提供的资源,比如通过暗箱操作获取政府采购和国有企业采购订单,争取政府补助、特殊的税收减免和融资便利等。

在会计信息质量方面,反腐败提高了企业通过向政府官员寻租获取隐性支持的成本,企业又没有其他低成本的市场化途径提高业绩、获得资金支持,这种情况反而更有可能降低信息透明度,在财务上弄虚作假,欺骗投资者和其他利益相关者。而在市场化水平高的地区则不同,当反腐败加大了企业依靠政商合谋获取发展机会的成本时,企业可以以较低成本改变发展策略(党力等,2017),比如,改善公司内部治理,增强企业创新能力,通过银行贷款、公开发债、增发配股等获取发展所需的资金等。而这些都会降低企业归类操纵的动机,甚至在一定程度上要求企业提供更高质量的财务报表。

基于上述分析,提出假说 H6.3。

H6.3:市场化水平制约着反腐败对企业归类变更盈余管理的影响。在市场化程度高的地区,反腐败可以有效降低企业的盈余管理行为;而在市场化程度较低地区,反腐败的作用有限。

第四节　研究设计

一、样本选择与模型设定

1.样本选择

本章选取 2009—2015 年沪深主板非金融类上市公司作为初始样本,剔除了被 ST 或 *ST 处理的公司、资不抵债(即资产负债率大于 1)的公司、行业-年度观测值不足 15 的公司及其他数据缺失的公司,最终得到可用样本为 5682 个。公司层面数据均来源于国泰安 CSMAR 和万得 WIND 数据库,市场化水平由樊纲等《中国市场化指数——各省区市场化相对进程 2011 年度报告》一书得到。

2.模型的设定

本章主要检验反腐败冲击能否更有效降低腐败企业的归类变更盈余管理,双重差分模型非常适合于这种效应的定量评估。首先,反腐败对企业来说是外生的政策冲击,符合 DID 对政策干预外生性的要求。其次,党的十八大的召开提供了一个清晰的时间断点。最后,样本期间内,除政治以外的其他宏观环境保持相对稳定,不会对实验组和控制组产生差异化影响。

一般的 DID 模型是在仅能获得两期数据时使用,而本章使用的是 2009—2015 年 1200 家公司的面板数据集,借鉴范子英和李欣(2014)的做法,构建了双向固定效应模型(6.1),即将常用的 DID 模型在时间和个体两个维度上展开,以消除时间和个体之间的差异。

$$ABSUNCE_t = \alpha + \beta Cor_i \times After + \lambda Control + \delta_i + \varepsilon + \gamma_t \qquad (6.1)$$

模型(6.1)中被解释变量 $ABSUNCE_t$ 代表企业归类变更盈余管理程度,用绝对值衡量;主要解释变量为企业腐败虚拟变量 Cor_i 和反腐败虚拟变量 $After$ 的交叉项,$Control$ 代表控制变量,δ_i 为个体固定效应,γ_t 为时间固定效应。$Cor_i \times After$ 系数 β 的正负号和显著性是关注的重点,如果反腐败可以对企业归类变更的盈余管理产生抑制效应,预计 β 会显著为负,即反腐败能够抑制腐败企业的盈余操纵程度。

二、变量定义

1.归类变更盈余管理的度量

根据第四章归类变更盈余管理的基本方式,采用 McVay(2006)的计量模型,估计得到异常核心利润,取绝对值作为归类变更程度的替代变量。

$$CE_t = \alpha_0 + \alpha_1 CE_{t-1} + \alpha_2 ATO_t + \alpha_3 Accural_t + \alpha_4 Accural_{t-1} + \alpha_5 \Delta Sales_t + \alpha_6 Neg \Delta Sales_t + \varepsilon_t \qquad (6.2)$$

模型(6.2)中左边为核心利润,核心利润=(营业收入-营业成本-销售费用-管理费用+固定资产折旧、油气资产折耗、生产性生物资产折旧+无形资产摊销+长期待摊费用摊销)/营业收入(张子余和张天西,2012),考虑到核心利润具有持续性,故将其滞后一期项作为解释变量。ATO_t 为净经营资产周转率,$Accural_t$ 和 $Accural_{t-1}$ 分别为本期及滞后一期应计利润,

$\Delta Sales_t$ 为销售收入增长率,各变量的具体解释可以参见第四章。除净经营资产周转率和营业收入增长率外,所有变量均为经营业收入平减后的相对值。模型(6.2)分行业-年度回归,取残差项,记为 UNCE,即异常核心利润,取绝对值 ABSUNCE 作为归类变更盈余管理程度的替代变量。

2.主要解释变量的度量

直接衡量企业腐败程度的指标很难获得,现有文献对企业腐败程度的衡量方式主要有两种:一是以业务招待费为核心,计算刻画企业的腐败支出(Cai et al.,2011;黄玖立和李坤望,2013;申宇和赵静梅,2016;钟覃琳等,2016)。二是用某地区腐败案件立案数、腐败案件查处人数等来衡量该地区的腐败程度,然后推及企业(党力等,2015)。然而这两种方式都存在一定问题,业务招待费属于年报附注中的自愿披露科目,相当比例的上市公司并不披露这些明细科目,如果使用业务招待费作为腐败程度的代理变量,会存在较为严重的样本自选择问题。另外,用业务招待费刻画企业的腐败支出也不够全面,尤其对国有企业来讲,在职消费是一个普遍存在的现象,这部分支出也反映在除业务招待费之外的其他会计科目中,比如管理费用中的差旅费、车船费等。而用公司所在地区腐败案件立案数、腐败案件查处人数等来衡量腐败程度,可信度也值得怀疑,因为这个指标也可以被用作反腐败程度的度量。本书借鉴并完善了钟覃琳等(2016)的做法,计算了每家公司 2013 年管理费用率的下降程度(相比于 2012 年),若某公司的降低程度位于行业中位数以上,则设定为实验组,Cor 取值为 1,代表腐败程度较高的企业,否则设定为控制组,Cor 取值为 0。这样处理的主要理由是因为管理费用中有相当一部分是正常的客户关系维护支出,鉴于企业的主要业务和交易对象在短期内不会发生重大变化,所以假定这部分费用支出保持相对稳定。在控制了营业收入因素的情况下,可以将管理费用的急剧减少归因为反腐败导致的腐败支出减少,因而可以逆向推测出管理费用骤减的公司为反腐败前腐败水平较高的公司。为了考察这种方法衡量企业腐败程度的合理性,进一步采用叶康涛和臧文佼(2016)的方法进行了稳健性检验。

After 为反腐败虚拟变量,鉴于党的十八大是 2012 年 11 月 8 日召开,大规模大力度的反腐是从 2013 年开始的,因此将 2013 年及之后年度取为 1,2012 年及之前年度取为 0。

3.其他控制变量

与第五章选择控制变量的理由一致,控制变量 X 选取了实际所得税率、Z_score模型、机构持股比例、市场占有率、审计质量、净经营资产、现金流预测、营业周期、企业规模、资产负债率、账面市值比。为了更全面地检验假说,还将应计盈余管理、真实盈余管理进行了控制,并在稳健性检验中,纳入了一些公司治理因素进行进一步检验,包括董事会规模($Boards$)、独立董事比例($Indep$)和高管薪酬激励($Mcomp$)等指标,具体见表6.1。

表 6.1 控制变量符号、名称及测度方法

符号	名称	测度方法
$TaxRate$	实际所得税率	所得税费用/利润总额
Z_score	Z_score 模型	Altman 衡量企业财务健康状况的 Z_score 模型
$INST$	机构持股比例	机构持股数/总股数
$MktShare$	市场占有率	企业销售额占行业销售额的比重
$Audit$	审计质量	若审计事务所为国内前十大审记事务所,取值 1;否则为 0
$HighNOA$	净经营资产	若企业净经营资产占比在行业中位数之上,则取值 1;否则取 0
$Analyst$	现金流预测	当年度是否有分析师进行现金流预测,有则取值为 1;没有则取值为 0
OPC	营业周期	应收账款周转天数+存货周转天数-应付账款周转天数,取对数值
$Size$	企业规模	企业总资产的对数值
Lev	资产负债率	总负债/总资产
BM	账面市值比	账面价值与市值之比
$Boards$	董事会规模	董事会人数
$Indep$	独立董事比例	董事会中独立董事所占比例
$Mcomp$	高管薪酬激励	高管前三名薪酬的自然对数
DA	应计项目盈余管理	采用 Kothari(2005)控制业绩的修正 Jones 模型估计
RM	真实活动盈余管理	Roychowdhury(2006)的计量模型估计

第五节　实证检验与结果分析

一、反腐新政与归类变更盈余管理

1.描述性统计

为了排除极端值对回归分析的影响,对所有连续变量进行上下 1% 的缩尾处理。表 6.2 给出了处理后主要变量的描述性统计结果。

表 6.2　变量的描述性统计

变量		样本个数	均值	中位数	标准差	最小值	最大值
ABSUNCE	全样本	5682	0.042	0.026	0.049	0.0002	0.274
	$Cor=1$	2911	0.044	0.027	0.051	0.0002	0.274
	$Cor=0$	2771	0.040	0.025	0.046	0.0002	0.274
$TaxRate$		5682	0.189	0.188	0.190	-0.724	0.855
Z_score		5682	4.604	2.930	5.429	0.440	36.340
$INST$		5682	0.455	0.463	0.210	0.000	0.985
$MktShare$		5682	0.054	0.016	0.100	0.000	0.604
$Audit$		5682	0.500	0	0.500	0	1
$HighNOA$		5682	0.521	1	0.500	0	1
OPC		5682	4.484	4.571	1.777	0.000	8.305
$Analyst$		5682	0.709	1	0.454	0	1
$Size$		5682	22.470	22.328	1.302	19.432	26.461
Lev		5682	0.518	0.528	0.199	0.085	0.950
BM		5682	0.675	0.561	0.249	0.088	1.131

从全样本来看,企业归类变更盈余管理代理变量 $ABSUNCE$ 的均值为 0.042,最小值为 0.0002,最大值为 0.274,说明上市公司普遍存在着财务上的归类变更盈余管理,但在程度方面存在显著差异。分组考察发现,腐败组企业的均值和各分位数数值均大于非腐败组企业,且波动性更大,说明腐败严

重的企业进行归类变更操纵的可能性更大。

进一步以2012年为事件中心,选取前后各两年为窗口期,以年份为横坐标,构建了企业归类变更盈余管理程度均值的变化趋势图,如图6.2所示。可以发现,腐败组企业归类操纵程度显著高于非腐败组企业;腐败组企业的归类操纵程度在2013年形成了一个明显的凹点,而非腐败组变化不明显,直观地表明在党的十八大之后的反腐败确实对腐败严重企业的归类操纵形成了明显的冲击。这初步表明,反腐败与企业归类变更盈余管理程度间存在一定的关联。

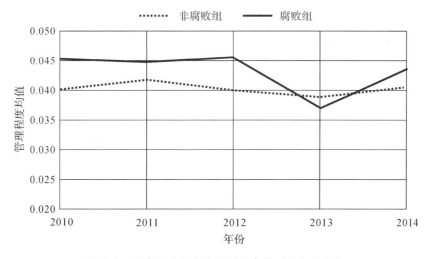

图6.2 反腐新政与归类变更盈余管理程度的变化

2.单变量统计分析

表6.3用分组 t 检验比较了党的十八大前后、不同产权性质和不同市场化水平下企业归类变更盈余管理程度的差异。分组的结果表明,党的十八大前后企业归类操纵的程度存在显著性差异,在党的十八大后企业归类变更的盈余管理程度显著低于党的十八大之前。此外,产权性质和市场化水平对企业归类变更的盈余管理也具有重要影响。与国有企业相比,民营企业利用归类变更进行盈余操纵的动机更加明显,程度更大。处于市场化水平较低地区的企业归类变更盈余管理程度显著高于市场化水平较高地区的企业。这些发现为探究反腐败对企业归类变更盈余管理程度的影响,以及基于产权性质和市场化水平的异质性考察提供了前提和基础,但更准确的结论有待进一步多元回归分析。

表 6.3　分组 *t* 检验

ABSUNCE	分组依据		组间差距	
	党的十八大之前 0.042	党的十八大之后 0.041	$Differences$ 0.001	t 值 0.62***
ABSUNCE	国有企业 0.040	民营企业 0.045	$Differences$ 0.005	t 值 3.52***
ABSUNCE	市场化水平高 0.041	市场化水平低 0.045	$Differences$ 0.004	t 值 2.40***

注:***、**和*分别表示在1%、5%和10%的显著性水平上显著。

3.多元回归结果与分析

反腐败影响企业归类变更盈余管理的回归结果如表 6.4 所示。第(1)列报告了控制年份效应下的基础回归结果,第(2)列报告了增加控制变量后的回归结果,第(3)列报告了进一步控制了应计项目和真实活动的盈余管理的结果。交互项 $Cor×After$ 系数均在 5% 的水平上显著为负,表明反腐新政后腐败组上市公司归类变更的盈余管理程度相对于非腐败组上市公司有明显下降,即反腐败抑制了腐败企业归类变更的盈余操纵。假说 H6.1 得到验证。

其他控制变量的回归系数反映了企业归类变更盈余操纵也与公司面临的财务健康状况、审计质量、机构持股比例等密切相关。具体来说,机构持股比例越高,企业归类变更盈余管理程度越小,表明机构投资者作为一种外部监督力量能够抑制企业的盈余操纵行为(Bushee,1998;Roychowdhury,2006)。审计质量与企业归类变更盈余管理程度显著负相关,这与已有研究发现 N 大事务所审计(如"六大"事务所、国际"四大"事务所、国内"十大"事务所等)能够抑制企业盈余操纵(Cohen et al.,2008;Zang,2012)的结论相吻合。Z 值在样本数据中与归类变更表现出正相关性,可能的解释是财务状况好的企业或许做了更多向下的归类变更。

表 6.4　反腐新政与归类变更盈余管理程度

变量	ABSUNCE		
	(1)	(2)	(3)
$Cor×After$	−0.005** (−2.27)	−0.005** (−2.35)	−0.006** (−2.49)
$TaxRate$		−0.010*** (−2.93)	−0.010*** (−2.86)

续表

变量	ABSUNCE		
	(1)	(2)	(3)
Z_score		0.0007***	0.0008***
		(3.00)	(3.19)
INST		−0.023*	−0.022*
		(−1.72)	(−1.68)
MktShare		0.010	0.011
		(0.63)	(0.66)
Audit		−0.004**	−0.004**
		(−2.01)	(−2.24)
HighNOA		−0.001	−0.001
		(−0.47)	(−0.79)
OPC		0.001	0.001
		(1.47)	(1.10)
Analyst		−0.001	−0.001
		(−0.57)	(−0.43)
Size		−0.000	0.000
		(−0.00)	(0.13)
Lev		−0.004	−0.002
		(−0.52)	(−0.27)
BM		−0.001	−0.002
		(−0.10)	(−0.32)
DA			−0.001
			(−0.16)
RM			0.008*
			(1.92)
年份效应	YES	YES	YES
R^2	0.014	0.021	0.023
N	5682	5682	5562

注:括号内为 t 值,***、**和*分别表示在 1%、5%和 10%的显著性水平上显著。

二、产权性质对反腐新政治理效应的影响

上文证明了反腐败能够对企业归类变更的盈余管理产生抑制作用,在此逻辑下可以拓展的一个问题便是:反腐败对企业归类变更盈余管理的影响是否因产权性质存在区别。一方面,从反腐败的对象来说,反腐是国企改革中的一项重要内容,党的十八大以来国企反腐力度持续加码,取得了显著成效。相比之下,民企受到反腐的影响就要小得多。另一方面,国企高管具有"准政府官员"的性质,任免受到政府的干预或影响,对政治环境具有极强的敏感性。面对反腐败高压时,国企管理层出于个人政治前途和职业发展考虑,通常不会选择冒很大的风险来进行会计报表的虚假操纵,也会减少诸如为满足个人在职消费而进行的隐蔽性的归类操纵。而对民营企业来说,其经营管理相对独立,管理层对反腐败的感受不深。且对民企来说,其面对更重的业绩压力,盈余管理程度可能变化不大。

为了考察异质性,在原模型中引入了两个新的虚拟变量,State-owned enterprise(国企)和 Private enterprise(民企)。如果企业的性质为国企,则 $State\text{-}owned\ enterprise$ 赋值为 1,否则赋值为 0;如果企业的性质为民企,则 $Private\ enterprise$ 赋值为 1,否则赋值为 0。将这两个虚拟变量分别与 $Cor \times After$ 交互,放入原模型中进行回归,结果如表 6.5 第(1)列所示。可以发现,$Cor \times After \times State\text{-}owned\ enterprise$ 的系数显著为负,而 $Cor \times After \times Private\ enterprise$ 的系数并不显著,即在国有产权控制的上市公司中,反腐败对于降低企业归类变更的盈余管理程度更有效,这与假说 H6.2 完全一致,证明了反腐败对企业归类变更盈余管理的影响确实因产权性质存在区别。

三、市场化水平对反腐新政治理效应的影响

反腐败对企业归类变更盈余管理的治理效应是否会因为市场化水平的高低而存在一定差异?市场化水平越高,企业发展方式越多元,对政府的依赖性越弱,反腐败的治理效应比较明显;反之,市场化水平较低,企业发展手段有限,腐败成为企业获取政府支持的一种手段。当反腐败提高了企业寻租门槛,企业又没有市场化发展途径的情况下,更有可能进行财务操纵。为了检验地区市场化水平对反腐败治理效应的可能影响,本章采用樊纲等(2009)公布的市场化指数度量市场环境因素,进行了盈余管理情境下的分样本检验。如果某企业所在地区市场化指数总体得分在全国平均得分之上,那么将

该地区定义为市场化水平较高的地区,反之为市场化水平较低的地区。

同样引入了两个新的虚拟变量,$High\ marketization$(高市场化水平)和 $Low\ marketization$(低市场化水平)。如果企业处于市场化水平高的地区,则 $High\ marketization$ 赋值为1,否则赋值为0;如果企业处于市场化水平低的地区,则 $Low\ marketization$ 赋值为1,否则赋值为0。将这两个虚拟变量分别与 $Cor×After$ 交互,放入原模型中进行回归,结果如表6.5第(2)列所示。可以发现,对于市场化水平高的地区,反腐败可以显著减少企业0.6%的盈余操纵程度(平均意义),而市场化水平低的地区则不明显。这说明市场化水平确实会影响反腐败对企业归类变更盈余管理的治理效应,在市场化水平高的地区,反腐败可以有效降低企业的盈余管理程度;而在市场化水平较低的地区,反腐败的作用有限。假说 H6.3 得到验证。

表 6.5　反腐新政对归类变更盈余管理影响的异质性

变量	ABSUNCE	
	(1)产权性质	(2)市场化水平
$Cor×After×State\text{-}owned\ enterprise$	$-0.004^{*}(-1.67)$	
$Cor×After×Private\ enterprise$	$-0.006(-1.58)$	
$Cor×After×High\ marketization$		$-0.006^{**}(-2.58)$
$Cor×After×Low\ marketization$		$-0.002(-0.50)$
$TaxRate$	$-0.011^{***}(-3.06)$	$-0.010^{***}(-2.96)$
Z_score	$0.0007^{***}(2.95)$	$0.0007^{***}(2.99)$
$INST$	$0.001(0.22)$	$-0.023^{*}(-1.76)$
$MktShare$	$0.015(0.89)$	$0.010(0.60)$
$Audit$	$-0.005^{**}(-2.37)$	$-0.004^{**}(-1.97)$
$HighNOA$	$0.000(0.27)$	$-0.001(-0.43)$
OPC	$0.001(0.87)$	$0.001(1.52)$
$Analyst$	$-0.003(-1.17)$	$-0.001(-0.57)$
$Size$	$0.000(0.09)$	$0.000(0.02)$
Lev	$-0.007(-0.78)$	$-0.004(-0.50)$
BM	$0.006(0.95)$	$-0.001(-0.19)$
年份效应	YES	YES

续表

变量	ABSUNCE	
	(1)产权性质	(2)市场化水平
Within R^2	0.021	0.022
N	5098	5682

注:括号内为 t 值, *** 、** 和 * 分别表示在1%、5%和10%的显著性水平上显著。

四、反腐新政影响归类变更盈余管理的渠道分析

前文的结论表明反腐败能成为上市公司归类变更盈余管理的一种外部治理机制,然而这种效用是如何传导的呢?所有权与经营权的分离带来的代理冲突问题可能使得管理者为了达到某些目标(如谋取业绩或获取私利)进行盈余操纵、粉饰财务报告,损害投资者和其他利益相关者的利益,即代理成本和盈余管理程度之间具有正相关性(Beattie et. al.,1994)。一方面,反腐败作为一种新型的非正式治理机制,能够提高信息透明度和管理层代理效率,降低股东与管理层之间的代理成本,从而降低企业盈余管理程度。另一方面,反腐败可以为企业营造积极的经营环境,提高市场资源配置力度,促进公平竞争,降低交易成本,激发企业创新活力,优化投资效率和生产效率,并最终作用于企业的经营绩效,改善企业的财务状况,减少了盈余管理的需要性。

因此,代理成本和企业绩效可能是反腐败对企业归类变更盈余管理程度发挥治理作用的潜在机制。本章进行进一步检验,基本的检验逻辑如下:如果在反腐败后代理成本明显下降或企业绩效明显提高,且代理成本的下降或企业绩效的提高能够明显降低企业归类变更的盈余管理程度,那么就表明反腐败可以通过降低代理成本或提高企业绩效来抑制归类变更的盈余管理。关于企业绩效,相关研究已经比较成熟,常用的指标有 ROE、ROA 等。本书使用总资产收益率 ROA,这也是学者常用的绩效衡量指标(杨典,2013;朱焱和张孟昌,2013;张祥建等,2015)。代理成本方面,一般使用管理费用率和总资产周转率这两个指标来衡量(罗进辉,2012),由于解释变量部分已经使用管理费用率的下降程度来区分实验组和控制组,如果此处继续使用管理费用率表征代理成本的话,可能会导致天然的相关关系,因此本章采用总资产周转率,总资产周转率越高,意味着代理成本越小。TAT 代表总资产周转率,等于营业收入除以总资产。ROA 代表总资产收益率,等于净利润除以平均资产总额。

渠道检验结果如表 6.6 所示。第(1)列和第(2)列考察核心解释变量是否对

总资产周转率 TAT 和总资产收益率 ROA 产生显著影响。在控制了一系列因素后,表6.6中第(1)列和第(2)列中交叉项 $Cor×After$ 的回归系数均在1%的水平上显著为正,说明相对于控制组样本,反腐败可以明显提高腐败企业的总资产周转率和总资产回报率,即降低企业的代理成本和提高企业绩效。接下来,在前文模型(6.1)的基础上引入 TAT 和 ROA,回归结果见第(4)列和第(5)列,第(3)列为基准模型(6.1)的结果。对比发现 TAT 的系数非常显著且为负,核心解释变量 $Cor×After$ 相比于基准模型的系数和显著性出现了明显的下降。ROA 也在5%的水平上显著为负,但模型中交叉项的系数和显著性下降不明显。这说明企业代理成本的下降和绩效的提高都可以部分解释反腐败对上市公司归类变更盈余管理的抑制作用,并且主要渠道是企业代理成本的降低。

表 6.6　反腐败影响归类变更的渠道检验

变量	(1)	(2)	(3)	(4)	(5)
	TAT	ROA	$ABSUNCE$	$ABSUNCE$	$ABSUNCE$
$Cor×After$	0.081***	0.010***	−0.005**	−0.004	−0.005**
	(8.80)	(6.16)	(−2.35)	(−1.59)	(−2.16)
TAT				−0.021***	
				(−5.78)	
ROA					−0.041**
					(−1.98)
控制变量	YES	YES	YES	YES	YES
年份效应	YES	YES	YES	YES	YES
R^2	0.206	0.261	0.021	0.029	0.022
N	5682	5682	5682	5682	5682

注:括号内为 t 值,***、** 和 * 分别表示在1%、5%和10%的显著性水平上显著。

五、稳健性检验

上述所得结论可能受到一些潜在干扰因素的影响,在本节中,进一步进行稳健性检验。

1. 腐败程度指标的合理性

在上文腐败程度的衡量中,使用了2013年管理费用率的下降程度来区分实验组和控制组,一种可能的担心是管理费用本身就是核心利润的减项,企业完全可能通过管理费用的归类操纵来做高核心利润,即2013年管理费用的下降可能源于归类操纵,从而导致解释变量和被解释变量天然的相关性。如果这种解释成立,那么这种费用的下降将不具有持续性,即企业难以连续多年都将管理费用支出归类到其他会计科目,因而该年费用的下降往往预示着来年的反弹。为了识别2013年管理费用率下降究竟是源于实际费用下降,还是源于费用归类操纵,借鉴叶康涛和臧文佼(2016)的做法,构建模型(6.3)。

$$Adcost_t = \alpha + \gamma_1 Cor \times Adcost_{t-1} + \gamma_2 Cor + \gamma_3 Adcost_{t-1} + \varepsilon \qquad (6.3)$$

其中,$Adcost_t$ 代表管理费用率的变化,$Adcost_{t-1}$ 代表上一年度管理费用率的变化。如果2013年管理费用率的下降是由归类操纵导致的话,那么交叉项的系数将显著为负,即本期管理费用的下降更有可能导致下一期管理费用的上升;反之,如果管理费用率的下降是源于真实费用的下降,那么交叉项的系数将为正,即管理费用的下降具有持续性。

采用2014年的数据进行上述验证,回归结果如表6.7所示。Cor 的系数为负,表明腐败组企业的管理费用率增长相对低于非腐败组企业。$Adcost_{t-1}$ 的系数显著为负,表明管理费用确实存在反弹的倾向。但重要的是,交叉项的系数显著为正,即2013年管理费用率下降程度大的企业2014年的管理费用继续维持在较低水平。这支持了实际费用降低的假说,意味着反腐新政使得企业尤其是国企至少在短期内实际压缩了其消费性、腐败性支出。这个结果也与渠道检验部分企业绩效的表现相印证,因为实际费用的节约有助于企业绩效的提升。这打消了对用2013年管理费用率下降程度进行腐败分组的合理性的担忧。

表 6.7　管理费用率变化持续性分析

变　量	$Adcost_t$
$Cor \times Adcost_{t-1}$	0.390*** (2.91)
Cor	−0.0003 (−0.16)
$Adcost_{t-1}$	−0.315** (−2.59)
$Constant$	0.005*** (2.99)
R^2	0.10
N	682

注:括号内为 t 值,***、** 分别表示在1%、5%的显著性水平上显著。

2.考虑公司治理结构

盈余管理的程度受到一些制约因素的影响,如资本市场接管和外部监管环境、公司治理结构、卖空机制、舆论监督等,其中公司治理结构是我国上市公司盈余管理程度的主要制约机制(孙亮和刘春,2008)。已有的研究表明,董事会规模、独立董事比例、高管薪酬(股权)激励等公司治理安排,会对经理人的行为产生激励或约束效应(张兆国等,2009;王克敏和刘博,2014)。优良的公司治理结构可以在一定程度上约束企业的盈余操纵行为,改善财务报告质量(刘立国和杜莹,2003;陈晓和王坤,2005)。在模型中加入了董事会规模、独立董事比例、高管薪酬激励作为控制变量,复制前文的回归,结果如表6.8第(2)列所示,显示前文所得结论依然成立。

3.剔除大比例样本

本章的结果可能是由样本中具有大比例代表性的地市所致的,如北上广深四个一线城市。在我国,北上广深四个城市拥有领先于其他一般城市的城市发展水平、生活水平和人均收入、辐射带动能力、对人才的吸引力、国际知名度等,因此上市公司更加集中。样本显示,注册地为这四个城市的上市公司占据了总样本数的27%。为了避免大比例代表性样本的影响,剔除注册地为这四个城市的上市公司的数据后重新进行了估计。表6.8的第(3)列的结果显示前述结论保持不变。

4.安慰剂检验

在表6.8的第(4)列中,进行了安慰剂检验,以排除反腐新政并不是完全的外生冲击事件的担心。具体来说,假设反腐新政是在2011年末实施,2011年及之前年份作为政策前年份,赋值 $After$ 为0,2012年及之后年份作为政策后年份,赋值 $After$ 为1。其他变量定义与前文相同。如果实验组归类变更程度的下降的确是2012年后的反腐新政导致的,那么,在以2011年为虚拟事件年度的安慰剂检验的回归结果中,$Cor \times After$ 的估计系数应该是不显著的。如第(4)列所示,发现交叉项系数趋近零并且不显著,表明上文观察到的企业归类变更程度的变化确实可以归结为党的十八大之后的反腐新政,排除了其他时间趋势因素对结果的竞争性解释。

表 6.8　稳健性检验

ABSUNCE	(1)	(2)	(3)	(4)
	原模型	增加公司治理变量	删除大比例样本	安慰剂检验
$Cor \times After$	-0.005^{**} (-2.35)	-0.006^{**} (-2.48)	-0.007^{**} (-2.56)	-0.002 (-0.97)
$Boards$		-0.001 (-1.07)		
$Indep$		-0.003 (-0.14)		
$Mcomp$		-0.007^{***} (-3.39)		
其他控制变量	YES	YES	YES	YES
年份效应	YES	YES	YES	YES
R^2	0.021	0.023	0.024	0.020
N	5682	5657	4137	5682

注:括号内为 t 值,***、** 分别表示在 1%、5%的显著性水平上显著。

第六节　本章小结

腐败与反腐败是当前中国社会面临的热点问题,也是学术界关注的焦点。本章研究了反腐败对企业归类变更盈余管理的影响,并进一步考察不同产权背景下及不同市场化水平下,反腐败对归类变更盈余管理的影响是否会发生差异。

政治关联显著降低企业会计信息质量,腐败形成的保护伞会放纵公司的会计舞弊行为,而反腐败有利于切断寻租设租渠道,从源头降低会计舞弊概率,而且反腐败能够提高信息透明度和管理层代理效率,从而减少企业盈余操纵的程度;反腐败还能降低企业的业务招待费等支出,减少了企业负担,提高了核心利润,从而减弱了企业进行费用及收入归类变更的动机。在分析反腐败对归类变更盈余管理影响的基础上,使用 2009—2015 年 1200 家公司的面板数据集,构建双向固定效应 DID 模型进行检验。结果发现,反腐新政后高腐败上市公司的归类变更盈余管理程度有明显下降,即反腐败抑制了腐败企业归类变更盈余管理。

党的十八大以来,国企党风廉政建设和反腐败的力度不断加码,国企反腐向基层、向纵深推进。而且国企高管具有"准政府官员"的性质,任免受到政府的干预或影响,对政治环境具有极强的敏感性,对反腐败的感受更为强烈。本章以产权性质作区分,将样本分为国有企业与民营企业进行检验,结果发现,反腐败对企业归类变更盈余管理的影响确实因产权性质存在区别。反腐败可以有效降低国企的归类变更盈余管理行为,而对民企的影响不大。

市场化水平也会影响反腐效果。当反腐败增加了企业通过向政府官员寻租获取隐性支持的成本时,企业面临两种选择:一是降低信息透明度,在财务上弄虚作假,欺骗投资者和其他利益相关人;二是改变发展策略,改善企业治理,增强企业创新等。前者主要出现在市场化程度较低地区的企业,后者主要出现在市场化程度高地区的企业。本章对样本数据按照市场化程度进行检验。结果发现,市场化水平会影响反腐败对公司治理的效应,在市场化程度高的地区,反腐败可以有效降低企业的归类变更盈余管理行为;而在市场化程度较低地区,反腐败的作用有限。

反腐败作为一种新型的非正式治理机制,一方面,能够提高信息透明度和管理层代理效率,降低股东与管理层之间的代理成本,从而降低企业盈余管理程度。另一方面,反腐败可以为企业营造积极的经营环境,降低交易成本,激发企业创新活力,提升企业的经营绩效,从而减少盈余管理的需要性。渠道检验表明,反腐败是通过降低代理成本和提升企业绩效来影响企业归类变更盈余管理的,其中降低代理成本是反腐败作用于企业归类变更盈余管理的主要渠道。

第七章 归类变更盈余管理与投资者定价

　　随着资本市场的迅速发展,学者开始关注企业的盈余管理对外部资本市场的影响,研究盈余管理是否会影响投资者定价,从而影响资本市场效率。国内外学者较早关注的是应计项目盈余管理的市场反应,认为投资者对于应计盈余管理的识别能力有限,应计异象严重。但少有学者考察归类变更盈余管理的市场反应。归类变更盈余管理虽不影响净利润,但夸大了核心利润。与应计项目盈余管理相比,归类变更盈余管理更难被察觉,而与真实活动盈余管理相比,它的经济成本显然更低。这些特征使得企业的归类变更盈余管理很可能会对资本市场产生不同的影响。Hsu & Kross(2011)研究发现,投资者和分析师过度信赖企业核心盈余的质量和持续性,上市公司的归类变更盈余管理行为难以被有效识别。Alfonso et al.(2015)研究发现市场对进行归类变更盈余管理公司的核心利润定价过高,同时进行归类变更盈余管理公司的应计盈余被错误定价得更严重。原因是投资者并未看穿经理层将经常性费用转移到非经常性损失中的盈余管理行为,以至于高估了核心盈余和应计盈余。他们的研究证实了美国证券交易委员会对利润表错误分类现象的担忧及其对投资者和市场参与者的不利影响。李晓溪等(2015)研究表明,我国公开增发业绩门槛变化使上市公司偏好以归类变更方式虚增核心利润,引起核心盈余持续性下降,进一步造成投资者高估公司未来价值,导致核心盈余异象。这也暗示了当前市场对于归类变更盈余管理的识别能力还十分有限。但该文没有直接证明归类变更盈余管理公司的核心利润存在显著的投资者误定价,因此我国资本市场投资者是否能识别此类盈余管理,以及市场对其的最终反应还有待考察。

　　本章不仅丰富了对归类变更盈余管理的研究,也将弥补国内对归类变更盈余管理市场反应研究的不足,同时,也具有较强的现实意义:其一,为投资者提高决策效率提供了实证证据,引起投资者对归类变更这种隐蔽的盈余管理方式的认识,更好地理解和使用财务信息,做出合理的投资决策,从而促进社会资源的合理配置;其二,为监管部门制定监管政策提供依据,为规范上市公司的盈余管理,完善上市公司的信息披露提供有力的理论和实证基础。

第一节　归类变更盈余管理影响盈余持续性

通过归类变更盈余管理提高的核心利润没有持续性,而投资者的有限注意力导致对核心利润的功能锁定,无法区分核心利润的可持续部分与不可持续部分,从而被归类变更盈余管理夸大的核心利润进一步夸大了投资定价指标,导致投资者错误定价。夸大归类变更盈余管理影响投资者定价的基本机理如图 7.1。

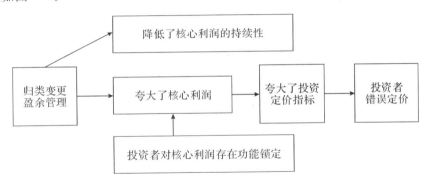

图 7.1　归类变更盈余管理影响投资者定价的基本机理

盈余持续性是指本期盈利量在未来的持续性与稳定性,盈余持续性是判定企业盈余质量的重要指标。根据盈余质量的高低,可以将盈余分为持续性盈余、暂时性盈余与价格无关会计盈余三个组成部分。持续性盈余是指那些能在未来长期持续发生或增长的盈余,如企业主营业务所带来的盈余,也即核心利润,较高的持续性盈余一般表明平稳的经营和较高的管理水平。暂时性盈余则是指那些仅限于当前会计期间才会发生的盈余项目,如公司出售固定资产所获得的盈余。价格无关会计盈余是由会计政策变更等引起但不影响企业当年和以后年度经营业绩,也不影响未来现金流的盈余。Ball & Brown(1968)第一次实证分析了盈余持续性与股票价值的相关性,发现盈余公告后一个月内超额股票收益率随相对上年盈利增加量的增加而提高。Sloan(1996)采用线性一阶自回归,研究利润及其组成部分的持续性,根据回归的系数测定盈利持久性的大小,现已经成为主流研究方法。Sloan(1996)及其之后的大量研究表明,持续性越高的盈余,投资者据此预测企业未来年度盈余的准确性越高;持续性越低的盈余,更可能造成投资者高估企业未来盈余,从而导致错误定价。

盈余管理会降低盈余的持续性。应计项目盈余管理主要利用会计政策、会计估计的变更实现利润调整,如延长折旧年限、降低资产减值准备金比例等,但本期折旧及准备金的少提将会在未来期间出现反转,因此应计项目盈余管理带来的利润没有持续性。既有研究认为会计估计误差(Dechow,2002)和"应计"低可靠性(Richardson,2005)是导致"应计"低持续性的原因。而真实活动盈余管理利用经营活动或投融资活动的实际方式,如加大销售、扩大生产、推迟费用及处置优质资产等提高利润,由于这些手段无法在下期持续并会加重下期的负担,因此也降低了利润的持续性。林翔和陈汉文(2005)首次使用我国上市公司数据,发现了应计盈余管理导致未来年度盈余持续性下降的证据。魏涛等(2007)研究了我国上市公司利用非经常性损益进行盈余管理的行为,发现无论是亏损公司还是盈利公司的盈余管理都相当倚重于非经常性损益。申慧慧等(2009)研究发现:股权分置改革后,持有大量非流通股的控股股东有动机操纵盈余以最大化自身的利益,非国有上市公司向上盈余管理程度显著提高,盈余持续性明显降低。

归类变更盈余管理会带来核心盈余持续性下降。进行归类变更盈余管理的公司通过将经常性费用分类为非经常性损失,或者将非经常性收入归到经常性收入,使企业的核心盈余增加。经常性费用是公司持续经营的结果,在每个会计期间均会产生,当期被操纵的经常性费用在下期仍会发生。同理,只有经常性收入才是公司持续经营的结果,非经常性收入只是公司的偶然性收入,下期不一定会发生。所以当期进行了归类变更盈余管理的公司,下期进行分类转移的空间会明显变小,进行归类变更盈余管理的程度会较上期有所下降。如果把企业核心盈余分为正常核心盈余与归类变更核心盈余,那么只有正常核心盈余具有持续性,也可以称为永久性核心盈余,而归类变更核心盈余没有持续性,也可以称为暂时性核心盈余。因此,如果公司在当期进行了归类变更盈余管理,加大了暂时性核心盈余,下期的核心盈余将出现较为明显的下降。由此提出假说 H7.1。

H7.1:进行归类变更盈余管理的公司,其核心盈余持续性会降低。

第二节　归类变更盈余管理导致投资者误定价

一、有效市场假设和功能锁定假设

在会计信息影响投资者定价的探讨上,存在有效市场假设和功能锁定假设两种观点。有效市场假设将有效市场定义为:在给定的信息集内,投资者有能力运用所有相关的会计信息,并且能区分不同质量的盈余,准确及时地进行股票定价。Sloan(1996)指出,市场投资者由于过分看重企业的账面利润规模,不能有效识别应计利润与现金流的可持续性差异,因此高估了企业的盈余质量和应计利润的价值,市场对应计部分给予过高的定价,这种现象被称为"应计异象"。产生应计异象的主要原因是投资者"功能锁定"于会计盈余总额。与有效市场不同,功能锁定假设认为,外部信息使用者在使用利润信息时,只关注公司盈利的数量,而忽视了分析盈余质量的差异,从而给予低盈余质量的公司和高盈余质量公司相同的定价。在 Sloan(1996)研究之后,大量研究对这一现象继续进行讨论,结论大部分支持"功能锁定"假设。Xie(2001)和 Defond & Park(2001)将上市公司的应计利润进行细分考察。研究发现,上市公司管理层通过应计盈余管理获得异常高的操纵性应计利润,降低了未来年度盈余持续性,引起市场投资者高估企业价值,而非操纵性应计利润则不会导致市场投资者发生错误定价。Beneish & Vargus(2002)、Thomas & Zhang(2002)、Richardson et al.(2005)等众多文献从关联方交易带来的巨额应收账款、存货计价方式和跌价准备计提比例等较易操纵的应计项目入手展开研究,证实应计利润质量越低,盈余持续性越弱,未来年度发生利润反转的可能性越大,但市场投资者并不能够进行准确判别,引发错误定价,进一步佐证了功能锁定假设。赵宇龙和王志台(1999)运用 1997—1998 年上市公司的数据,以主营业务利润指标作为永久性盈余的代理变量,研究表明我国股票市场投资者未能区分永久性盈余和暂时性盈余,市场的定价只是单纯地反映了公司总体的利润水平,说明我国资本市场存在"功能锁定"现象。随后其他学者的一些研究也发现我国证券市场存在投资者对盈余的"功能锁定"现象(彭韶兵等,2007;张国清等,2008)。也有一些研究支持有效市场假设。夏冬林和李刚(2008)研究发现,2001—2004 年 A 股上市公司中具有连续五年盈余增长的公司,其会计盈余相比同行业中的其他公司具有更强的持续性以及更高的盈余信息含量。徐浩萍和陈超(2009)以2002—2005年IPO公司为样本,用可操纵应计利润作为盈余质量指标,研究认为,无论一级市场还是二级市场都能基于盈余质量对公司新股进行估价,说明了投资者是理性的,使发行价格和市场价格不受盈余管理的误导。纵观会计信息与市场定价的研究,更多学者倾向于投资者存在"功能锁定"现象。

二、归类变更盈余管理更容易出现投资者"功能锁定"

由于核心盈余即经营利润的盈利持续性高,而非核心盈余即营业外支出的盈利持续性较低,它们对股价及未来收益会有不同的预测能力,即它们有不同的盈余信息含量。根据"功能锁定"假设,投资者做决策时,不能充分利用证券市场中的所有公开信息,只是局限于某一特定信息而忽略其他有用的信息。上述文献研究也证明了投资者在绝大部分情况下不能区分应计利润与现金流的不同信息含量。如果将上述大量研究总结为投资者功能锁定于利润总额,无法区分应计利润与现金流,那么进一步的现象是,投资者功能锁定于核心利润,而无法区分核心利润中的可持续与不可持续部分。陆宇建和蒋玥(2012)研究表明,不同持续性的会计盈余信息在市场定价过程中发挥了不同的作用,以营业利润为代表的永久性盈余对公司的市场定价具有显著的正向影响。即使投资者会对核心利润给予一个较高的权重,对非核心利润赋予较低的权重,但归类变更盈余管理带来的是核心盈余的虚高,一般投资者自然更难以识别,从而在"应计异象"的基础上进一步产生了由于归类变更盈余管理导致的"核心盈余异象",即投资者难以察觉公司归类变更盈余管理及由此产生的核心盈余低持续性,进而高估公司未来价值。FASB(Financial Accounting Standards Board,财务会计准则委员会,1980)指出只有报表使用者理解会计信息,财务信息才会有决策有用性。实践中,报表使用者由于"有限注意力",往往简化处理会计信息,不能真正理解会计信息的真实意义。这里的"有限注意力"假设指出投资者会比较关心突出位置及自己熟悉的会计指标,而忽视非显著位置及不太理解的收益构成项目的会计信息。投资者对财务信息处理的不完善进一步导致证券市场的"功能锁定"。

在我国,财务报表将不经常发生的收入和费用,如营业外收支单独列报,将净利润分解为营业利润和营业外收支。同时,我国上市公司信息披露规则也要求对非经常损益单独披露。由于投资者"有限注意力"的存在,投资者也会对盈余组成部分中的核心盈余给予较高的关注。但是,对于进行归类变更盈余管理的公司来说,其核心盈余的持续性会被调低。由于这种在报表间的账户分类变更行为很隐蔽,投资者通常难以识别出企业的归类变更盈余管理行为,从而会误判核心盈余的持续性。

对于核心盈余持续性的误判会直接影响投资者对公司股权的定价。目前,我国资本市场中的投资者较为常用的估值定价方法有市盈率法(P/E)、企业价值倍数法(EV/EBITDA①)、现金流折现法(DCF)等。在"功能锁定"假设下,投资者在运用估值模型定价过程中往往直接采用核心利润指标(即扣除非经常性损益后的净利润)进行估算,并不会对核心利润的可持续部分与不可持续部分做进一步区分,而对企业利润指标的选取差异会直接导致定价结果的差异,故投资者对进行归类变更盈余管理的上市公司很可能会发生错误定价的情况。归类变更盈余管理对价值评估指标的影响见表7.1。

表 7.1　归类变更盈余管理对价值评估指标的影响

估值方法	方法内涵	归类变更影响
市盈率法	市盈率法＝行业平均(可比公司)市盈率×(加权平均)每股扣非净利润	高估
企业价值倍数法	企业价值倍数法＝行业平均(可比公司)企业价值倍数×税息折旧及摊销前利润 (税息折旧及摊销前利润＝营业收入－营业成本－销售费用－管理费用＋折旧及摊销)	高估
现金流折现法	公司未来自由现金流现值的总和 自由现金流＝(营业收入－营业成本－销售费用－管理费用)×(1－税率)＋折旧及摊销－资本性支出－营运资本增加	高估

市盈率法下,归类变更会导致扣非后净利润比实际值偏大,导致企业被高估;企业价值倍数法下,归类变更会导致税息折旧及摊销前利润比实际值偏大,导致企业被高估;现金流折现法下,归类变更会导致营业收入的预测值偏大,营业成本的预测值偏小,从而企业未来自由现金流预测值偏大,导致企业被高估。

综上所述,市场很可能就会对归类变更盈余管理公司的核心盈余错误定价。由此提出假说 H7.2。

---

①　EBITDA 是扣除折旧、摊销、利息及所得税前的利润。

H7.2:资本市场的投资者将会对归类变更公司的核心盈余进行错误定价,即进行归类变更盈余管理公司的核心盈余会被高估。

机构投资者是证券市场上重要的投资主体。由于人才优势、专业优势以及资金优势,相比个体投资者而言,机构投资者具有更强的信息识别与解读能力,投资也更加理性。目前,机构投资者已经成为中国股票市场的重要投资主体,各种基金、证券公司、保险、QFII(Qualified Foreign Institntional Investors,合格的境外机构投资者)等机构投资者拥有较强的研究实力和专业的投资能力,对中国股票市场的稳定性以及股票市场的有效运行起到了重要的作用。杨墨竹(2008)发现机构投资者的投资行为趋于价值化与长期化;侯宇和叶冬艳(2008)发现,机构投资者增加了股价中的公司特质信息含量。机构投资者持股稳定性越强,即越倾向于长期较高比例持股,其与公司的利益就越趋于一致,因此更加看重被投资公司的价值,希望公司集中于持续盈利能力的培育,而不是通过盈余管理在短期内呈现较好的业绩。机构投资者的稳定持股,使他们有时间和动机去收集公司的信息,了解公司的真实价值,更加积极地监管公司管理层的行为,关注核心盈余的持续性,并根据盈余质量做出投资决策。机构投资者持股比例较高的股票,其股价受噪声影响的程度较小,归类变更盈余管理的市场异象相对较小。据此,提出假说 H7.3。

H7.3:机构投资者持股比例较低时归类变更盈余管理的核心盈余异象比较显著。

第三节　研究设计

一、变量说明

1.被解释变量。

(1)核心利润(CE)。借鉴张子余和张天西(2012),将核心利润定义为:核心利润=(营业收入−营业成本−销售费用−管理费用+固定资产折旧、油气资产折耗、生产性生物资产折旧+无形资产摊销+长期待摊费用本年摊销)/营业收入。(2)持有到期超额收益率(BHAR)。参照李晓溪等(2015)的做法,并在此基础上进行了一些改进,构造了个股的持有到期超额收益率(BHAR)指标。考虑到我国上市公司年报公告的截止日为 4 月 30 日,本章选取本年 5 月份至次年 4 月份的这段时间为窗口期,计算这一时段内个股考虑分红后再投资的规模调整持有到期收益率。具体的计算步骤和相关公式如下(以下涉及的收益率都考虑了分红后再投资,为表述简洁,将不再重复提及):

①以公司上个月最后一个交易日的流通市值为规模变量,并以此将公司按规模大小划分为30组。

②按照市值比重大小,计算每一组组内的加权平均月度收益率,计算公式为:组内市值加权月度收益 = $\sum$(个股月收入 × 个股期初市值)/$\sum$ 个股期初市值。

③计算个股持有到期超额收益率($BHAR$),计算公式为:

$$BHAR_{i,t} = \prod_m (1 + r_{i,m}) - \prod_m (1 + r_{p,m})$$

式中,$r_{i,m}$ 表示 i 公司 m 月的月度收益率,$r_{p,m}$ 表示 i 公司在 m 月所属组合 p 的组内市值加权平均月度收益率(t 年 5 月 ≤ m ≤ $t+1$ 年 4 月)。

2.解释变量。

归类变更盈余管理($Shift$)是一个虚拟变量。当企业进行了归类变更盈余管理时,$Shift$ 取值为 1,否则取值为 0。归类变更盈余管理的衡量借鉴McVay(2006)的计量方法,用模型(7.1)分行业-年度估计企业的核心利润。

$$CE_t = \beta_0 + \beta_1 CE_{t-1} + \beta_2 ATO_t + \beta_3 Accrual_t + \beta_4 Accrual_{t-1} +$$
$$\beta_5 \Delta Sales_t + \beta_6 Neg \Delta Sales_t + \varepsilon_t \qquad (7.1)$$

模型(7.1)中,等号左边为核心利润,核心利润等于(营业收入-营业成本-销售费用-管理费用+固定资产折旧、油气资产折耗、生产性生物资产折旧+无形资产摊销+长期待摊费用本年摊销)/营业收入(张子余、张天西,2012),考虑到核心利润具有持续性,故将其滞后一期项作为解释变量。ATO_t 为净经营资产周转率,$Accrual_t$ 和 $Accrual_{t-1}$ 分别为本期及滞后一期应计利润,$\Delta Sales_t$ 为销售收入增长率。各变量的具体解释可以参见第四章。除净经营资产周转率和营业收入增长率外,所有变量均为经营业收入平减后的相对值。

对模型(7.1)分行业-年度回归,取残差项,记为 $UNCE$,即异常核心利润,作为归类变更盈余管理的替代变量。当 $UNCE$ 大于 0 时,表示企业进行了归类变更盈余管理,$Shift$ 取值为 1;当 $UNCE$ 小于或者等于 0 时,认为企业没有进行归类变更盈余管理,$Shift$ 取值为 0。

3.控制变量。

借鉴 Alfonso(2012)的研究,为控制其他因素对股票超额收益率(AR)的影响,本章的控制变量主要有:(1)账面市值比(BM)=公司所有者权益总额/公司市值;(2)营业收入增长率($\Delta Sales$)=(本年营业收入-上年营业收入)/上年营业收入;(3)现金流市值比(CFO/P)=公司经营活动现金流/股票市值。

主要的变量定义详见表7.2。

表 7.2   主要变量定义

变量名称	变量符号	变量解释
核心利润	CE	（营业收入－营业成本－销售费用－管理费用＋固定资产折旧、油气资产折耗、生产性生物资产折旧＋无形资产摊销＋长期待摊费用本年摊销）/营业收入
持有到期收益率	$BHAR$	$BHAR_{i,t} = \prod_m (1 + r_{i,m}) - \prod_m (1 + r_{p,m})$
归类变更盈余管理	$Shift$	虚拟变量。若进行了归类变更盈余管理，取值为1，否则为0
核心利润	CE	同上
营业收入增长率	$\Delta Sales$	（本年营业收入－上年营业收入）/上年营业收入
现金流市值比	CFO/P	经营活动现金流/股票市值
账面市值比	BM	公司所有者权益总额/公司市值

二、模型设计

1. 检验核心盈余持续性

采用模型来检验假说 H7.1，即进行归类变更盈余管理的公司核心盈余持续性的检验。

$$CE_{t+1} = \beta_0 + \beta_1 CE_t + \beta_2 Shift_t + \beta_3 CE_t \times Shift_t +$$
$$\sum Year + \sum Industry + \varepsilon_t \tag{7.2}$$

模型（7.2）中，等号左边为核心盈余，等号右边为解释变量，包括核心盈余、归类变更盈余管理的虚拟变量及二者的交互项，且都滞后一期。此外，为控制年度和行业的差异，模型还引入了年度与行业的虚拟变量。其中，CE 与 $Shift$ 的交互项系数 β_3 是关注的对象。如果交互项系数为负值，则说明与未进行归类变更盈余管理的公司相比，进行了归类变更盈余管理的公司，其核心盈余持续性会降低，即假说 H7.1 成立。

另外，由于采用了归类变更盈余管理的企业往往可能同时采用应计盈余管理和真实盈余管理，而这两类盈余管理行为对核心盈余的持续性可能也会产生影响。因此 CE 与 $Shift$ 的交互项系数 β_3 可能反映的不仅仅是归类变更盈余管理对核心盈余变动的影响。为了控制另外两类盈余管理行为对核心盈余持续性带来的可能影响,在模型(7.2)的基础上增加了应计盈余管理(DA)、真实盈余管理(RM),以及二者分别与核心盈余(CE)的交互项。应计盈余管理(DA)采用 Kothari et al.(2005)的控制业绩后的操控性应计利润。真实盈余管理(RM)采用的是包括了销售操控、生产操控和费用操控的综合真实盈余管理指标(具体见第四章)。由此建立模型:

$$CE_{t+1} = \beta_0 + \beta_1 CE_t + \beta_2 Shift_t + \beta_3 CE_t \times Shift_t +$$
$$\beta_4 DA_t + \beta_5 CE_t \times DA_t + \beta_6 RM_t + \beta_7 CE_t \times RM_t +$$
$$\sum Year + \sum Industry + \varepsilon_t \qquad (7.3)$$

在模型(7.3)中,关注的核心仍然是 CE 与 Shift 的交互项系数 β_3,若交互项系数为负值,则说明与未进行归类变更盈余管理的公司相比,进行了归类变更盈余管理的公司,其核心盈余持续性会降低,进一步证明假说 H7.1 成立。

2.检验投资者定价

(1)套利检验

所谓套利检验,就是检验进行归类变更盈余管理的公司与未进行归类变更盈余管理的公司在零投资组合回报上是否存在差异。具体的交易策略是:在区分归类变更公司和非归类变更公司后,将每一组的核心盈余从大到小排列,分成 20 个组。对这两类公司,都同时买入 t 年核心盈余最低的公司,卖出 t 年核心盈余最高的公司,构建投资组合头寸,看能否产生超额收益。模型如下:

$$NSR_{t+1} = NSLCER_{t+1} - NSHCER_{t+1} \qquad (7.4)$$
$$SR_{t+1} = SLCER_{t+1} - SHCER_{t+1} \qquad (7.5)$$
$$\Delta R_{t+1} = SR_{t+1} - NSR_{t+1} \qquad (7.6)$$

模型(7.4)计算的是未进行归类变更盈余管理公司的零投资组合回报。其中,NSR 代表非归类变更公司组回报,NSLCER 代表非归类变更组低核心盈余公司的平均回报,NSHCER 代表非归类变更组高核心盈余公司的平均回报。模型(7.5)计算的是进行归类变更盈余管理公司的零投资组合回报。其中,SR 代表归类变更公司组回报,SLCER 代表归类变更组低核心盈余公司的平均回报,SHCER 代表归类变更组高核心盈余公司的平均回报。模型(7.6)计算的是两类公司的零投资组合回报的差值,即进行了归类变更盈余管理的公司相对于未进行归类变更盈余管理的公司的超额收益。其中,ΔR 代表超额回报。如果投资者能正确定价归类变更公司和非归类变更公司的核心盈余,非归类变更公司和归类变更公司的投资组合回报不会有明显的差异,即模型(7.6)结果趋向于 0。但如果投资者高估归类变更公司的核心利润,则预期归类变更公司的投资组合回报会明显高出非归类变更公司,即模型(7.6)结果为正。

（2）多元回归方程检验

借鉴 Alfonso et al.（2015）的多元回归方程来进一步检验假说 H7.2，建立模型：

$$BHAR_{t+1} = \rho_0 + \rho_1 Shift_t + \rho_2 CE_t + \rho_3 CE_t \times Shift_t + \rho_4 BM_t +$$

$$\rho_5 SG_t + \rho_6 \frac{CFO}{P_t} + \varepsilon_t \qquad (7.7)$$

模型（7.7）中，等号左边是股票持有到期超额收益率，为被解释变量。等号右边为解释变量，包括核心盈余、归类变更盈余管理的虚拟变量及二者的交互项；同时，还引入了账面市值比、营业收入增长率及现金流市值比等控制变量，以控制其他因素对股票收益的影响。在模型（7.7）中，重点关注核心盈余与归类变更盈余管理虚拟变量的交互项系数 ρ_3。一般来说，市场对没有进行归类变更盈余管理的公司的核心盈余的定价是较为准确的，即使会出现一些偏差，偏差也不会很大。所以笔者预期，对未进行归类变更盈余管理的公司来说，$t+1$ 年的股票异常收益率与 t 年核心盈余呈显著的正向关系，也可能呈不显著的正向或负向关系，即 CE 的符号更可能为正。而如果市场无法看穿公司是否做了归类变更盈余管理，且做了归类变更的公司的核心盈余定价是偏高的，则对进行了归类变更盈余管理的公司来说，$t+1$ 年的回报与 t 年核心盈余呈显著的负相关关系，即预期交叉项系数为负。

为检验上述假说 H7.3，借鉴饶育蕾等（2012）的做法，首先将个股某一季度的所有机构投资者持股比例加总，得到该股票在该季度的总机构投资者持股比例。然后计算这只股票当年第二、三、四季度和次年一季度的机构投资者持股比例的平均值。最后，以该指标每一年度的中位数为界限，将该年度所有企业分为高机构投资者持股比例组和低机构投资者持股比例组。再次进行模型（7.7）的多元回归。按照假说 H7.3，低机构投资者持股比例组 $t+1$ 年的回报与 t 年核心盈余呈显著的负相关关系，即预期交叉项系数为负。

三、样本选择与数据来源

2007 年 1 月 1 日起，《新企业会计准则》正式在上市公司实施，该准则对会计科目和企业的会计处理方式做出了较大调整。为使不同年度的变量具有一致性和可比性，同时考虑到本章在进行多元回归时的解释变量和控制变量均需滞后一期，而在度量关键解释变量——归类变更盈余管理时，部分变量又需要滞后，故最终选取 2009—2015 年沪深主板 A 股上市公司作为研究对象。因此本章的解释变量和控制变量均滞后一期，即为 2008—2014 年。样本的筛选过程如下:(1)剔除 ST 上市公司;(2)剔除金融和保险类上市公司,因为它们的财务特征不同于一般企业;(3)剔除在样本期间内相关财务信息不可得的公司-年度样本;(4)2007—2013 年期间的每一年中处于少于 10 家企业的行业的公司也被剔除,因为在估计企业的归类变更盈余管理程度时,需要先估算出应计盈余管理程度,即操纵性应计。而借鉴 Dechow et al. (1995)和 Kothari et al.(2005)使用的修正的截面 Jones 模型,操纵性应计是分行业和年度进行估计的。最终得到的有效样本包括 1179 家企业,7158 个公司-年度数据。本章所用数据均来自于国泰安 CSMAR 数据库,为防止异常样本对模型回归产生影响,对关键变量进行上下 1% 的缩尾处理。

第四节　实证检验与结果分析

一、归类变更盈余管理与核心盈余持续性

首先对主要变量进行描述性统计,结果见表 7.3,表中依次列出了各变量的样本个数、均值、中位数、标准差、最小值和最大值。从表中可知,被解释变量股票持有到期超额收益率(BHAR)的均值为 −0.0209,中位数为 −0.0760。解释变量中,核心利润(CE)的均值为 0.1526,中位数为 0.1200。归类变更盈余管理虚拟变量 $Shift$ 平均值为 0.4620,中位数为 0,而代表归类变更盈余管理程度的变量 UNCE 的均值为 0.0033,中位数为 −0.0049,可见在所有样本中,进行了归类变更盈余管理的公司要略少于没有进行归类变更盈余管理的公司。

表 7.3　描述性统计

变量	样本个数	均值	中位数	标准差	最小值	最大值
BHAR	7158	−0.0209	−0.0760	0.4242	−1.1787	1.9952
CE	7158	0.1526	0.1200	0.1619	−0.4034	0.7366
UNCE	7158	0.0033	−0.0049	0.1117	−0.4231	0.5008
$Shift$	7158	0.4620	0.0000	0.4986	0.0000	1.0000
BM	7158	1.2058	0.8802	1.0222	0.0904	5.4687
$\Delta Sales$	7158	0.2025	0.1003	0.6329	−0.5983	4.7119
CFO/P	7158	0.0448	0.0336	0.1091	−0.3473	0.4367

表 7.4 第(1)列是模型(7.2)的检验结果。从表 7.4 中可以看出,核心盈余与归类变更盈余管理虚拟变量的交互项系数在 1% 的显著性水平上显著为负,其值为 −0.4137。说明与未进行归类变更盈余管理的公司相比,进行了归类变更盈余管理的公司,其核心盈余持续性显著降低,即假说 H7.1 成立。

表 7.4 第(2)列是模型(7.3)的检验结果。在控制了应计盈余管理和真实盈余管理后,核心盈余与归类变更盈余管理虚拟变量的交互项系数仍然在 1% 的显著性水平上显著为负,其值为 −0.4449。这一结果更加印证了公司核心盈余持续性的显著降低是由于归类变更盈余管理,而非另外两类盈余管理行为。

另外,在第(2)列报告的结果中,核心盈余与应计盈余管理的交互项系数在 5% 的显著性水平上显著为正,其值为 1.0656,这与预期不符。可能的原因有两点,其一是受到了部分企业负向盈余管理行为的影响,其二可能是因为应计盈余管理主要运用的是会计方法与会计估计的变更,这种变更虽然会导致利润在未来期间反转,但会计方法一般需要保持一段时间,因而不大可能在第二年就出现反转。而根据表 7.4 的结果,真实盈余管理行为对核心盈余的持续性没有显著影响。

表 7.4　核心盈余持续性检验

变量	(1) CE_{t+1}	(2) CE_{t+1}
CE_t	1.3899*** (22.41)	1.4316*** (22.26)
$Shift_t$	0.0475*** (2.70)	0.0535*** (3.00)
$CE_t \times Shift_t$	−0.4137*** (−5.23)	−0.4449*** (−5.50)
DA_t		−0.4151*** (−3.67)
$CE_t \times DA_t$		1.0656** (2.45)
RM_t		0.0921** (2.13)

续表

变量	(1)	(2)
	CE_{t+1}	CE_{t+1}
$CE_t \times RM_t$		-0.1008
		(-0.65)
常数项	-0.0313	-0.0378
	(-0.59)	(-0.71)
年度	控制	控制
行业	控制	控制
R^2	0.1041	0.1047
N	7612	7534

注:***、**和*分别表示在1%、5%和10%的显著性水平上显著;括号内报告的是 t 值。

二、归类变更盈余管理与投资者误定价

1.套利检验结果

表 7.5 检验了进行归类变更盈余管理的公司与未进行归类变更盈余管理的公司在零投资组合回报上是否存在差异。首先,把所有公司分为两类——归类变更公司和非归类变更公司。接下来,对于每一类别的公司,分年份并按照核心盈余的大小进行排序和分组。对归类变更公司和非归类变更公司,都买入核心盈余最低的组,卖出核心盈余最高的组,构造零投资组合。从表 7.5 可以看出,对于进行了归类变更盈余管理的公司来说,其零投资组合回报为 9.40%,为正数,且在 5% 的显著性水平上显著,说明投资者对归类变更公司核心盈余定价明显偏高。而对于未进行归类变更盈余管理的公司来说,其零投资组合回报为 −4.51%,为负数,且并不显著,说明投资者对非归类变更公司核心盈余的定价还是比较合理的。而归类变更公司零投资组合回报比非归类变更公司零投资组合回报多出 13.91%,且该差异在 5%的显著性水平上显著。这一结果说明,投资者对归类变更公司核心盈余的高估更为严重,即资本市场的投资者无法看穿企业进行的归类变更盈余管理行为,从而对这类公司进行了更为错误的定价。

表 7.5 套利检验结果

组合	Shift		Non-shift		Difference
	Mean	SE	Mean	SE	Mean
最低组	0.0243	0.5062	−0.0296	0.4111	−0.0539
最高组	−0.0697**	0.3864	0.0155	0.4438	0.0852*
零投资组合回报	0.0940**	0.5663	−0.0451	0.5889	0.1391**

注：**、*分别表示在5％、10％的显著性水平上显著；Mean 为均值，SE 为标准差，Shift 代表归类变更组，Non-Shift 代表非归类变更组，Difference 代表差异。

2.多元回归方程检验结果

表 7.6 第(1)列显示了模型(7.7)的回归结果。从表中可以看出，核心盈余 CE 的系数为0.0400，且不显著，说明市场对未进行归类变更盈余管理的公司的核心盈余的定价还是比较合理的，也符合预期。而核心盈余 CE 与代表归类变更盈余管理的虚拟变量 $Shift$ 的交互项系数在1％的显著性水平上显著为负，且值为−0.1648。这一结果说明，与未进行归类变更盈余管理的企业相比，进行了归类变更盈余管理的公司在 $t+1$ 期的核心盈余要明显低于资本市场上投资者的预期，从而导致了一个负的股票超额收益率。也就是说，资本市场上的投资者并不能看穿企业的归类变更盈余管理行为，从而对这类公司进行了错误定价，高估了它们的核心盈余，即假说 H7.2 成立。

控制变量方面，账面市值比(BM)的系数在1％的显著性水平上显著为正，说明账面市值比越高，公司股票的超额收益率越大。而营业收入增长率($\Delta Sales$)的系数则在1％的显著性水平上显著为负，这说明营业收入增长率比企业下一期的股票超额收益有负面影响。这可能是因为投资者会高估企业营业收入增长带来的效应，从而进行了错误的定价。此外，现金流市值比(CFO/P)的系数虽然为正，但却并不显著，说明其对股票收益率的影响可能不太明显。

表 7.6 第(2)列是低机构投资者持股比例组的多元回归结果。从表中可以看出，核心盈余 CE 与代表归类变更盈余管理的虚拟变量 $Shift$ 的交互项系数在5％的显著性水平上显著为负，且值为−0.2302。表 7.6 第(3)列是高机构投资者持股比例组的多元回归结果，核心盈余 CE 与代表归类变更盈余管理的虚拟变量 $Shift$ 的交互项系数虽然为负，但却并不显著，其值为−0.0650。为了进一步比较两组中交互项系数有无显著差异，采用费舍尔组合检验，实证结果发现两组交互项系数在10％的显著性水平上存在显著差异。

这一结果说明，机构投资者持股比例较低企业的归类变更盈余管理行为并不能被市场识别,投资者对这类公司进行了错误定价,高估了它们的核心盈余。而当企业的机构投资者持股比例达到一个较高水平后,投资者可以更加正确地对企业的核心盈余进行定价,即使也是偏高的,但误差并不明显。这一结果与上面的预测相符。经验证据表明,一家上市公司的机构投资者持股比例越大,其进行的归类变更盈余管理行为越容易被投资者识别出来,从而市场对核心盈余进行错误定价的可能性越低。因为与个人投资者相比,机构投资者具有更高的专业水平及研究能力,更有可能识别出企业的各种财务风险,包括进行的各种盈余管理操纵。

表 7.6 核心盈余与股票持有到期收益率

变量	(1)	(2)	(3)
	$BHAR_{t+1}$	$BHAR_{t+1}$	$BHAR_{t+1}$
CE_t	0.0400	0.0569	-0.0135
	(0.79)	(0.77)	(-0.16)
$Shift_t$	-0.0092	0.0141	-0.0404
	(-0.65)	(0.69)	(-1.80)
$CE_t \times Shift_t$	-0.1648^{***}	-0.2302^{**}	-0.0650
	(-2.59)	(-2.55)	(-0.64)
BM_t	0.0508^{***}	0.0536^{***}	0.0459^{***}
	(9.21)	(6.78)	(5.53)
$\Delta Sales_t$	-0.0221^{***}	-0.0306^{***}	-0.0288^{**}
	(-2.75)	(-2.68)	(-2.17)
CFO/P_t	0.0565	0.0464	0.0466
	(1.14)	(0.64)	(0.63)
常数项	-0.1412^{***}	-0.2015^{***}	-0.0448
	(-3.32)	(-3.11)	(-0.66)
年度	控制	控制	控制
行业	控制	控制	控制
R^2	0.0324	0.0501	0.0501
N	7158	3305	3305
经验 p 值		0.100^*	

注:***、** 和 * 分别表示在 1%、5% 和 10% 的显著性水平上显著。括号内报告的是 t 值。经验 p 值用于检验组间 $CE_t \times Shift_t$ 系数差异的显著性,通过自体抽样 2000 次得到。

三、稳健性检验

为了进一步检验资本市场投资者是否能识别公司的盈余管理手段,并对这类公司的核心盈余准确定价。在使用持有到期超额收益率进行基本检验的同时,又借鉴饶育蕾等(2012)以及李远鹏和牛建军(2007)的做法,构造了个股的超额收益率(AR)指标和累计超额收益率(CAR)指标进行稳健性检验。同样的,选取当年5月份至次年4月份的这段时间为窗口期,计算这段时期个股考虑分红后再投资的规模调整后年度超额收益率和累计超额收益率。具体的计算步骤和相关公式如下(以下涉及的收益率都考虑了分红后再投资,为表述简洁,将不再重复提及):

①以公司当年4月份最后一个交易日的总市值为规模变量,并以此将公司按规模大小划分为10组。

②计算公司从当年5月份至次年4月份的个股年度收益率。

③按照市值比重大小,计算每一组组内的加权平均年度收益率,计算公式为:组内市值加权年收益率 $= \sum ($个股年收益率$\times$个股期初市值$) / \sum$个股期初市值;

④计算个股年度超额收益率(AR):个股年度超额收益率$=$个股年度收益率$-$组内市值加权年度收益率;

⑤计算个股月度超额收益率,计算方法与步骤①~④相似,只是改为以上个月最后一个交易日的总市值作为规模变量进行分组,且分组每个月变化一次。

⑥计算个股规模调整后的累计超额收益率(CAR),个股累计超额收益率$=$当年5月至次年4月累计的个股月度超额收益。

表7.7第(1)列与第(2)列分别报告了模型(7.7)使用CAR和AR指标作为被解释变量的回归结果,关注的核心变量即CE与Shift的交互项系数在5%的显著性水平上显著为负,且值为-0.0953和-0.1148。这一结果再度验证了假说H7.2,也就是说资本市场上的投资者并不能看穿企业的归类变更盈余管理行为,从而对这类公司进行了错误定价,高估了它们的核心盈余。

表 7.7　核心盈余与股票超额收益率

变量	(1)	(2)
	CAR_{t+1}	AR_{t+1}
CE_t	−0.0020	0.0099
	(−0.05)	(0.22)
$Shift_t$	−0.0057	−0.0145
	(−0.53)	(−1.15)
$CE_t \times Shift_t$	−0.0953**	−0.1148**
	(−1.99)	(−2.03)
BM_t	0.0223***	0.0405***
	(5.37)	(8.19)
$\Delta Sales_t$	−0.0187***	−0.0197***
	(−3.10)	(−2.75)
CFO/P_t	−0.0057	0.0319
	(−0.15)	(0.72)
常数项	−0.0449	−0.0699*
	(−1.40)	(−1.84)
年度	控制	控制
行业	控制	控制
R^2	0.0216	0.0230
N	7158	7004

注:***、**和*分别表示在1%、5%和10%的显著性水平上显著;括号内报告的是 t 值。

第五节　本章小结

国内关于盈余管理的市场反应的研究多局限在应计项目盈余管理,少量文献关注了真实活动盈余管理,但对归类变更盈余管理市场反应的研究几乎还处在空白状态。以提高核心利润为目标的归类变更盈余管理,与应计项目盈余管理相比,更难被察觉;而与真实活动盈余管理相比,它的经济成本显然更低。因此,归类变更盈余管理正成为一种广泛使用的盈余管理手段,但它具有更大的误导性,投资者能否识别更值得关注。

　　本章探讨了归类变更盈余管理会造成核心盈余的不可持续性。进行归类变更盈余管理的公司通过将经常性费用分类为非经常性损失,或者将非经常性收入归到经常性收入的范畴,使企业的核心盈余增加。经常性费用是公司持续经营的结果,在每个会计期间均会产生,非经常性收入只是公司的偶然性收入,下期不一定会发生。所以当期进行了归类变更盈余管理的公司,下期的核心盈余会下降。运用多元回归模型进行了检验,结论表明与未进行归类变更盈余管理的公司相比,进行了归类变更盈余管理的公司,其核心盈余持续性显著降低。在控制了应计盈余管理和真实盈余管理对核心盈余持续性影响后进行再检验,结论依然成立。

　　运用套利检验方法和多元回归方程等多种方法,以个股规模调整持有到期超额收益率($BHAR$)为考察指标,检验了资本市场上的投资者对企业进行归类变更盈余管理会有何种反应。研究发现:资本市场的投资者由于无法识别出该种盈余管理,会对归类变更公司的核心盈余进行错误定价,即进行归类变更盈余管理公司的核心盈余被高估。套利检验通过对归类变更公司和非归类变更公司都买入核心盈余最低的组,卖出核心盈余最高的组,构造零投资组合,然后观察两类公司的组合回报差异。实证结果表明,投资者对归类变更公司核心盈余存在高估现象。以 $BHAR$ 为被解释变量进行多元回归,结论表明 $t+1$ 年的回报与 t 年归类变更盈余管理公司的核心盈余呈显著的负相关关系,再次证明了投资者高估了归类变更公司的核心盈余,即投资者没有看穿公司的归类变更盈余管理。为了使得结果更加稳健,进一步运用经规模调整后的个股超额收益率进行再检验,结论一致。

　　根据机构投资者持股比例进行了归类变更盈余管理与市场定价关系的异质性分析。机构投资者持股比例较低企业的归类变更盈余管理行为并不能被市场识别,投资者对这类公司进行了错误定价,高估了它们的核心盈余。而当企业的机构投资者持股比例达到相对较高的水平后,投资者对企业核心盈余误定价现象不显著。

第八章 归类变更盈余管理与信贷资源配置

　　《中国金融行业发展报告(2016)》指出,截至 2016 年上半年,社会融资规模增量中,人民币贷款占比 76.7%,非金融企业境内债券和股票合计融资占比 24.0%。贷款是企业融资的主要渠道,而信贷资源配置的合理性直接影响企业的发展。

　　银行在进行信贷决策时会关注企业的财务信息,而盈余管理降低了会计信息质量,银行对于企业会计信息质量的判断能力尤为重要。基于美国等发达国家资本市场的研究表明,对于信息披露质量较低(Sengupta,1998)、盈余管理程度较高(Francis et al.,2005;Bharath et al.,2008)、会计稳健性较低(Beatty et al.,2002;Zhang,2008)以及财务报告有重述(Graham et al.,2008)的企业,银行会采取提高借款利率、调整期限结构、提高担保要求和限制条款等措施降低贷款风险。这表明美国等发达国家的银行具有识别会计信息质量的一定能力。国内已有学者研究了盈余管理对信贷融资的影响,部分学者发现,应计盈余管理掩盖了公司真实业绩,损害了会计信息的债务契约有用性(陆正飞等,2008),银行无法识别上市公司会计信息中包含的操纵性应计利润,导致这些企业信贷规模扩大(马永强等,2014;周德友,2015),信贷融资成本降低(周德友,2015)。马永强等(2014)将盈余管理的方式拓展至真实盈余管理,并发现了上市公司同时使用这两种盈余管理以增加信贷规模的证据。也有部分学者认为,银行能够在一定程度上识别盈余管理。应计项目盈余管理水平越高,银行借款需要担保的比例越高(刘浩等,2010;刘文军和曲晓辉,2014;周德友,2015)。对于我国银行识别盈余管理的能力,既有研究并未得出一致的结论。本章在已有文献的基础上,将企业的盈余管理行为延伸至更为隐蔽的归类变更,考察归类变更盈余管理对信贷资源配置的影响。

　　本章分析了归类变更盈余管理影响信贷资源配置的机理,归类变更的隐蔽性再加上银企间信息不对称及政府干预削弱了银行的监督效应,以提高核心利润为目的的归类变更盈余管理会误导银行基于企业核心盈余考量的长期贷款决策。使用2007—2015年我国沪深A股上市公司的样本数据进行检验,研究发现,归类变更盈余管理与企业的新增长期借款正相关。归类变更盈余管理对企业获得长期借款的促进作用受到企业政治关联及地区金融业市场化水平的影响。对于具有政治关联的企业,归类变更盈余管理能够增加长期银行借款。而金融业市场化存在正反两方面的影响,一方面,市场化的推进降低了信息不对称和政府对银行信贷决策的干预,在一定程度上提高了银行对归类变更盈余管理的识别能力;另一方面,市场化也伴随着银行业竞争的加剧,对银行的监督效应产生了负面影响。

与既有研究相比,本章的贡献主要在于:第一,将盈余管理与信贷资源配置的研究首次拓展至归类变更盈余管理行为,检验了银行对其识别的能力,得出了归类变更盈余管理会导致银行长期借款资源错配的结论;第二,已有文献主要基于产权性质、企业家参政角度考察政治关联对信贷资源配置的影响,本章把企业获得政府补贴的程度作为政企关系进行异质性检验,丰富了对于政治关联的解读;第三,发现金融业市场化对银行的监督效力并非仅存在单一的促进作用,市场化推进下银行业竞争加剧反而产生了负面影响,拓展了市场化异质性分析的研究。

第一节　归类变更盈余管理影响信贷资源配置的机理

归类变更盈余管理美化了作为银行信贷决策基本依据的财务指标,而信息不对称、归类变更的隐蔽性及基层银行没有直接的信贷决策权等因素限制了银行的识别能力,再加上政治关联、银行业过度竞争削弱了银行识别财务指标真实性的动力,因此,归类变更盈余管理会引发信贷资源的错配。图8.1展示了归类变更盈余管理影响信贷资源配置的机理。

一、归类变更美化了信贷决策相关的财务指标

会计信息是银行了解企业经营情况的主要信息来源,有助于银行辨别企业潜在的违约风险,是影响银行信贷决策的主要因素之一。不同会计科目包含的信息价值不同,作为企业的"大贷款人",银行对不同会计科目也赋予了不同关注,饶艳超和胡奕明(2005)通过对银行信贷人员的问卷调查发现,由

于主营业务更能够反映企业实际的经营状况,银行对企业主营业务的收入及利润更为重视。较高的经常性损益有助于提升银行对企业核心盈利能力的评价,因此,企业有强烈的动机增大经常性损益,以获取更多的信贷资源。

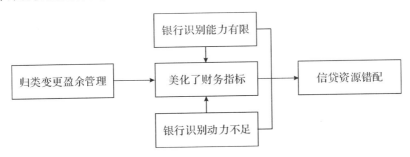

图 8.1 归类变更盈余管理影响信贷资源配置的机理

　　银行在信贷决策时运用各项体现公司经营管理好坏的财务指标,并与公司所在的行业水平对比,以判断公司的经营风险及发展能力。主要的财务分析框架可以总结为图 8.2,从总资产净利率的评价出发,分解至销售净利率与总资产周转率,再分别追查至各种成本费用率与各种具体资产的周转率,层层深入,全面了解企业。但是一旦公司出现了归类变更盈余管理,将经常性成本与费用转移至非经常性损失,将非经常性收入转入经常性收入,这些绩效分析框架的财务指标都有可能被美化,诱使银行高估企业经营状况和盈利能力。归类变更盈余管理与财务指标的关系如表 8.1。

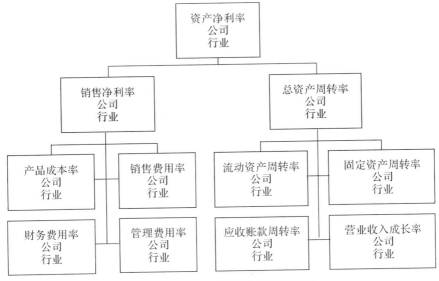

图 8.2 经营绩效财务指标分析框架

表 8.1　归类变更盈余管理对主要财务指标的影响

指标	内涵	收入归类变更的影响	成本费用归类变更的影响
资产净利率	净利润/总资产 扣非后净利润/总资产	不变 上升	不变 上升
销售净利率	净利润/营业收入 扣非后净利润/营业收入	下降 上升	不变 上升
产品成本率	营业成本/营业收入	下降	下降(营业成本转移)
管理费用率	管理费用/营业收入	下降	下降(管理费用转移)
销售费用率	销售费用/营业收入	下降	下降(销售费用转移)
财务费用率	财务费用/营业收入	下降	下降(财务费用转移)
总资产周转率	营业收入/总资产	上升	不变
流动资产周转率	营业收入/流动资产	上升	不变
固定资产周转率	营业收入/固定资产	上升	不变
应收账款周转率	营业收入/应收账款	上升	不变
营业收入成长率	营业收入(本年－上年)/上年营业收入	上升	上升

　　从表 8.1 可以看出,归类变更盈余管理能够美化主要的财务指标。而收入归类变更比费用归类变更更容易实现美化的目标,费用归类变更能否带来营业成本率、管理费用率、销售费用率及财务费用率的下降,取决于是否直接转移了对应的成本费用,这也进一步说明了第四章检验发现公司普遍存在收入归类变更,而特殊动机的公司同时存在收入与费用的归类变更的结论。另外,扣非后的财务指标表面上减少了水分,但归类变更盈余管理的存在反而会美化扣非后的财务指标。周夏飞和魏炜(2015)提出,企业可能在真实提高非经常性损益之后,再通过归类变更的手段提高核心盈余,取得净利润和扣非后净利润双双提升的收益。相较于真实提高主营业务的盈利能力,归类变更盈余管理具有操作更灵活、成本更低廉的优势,成为企业美化财务报表的重要方式。然而,隐瞒了真实情况的财务数据会造成银行的判断偏差和错误的信贷决策。

　　银行发放短期借款和长期借款的决策依据存在差异。企业需要短期借款主要出于流动性资金的需求,短期债务的增加往往意味着短期资金紧缺,流动性风险升高。银行的短期贷款决策更看重企业的流动性等短期偿债能力。而长期借款则与企业长期盈利能力有关,银行作为债权人,其发放贷款的期限越长,银企之间的信息不对称程度越大,扩大了银行所需承担的企业违约风险。因此,相比于短期借款,长期借款对企业财务状况的敏感度更强(胡奕明等,2006),银行更偏好给资信等级更高的企业发放长期借款。为了保证企业在到期时有足够的现金流以偿还债务,银行的长期贷款决策更依赖企业的盈利能力和成长性。营业收入、核心盈余具有较强的稳定性,能够产生持续性现金流,是银行评判企业未来盈利能力和偿债能力的基础,因而银行在进行长期贷款决策时,对营业收入及核心利润等相关的财务指标关注度更高。因此,归类变更盈余管理主要影响银行的长期信贷决策,而对于短期信贷决策并没有显著的影响。

二、银行识别归类变更盈余管理的能力分析

根据信息风险理论,信贷市场上的信息不对称是形成信息风险的主要原因,由此衍生了企业管理者的逆向选择和企业道德风险,会严重影响信贷资源配置的效率。较普通债权人而言,银行更可能获得企业的非公开信息,在处理企业的经营和财务信息时具有规模优势,其收集和处理信息的成本较低,能更有效地减轻信息不对称带来的负面影响,形成"大贷款人监督"效应(Bharath et al.,2008;胡奕明等,2005、2008;孙会霞等,2013)。相比于股东而言,银行更关注的是债务人能否在到期日偿还借款,要求企业在会计信息的处理上持续谨慎,采用更为稳健的会计政策,避免对资产和利润的高估,以控制信贷风险,维护银行自身权益。当企业隐瞒了与风险评价相关的不利信息时,银行会要求更高的风险溢价,提高企业的信贷成本或者拒绝贷款。银行的高强度监管能够有效降低企业内部的代理问题,从而成为一种公司外部治理机制。

然而,银行对公司的治理作用能否发挥取决于银行对公司财务信息的判别能力。对于银行识别盈余管理的能力,已有研究使用不同国家或地区的数据进行了实证检验。基于美国信贷市场的研究发现,银行对企业的应计项目盈余管理行为具有一定的识别能力,银行通过提高贷款利率和担保要求,以及缩短期限结构等方式降低企业的违约风险(Francis et al.,2005;Bharath et al.,2008)。然而,Mafrolla et al.(2017)在对意大利等国的中小私营企业的研究中发现,应计项目盈余管理有助于增加企业的信贷规模。对于我国银行识别应计项目盈余管理的能力,不同学者持有不同观点。陆正飞等(2008)和马永强等(2014)认为,我国银行通常无法识别上市公司的应计项目盈余管理

行为,降低了会计信息的债务契约有用性;而刘浩等(2010)、刘文军和曲晓辉(2014)、周德友(2015)则发现我国银行具有一定的识别能力。上述文献表明,我国银行对于会计信息质量的解读能力仍存在较大局限。已有研究指出,我国银行贷款审批权力的上收削弱了"大贷款人监督效应"(陆正飞等,2008;马永强等,2014)。自1998年银行业"垂直管理体制"改革以来,一笔贷款必须经过"一级支行—二级分行——一级分行—总行"的四级审批程序。贷款审批权向上级集中,本是为了缓解银行内部人控制严重、代理成本高的问题,但由于支行更为了解借款企业的经营和财务信息,繁杂、僵化的审批流程降低了信息流通的效率,上级信贷审批部门对企业会计信息质量的掌握程度低于与客户直接接触的支行,反而导致监督受限。

从归类变更盈余管理的自身特性来看,由于收入和费用在会计账户中的归类存在一定主观性,增加了银行辨别其真实来源的障碍,因此较应计项目和真实活动盈余管理而言,归类变更盈余管理更难以被识别。第七章的研究已证明市场并不能有效识别归类变更盈余管理,归类变更会引致核心盈余与未来股票收益率负相关的异象。由于较强的政企关系及政府对银行信贷的干预(下文异质性分析中进一步探讨),再加上信贷审批链条过长等因素,我国银行对企业财务信息真实性关注的动力与能力不足,已经有较多的文献研究表明,银行监督应计项目和真实活动盈余管理的能力有限(陆正飞等,2008;马永强等,2014;周德友,2015),因此识别隐蔽性更大的归类变更盈余管理的可能性更低。

三、银行识别归类变更盈余管理的动力分析

影响归类变更识别动力的因素是银行业的过度竞争。伴随着我国银行业市场化改革的不断推进,股份制商业银行、城市商业银行和农村商业银行大量涌现,外资银行涌入国内市场,国有四大银行的垄断地位逐步减弱,银行结构体系呈现多样化趋势,银行业竞争不断加剧。银行业的垄断降低了企业信贷的可得性,放宽银行业竞争有助于降低企业对某一家银行的依赖度,拓宽了企业寻求债务融资的渠道,能够有效降低企业的信贷融资约束。然而,银行业竞争不利于银行与企业建立长期稳定的信贷联系,银行难以使用多种契约工具来甄别客户资质和信用,减少了私有信息的获取(蔡竞和董艳,2016;方芳和蔡卫星,2016);为争夺客户资源,银行不得不降低对客户信息的筛选标准和对信息透明度的要求,降低贷款监督的力度。银行业竞争带来的信息不对称和贷款条件的放松,给予了企业进行盈余操纵的空间。

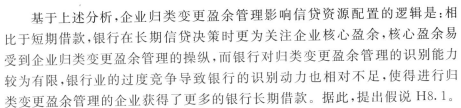

基于上述分析,企业归类变更盈余管理影响信贷资源配置的逻辑是:相比于短期借款,银行在长期信贷决策时更为关注企业核心盈余,核心盈余易受到企业归类变更盈余管理的操纵,而银行对归类变更盈余管理的识别能力较为有限,银行业的过度竞争导致银行的识别动力也相对不足,使得进行归类变更盈余管理的企业获得了更多的银行长期借款。据此,提出假说H8.1。

H8.1:归类变更盈余管理使企业获得了更多的长期借款,而对短期借款没有显著影响。

第二节 归类变更盈余管理、政治关联与信贷资源配置

政治关联降低了银行在信贷决策时对企业财务状况及归类变更盈余管理的关注。一方面,政治关联企业的风险相对较低。政治关系作为一种声誉机制,意味着企业拥有政府的隐性担保,当陷入财务困境时,政府补助能够保证贷款的偿还,降低银行对其违约的预期成本(Faccio et al.,2006;孙铮等,2005、2006;方军雄,2007)。政治关联企业面临的经营风险较低,因而银行会放松对其的风险控制。而非政治关联企业没有政府的担保支持,银行所需承担的信贷风险较高,出于谨慎原则,银行更为关注企业自身资质和信用,强化监督效应,因而提升了对归类变更盈余管理的识别能力。另一方面,从银行角度来看,将信贷资源配置给具有政治关联的企业,有助于银行与政府之间建立联系,获得政治收益,因此,对于政治关联企业,银行也会主动放松审查包括归类变更盈余管理在内的财务信息真实性的力度,对于在风险控制范围内的归类变更行为更是采取“睁一只眼闭一只眼”的态度。而我国企业的政治关联比较普遍,由此导致识别归类变更盈余管理的动力不足。

在银行信贷资源配置的过程中,企业政治关联的影响引起了众多学者的广泛讨论。政治关联企业的债务融资门槛较低,信贷资源倾斜现象严重(孙铮等,2005;方军雄,2007、2010;张敏等,2010)。Cull & Xu(2005)发现企业通过贿赂政府官员,建立政治关联以获得更多的银行贷款。Faccio et al.(2006)发现政治关联能够帮助企业获得更多的政府救助和银行贷款。余明桂和潘红波(2008)分析了董事、高管政治关联对民营企业信贷融资能力的影响,研究发现政治关系能帮助企业扩大银行贷款规模,延长银行贷款期限。宋增基等(2014)从民营企业家参政的角度,发现含有国有股权的民营控股企业比未含有国有股权的民营企业在信贷规模和期限结构上得到更多的优惠,且国有股权和民营企业家参政两种政治关联在一定程度上存在替代效应。

陈耿等(2015)认为,企业违约风险是影响银行信贷决策的重要因素,银行缩短非国有企业的借款期限结构,以提高风险监控,形成了"所有权歧视"。

正如前文所述,政治关联降低了银行信贷风险,激发了银行对政治利益的诉求,淡化了银行的监督意愿和对归类变更盈余管理的识别能力。而对于非政治关联企业而言,由于没有政府的隐性担保,难以得到政府支持,银行缺乏"讨好"的动力,从而加强了风险控制。因此相较于非政治关联企业而言,银行对政治关联企业归类变更盈余管理的识别动力相对不足,提出假说 H8.2。

H8.2:对于政治关联企业,归类变更盈余管理能够使企业获得更多的长期借款,而对于非政治关联企业,归类变更盈余管理使企业获得长期借款的效应受到限制。

第三节　归类变更盈余管理、金融市场化与信贷资源配置

地区金融业市场化的推进有助于银行信贷决策的市场化。金融业市场化水平的提高,对提升银行监督能力有两方面的作用:一是缓解信息不对称,提高银行的监督能力;二是降低政府对银行信贷决策的直接干预,提高银行的监督意愿。两者共同作用,使得在金融业市场化总体程度较高地区,银行对企业归类变更盈余管理具有一定的识别能力。

首先,金融业市场化程度的提高,加强了信息透明度,有利于银行扩大信息搜集面,深化对会计信息的解读力度,提升银行作为"大贷款人"的监督效力。归类变更盈余管理尽管在表面上粉饰了核心盈余,但并没有改善企业真正的经营与盈利能力。信息不对称的降低有利于银行深入分析企业的财务状况,加强对归类变更盈余管理的识别能力,从而优化银行风险控制力度以及债务契约的完备性。其次,金融业市场化程度的提高也有助于增加银行决策的自主性。我国政府对银行业的长期垄断,使得政府可能直接参与银行信贷决策过程,信贷资源分配更可能按照政府意愿而非市场效率(孙铮等,2005;方军雄,2007;白俊和连立帅,2012)。在金融业市场化水平较低的地区,政府对银行的干预较多,信贷决策自主性较低,债务契约难以充分体现企业自身的财务状况,信贷自主决策权的剥夺也削弱了银行分析企业财务状况的动力。随着金融业市场化水平的推进,银行决策独立性增强,一方面提高了银行优化债务契约的动力,加强了评估会计信息质量和识别归类变更盈余管理的意愿;另一方面减轻了政府干预,使得银行能够根据效率原则以签订债务契约。

金融业市场化降低了信息不对称程度,减少了政府对银行信贷决策的干预,

强化了银行对企业的监督力度,有利于信贷配置向市场化演进,限制了归类变更盈余管理扩大企业长期借款的效果。然而金融业市场化也存在一定的负面效应,市场化的推进增加了银行业竞争,引发银行争夺客户资源、减少长期信贷关系,限制了银行的"大贷款人监督"。银行业过度竞争降低了贷款利率,然而却又损害了信贷资源配置的效率,恶化贷款质量。Leon(2015)基于 69 个新兴市场国家的研究发现,银行业竞争降低了贷款审批标准,企业申请贷款被拒绝的可能性逐渐降低。沈红波等(2011)研究指出,长期银行借款对盈余稳健性的监督作用随着银行业竞争程度的升高而减弱。正如前文所述,银行业过度竞争迫使银行放宽了对于会计信息质量的要求,不利于银行识别企业的归类变更盈余管理行为,损害了银行信贷决策效率,而在银行业集中度相对较高的地区,银行并不需要降低贷款门槛以应对激烈的同业竞争,对归类变更的识别力度相对更强。

基于以上分析,金融业市场化对银行的识别能力并非存在单一性影响,提出假说 H8.3。

H8.3:在金融业市场化程度低的地区,归类变更盈余管理使企业获得了更多长期借款;而在金融业市场化程度高的地区,归类变更的效应受到限制。

H8.3a:在信贷资金分配市场化低的地区,归类变更盈余管理使企业获得了更多长期借款;而在信贷资金分配市场化程度高的地区,归类变更的效应受到限制。

H8.3b:在银行业竞争程度高的地区,归类变更盈余管理使企业获得了更多长期借款;而在银行业竞争程度低的地区,归类变更的效应受到限制。

第四节 研究设计

一、样本选择与数据来源

以 2007—2015 年我国沪深主板上市公司为研究样本。由于金融业上市公司同时扮演了提供和获取信贷的角色,因此在样本中剔除了金融业上市公司。随后对样本还进行了以下处理:(1)剔除财务数据不稳定的新上市公司、中小板和创业板上市公司;(2)剔除财务数据较为异常的所有 ST 和﹡ST 公司;(3)剔除财务数据缺失的公司;(4)为减少异常值的影响,对所有连续变量在 1% 上进行 Winsorize 缩尾处理,最后得到 6748 个样本观察值,公司财务数据均来源于国泰安 CSMAR 数据库。

二、主要变量解释

1.信贷资源配置

本章主要研究归类变更盈余管理对信贷规模的影响。以银行借款 $Loan_t$ 作为被解释变量,具体分为新增长期借款($Longloan_t$)、新增短期借款($Shortloan_t$)和银行借款期限结构($Structure_t$)。其中,新增长期借款($Longloan_t$)用当年年末长期借款与一年内到期非流动负债之和减去上一年度年末长期借款衡量,并用期初总资产进行标准化;新增短期借款($Shortloan_t$)使用调整当年偿还的短期借款后的短期借款增加量,具体计算方式为:(当年年末短期借款－上年年末短期借款＋当年偿还债务支付的现金－上年年末一年内到期的非流动负债)/当年期初总资产,同时,还使用银行借款期限结构($Structure_t$)来进一步佐证归类变更盈余管理促进企业获得长期银行借款的作用,使用本年长期借款与银行借款总额之比来表示。

2.归类变更盈余管理

归类变更盈余管理为主要解释变量,使用 McVay(2006)的模型,具体模型如(8.1):

$$CE_t = \alpha_0 + \alpha_1 CE_{t-1} + \alpha_2 ATO_t + \alpha_3 Accrual_t + \alpha_4 Accrual_{t-1} +$$
$$\alpha_5 \Delta Sales_t + \alpha_6 Neg\Delta Sales_t + \varepsilon_t \tag{8.1}$$

其中,CE_t 为核心盈余,根据张子余和张天西(2012)的定义;ATO_t 为净经营资产周转率;$Accrual_t$ 和 $Accrual_{t-1}$ 为应计利润及其滞后项;$\Delta Sales_t$ 为营业收入增长率;当 $\Delta Sales_t$ 为负时,$Neg\Delta Sales_t$ 等于 $\Delta Sales_t$,否则取 0,相关变量的具体解释见第四章。对上述模型分行业分年度进行回归,得到的残差即为异常核心盈余 $UNCE_t$,作为衡量归类变更盈余管理的变量。

3.应计项目盈余管理

为了更好地考察公司整体的盈余管理策略对信贷资源配置的影响,将应计项目盈余管理和真实活动盈余管理纳入模型,作为控制变量。应计项目盈余管理水平采用修正的 Jones 模型(Dechow,1995),具体模型如(8.2)。

$$\frac{TA_t}{A_{t-1}} = \alpha_1 \frac{1}{A_{t-1}} + \alpha_2 \frac{\Delta REV_t - \Delta REC_t}{A_{t-1}} + \alpha_3 \frac{PPE_t}{A_{t-1}} + \varepsilon_t \tag{8.2}$$

其中,TA_t 为剔除了金融损益的经营性应计利润,剔除了金融损益的经营性应计利润＝营业利润＋财务费用－公允价值变动损益－投资收益－经营活动现金净流量;A_{t-1} 为期初总资产;ΔREV_t 为营业收入变化量;ΔREC_t 为应收账款变化量;PPE_t 为年末固定资产。将上述模型分行业分年度进行回归,得到的残差即为应计项目盈余管理水平 DA_t。

4. 真实活动盈余管理

沿用 Roychowdhury（2006）的模型，使用异常经营活动现金流（$CFOEM_t$）、异常生产成本（$PRODEM_t$）和异常酌量性费用（$DISEXPEM_t$）衡量，将 $RM_t = PRODEM_t - CFOEM_t - DISEXPEM_t$ 作为衡量总体真实活动盈余管理程度的变量。具体内涵与估计参照第四章相关内容。

三、模型设计

为检验归类变更对银行借款的影响，建立模型（8.3），并预期当被解释变量为新增长期借款和银行借款期限结构时，α_1 为正；当被解释变量为新增短期借款时，α_1 为负。

$$Loan_t = \alpha_0 + \alpha_1 UNCE_{t-1} + \alpha_2 DA_{t-1} + \alpha_3 RM_{t-1} + \sum \beta_j Control_{j,t-1} +$$

$$\sum Year + \sum Industry + \varepsilon_t \qquad (8.3)$$

由于银行在信贷决策时基于企业的历史财务数据，将解释变量和除股权再融资及年度、行业虚拟变量以外的控制变量都滞后一期进行回归分析，这一方法同时缓和了归类变更盈余管理与信贷资源配置之间的内生性问题。解释变量 $UNCE_{t-1}$ 为上一年度归类变更盈余管理变量，使用 McVay（2006）的模型得到。同时，为了更好地考察公司整体的盈余管理策略对信贷资源配置的影响，模型（8.3）中同时控制了应计项目盈余管理（DA_{t-1}）和真实活动盈余管理（RM_{t-1}）。$\sum \beta_j Control_{j,t-1}$ 为一系列控制变量。根据上述理论分析，会计信息是银行信贷决策的重要基础，银行在签订债务契约时较为注重企业的盈利、现金流和负债状况：企业盈利能力越强，越容易获得长期借款，而亏损企业可能更容易受到银行的歧视对待；根据融资优序理论，企业经营产生的现金流越能够满足其投资发展的需要，对于外源融资的依赖度越低；企业资产负债率较高，意味着其权益性资本较少，对债务融资的依赖度更强。因此，将盈利能力（ROA_{t-1}）、筹资现金流需求（$FCFI_{t-1}$）和资产负债率（Lev_{t-1}）纳入控制变量。白俊和连立帅（2012）指出，有形资产尤其是固定资产越高，意味着债务担保能力越强，获得银行借款的能力越强，使用固定资产比例（FA_{t-1}）以控制企业的债务担保能力。此外，还选择与信贷规模相关的会计信息常规变量：财务状况（Z_score_{t-1}）、利息保障倍数（$Incov_{t-1}$）、债务成本（$Debtcost_{t-1}$）和公司规模（$Size_{t-1}$）。在公司治理方面，加入审计意见（$Audit_{t-1}$）、股权再融资（$Finance_t$）、二职兼任（$Duality_{t-1}$）、独立董事比例（$Indep_{t-1}$）。为了控制不同年份和行业所带来的影响,在模型中还加入年份虚拟变量和行业虚拟变量。变量具体定义和说明如表 8.2 所示。

表 8.2　变量定义说明

变量名称	变量符号	变量定义
被解释变量		
新增长期借款	*Longloan*	(本年年末长期借款＋一年内到期非流动负债－上一年度年末长期借款)/期初总资产
新增短期借款	*Shortloan*	(本年年末短期借款－上年年末短期借款＋本年偿还债务支付的现金－上年年末一年内到期的非流动负债)/本年期初总资产
银行贷款期限结构	*Structure*	本年长期借款/银行借款总额
解释变量		
归类变更盈余管理	*UNCE*	使用 McVay(2006)的模型得到
应计项目盈余管理	*DA*	采用修正的 Jones 模型(Dechow,1995)得到
真实活动盈余管理	*RM*	采用 Roychowdhury(2006)的模型得到
盈利能力	*ROA*	息税前利润/平均总资产
筹资现金流需求	*FCFI*	经营活动现金净流量＋投资活动现金净流量
财务状况	*Z_score*	由 Altman(1968)Z_score 模型计算而得
资产负债率	*Lev*	总负债/总资产
利息保障倍数	*Incov*	息税前利润/财务费用
固定资产比率	*FA*	固定资产/总资产×100%
公司规模	*Size*	总资产的自然对数
债务成本	*Debtcost*	利息支出/平均银行借款总额
审计意见	*Audit*	当审计意见为标准无保留意见时等于1,否则等于0
股权再融资	*Finance*	倘若公司存在增发或配股行为时取1,否则为0
两职兼任	*Duality*	倘若董事长和总经理是同一人时取1,否则为0
独立董事比例	*Indep*	独立董事人数/董事会总人数
年度虚拟变量	*Year*	
行业虚拟变量	In*dustry*	

　　从产权性质和政府补助两个角度检验政治联系对归类变更提高新增长期银行借款的差异性影响。已有文献广泛讨论了产权性质是引致信贷歧视的主要原因,国有企业具有更多的政治关系和政府支持而能在信贷资金配置中占据优势(孙铮等,2006;方军雄,2007、2010;刘运国等,2010;白俊和连立帅,2012;苟琴等,2014)。因此首先以产权性质作为政治关联的代理变量,建立模型(8.4)。同时,政府补助也是政府干预企业的重要手段,为官员寻租和高管谋取私利留下了较大的空间。余明桂等(2010)指出,政治关联企业受到政府补助的可能性更高。为了进一步从政府补助角度考察政治关联,建立模型(8.5)。

$$Longloan_t = \alpha_1 SOE_{t-1} + \alpha_2 NSOE_{t-1} + \alpha_3 SOE_{t-1} \times UNCE_{t-1} +$$
$$\alpha_4 NSOE_{t-1} \times UNCE_{t-1} + \alpha_5 DA_{t-1} + \alpha_6 RM_{t-1} +$$
$$\sum \beta_j Control_{jt-1} + \sum Year + \sum Industry + \varepsilon_t \qquad (8.4)$$

$$Longloan_t = \alpha_1 GSub_{t-1} + \alpha_2 NGSub_{t-1} + \alpha_3 GSub_{t-1} \times UNCE_{t-1} +$$
$$\alpha_4 NGSub_{t-1} \times UNCE_{t-1} + \alpha_5 DA_{t-1} + \alpha_6 RM_{t-1} +$$
$$\sum \beta_j Control_{j,t-1} + \sum Year + \sum Industry + \varepsilon_t \qquad (8.5)$$

　　模型(8.4)与模型(8.5)分别考察产权性质差异与政府补助差异对归类变更盈余管理与长期贷款配置关系的影响。模型(8.4)与模型(8.5)中设立了双重虚拟变量,以直接考察对于不同类型或地区的企业,归类变更盈余管理对银行长期借款的影响。具体而言,模型(8.4)中,SOE_{t-1}为国有企业虚拟变量,$NSOE_{t-1}$则为非国有企业虚拟变量。当企业为国有企业时,SOE_{t-1}等于1,$NSOE_{t-1}$等于0;当企业为非国有企业时,SOE_{t-1}等于0,$NSOE_{t-1}$等于1。交互项$SOE_{t-1} \times UNCE_{t-1}$和$NSOE_{t-1} \times UNCE_{t-1}$分别考察了归类变更对于国有企业和非国有企业获得长期银行借款能力的影响。模型(8.5)中,将企业于$t-1$年获得政府补助认定为具有政治关联,获得政府补贴的企业,$GSub_{t-1}$取1,$NGSub_{t-1}$取0;未获得政府补贴的企业,$GSub_{t-1}$取0,$NGSub_{t-1}$取1。交互项$GSub_{t-1} \times UNCE_{t-1}$和$NGSub_{t-1} \times UNCE_{t-1}$分别考察了归类变更对于有政府补贴企业和没有政府补贴企业获得长期银行借款能力的影响。

　　在对于金融业市场化的异质性分析中,以樊纲、王小鲁和朱恒鹏编著的《中国市场化指数——各地区市场化相对进程2011年报告》中"金融业的市场化"指数,衡量不同地区金融业市场化程度高低,建立模型(8.6),以考察金融业的总体市场化程度对归类变更盈余管理促进信贷获取的影响。由于"金融业的市场化"下分"金融业的竞争"和"信贷资金分配的市场化"两个细分指标,其中"信贷资金分配的市场化"用金融机构非国有贷款比重衡量,反映了市场调节信贷资金分配的能力,金融业市场化程度越高,信贷资金分配结构与产出结构的趋同性理应越强,使用该指标建立模型(8.7),作为金融业市场化异质性分析的延伸考察。"金融业的竞争"则体现了金融业市场化的另一方面,反映了非国有金融机构占据的市场份额,樊纲等(2011)使用非国有金融机构吸收存款占全部金融机构吸收存款的比例来衡量地区金融业的竞争强度。以"金融业的竞争"指标,考察金融业市场化过程中银行业竞争的负面影响(巫岑等,2016),建立模型(8.8)。模型(8.6)、模型(8.7)及模型(8.8)分别考察了金融业市场化差异、信贷资金分配的市场化差异以及金融业竞争差异对归类变更盈余管理与长期贷款配置关系的影响。

$$
\begin{aligned}
Longloan_t = {} & \alpha_1 Mkt\_high_{t-1} + \alpha_2 Mkt\_low_{t-1} + \alpha_3 Mkt\_high_{t-1} \times \\
& UNCE_{t-1} + \alpha_4 Mkt\_low_{t-1} \times UNCE_{t-1} + \\
& \alpha_5 DA_{t-1} + \alpha_6 RM_{t-1} + \sum \beta_j Control_{jt-1} + \\
& \sum Year + \sum Industry + \varepsilon_t
\end{aligned} \tag{8.6}
$$

$$
\begin{aligned}
Longloan_t = {} & \alpha_1 Credit\_high_{t-1} + \alpha_2 Credit\_low_{t-1} + \alpha_3 Credit\_high_{t-1} \times \\
& UNCE_{t-1} + \alpha_4 Credit\_low_{t-1} \times UNCE_{t-1} + \alpha_5 DA_{t-1} + \\
& \alpha_6 RM_{t-1} + \sum \beta_j Control_{jt-1} + \sum Year + \\
& \sum Industry + \varepsilon_t
\end{aligned} \tag{8.7}
$$

$$
\begin{aligned}
Longloan_t = {} & \alpha_1 Comp\_high_{t-1} + \alpha_2 Comp\_low_{t-1} + \alpha_3 Comp\_high_{t-1} \times \\
& UNCE_{t-1} + \alpha_4 Comp\_low_{t-1} \times UNCE_{t-1} + \\
& \alpha_5 DA_{t-1} + \alpha_6 RM_{t-1} + \sum \beta_j Control_{jt-1} + \\
& \sum Year + \sum Industry + \varepsilon_t
\end{aligned} \tag{8.8}
$$

模型(8.6)区分了地区金融业市场化程度,由于樊纲等(2011)编制的"金融业的市场化"指数仅到 2009 年,参考张璇等(2016)的方法,使用 2009 年的"金融业的市场化"指数,以中位数将 31 个省市划分为金融业市场化高(Mkt_high_{t-1})和金融业市场化低(Mkt_low_{t-1})的两组,当 $t-1$ 年企业办公所在地位于金融业市场化程度高的省(市)时,Mkt_high_{t-1} 取 1,Mkt_low_{t-1} 取 0;当 $t-1$ 年企业办公所在地位于金融业市场化程度低的省(市)时,Mkt_low_{t-1} 取 1,Mkt_high_{t-1} 取 0。交互项 $Mkt\_high_{t-1} \times UNCE_{t-1}$ 和 $Mkt\_low_{t-1} \times UNCE_{t-1}$ 分别考察了在高金融业市场化程度和低金融业市场化程度的地区,归类变更对企业获得长期银行借款能力的影响。与金融业市场化程度高低的划分方法相同,在模型(8.7)中区分了位于高信贷资金分配市场化地区

($Credit\_high_{t-1}$)和低信贷资金分配市场化地区($Credit\_low_{t-1}$)的企业,在模型(8.8)中区分了位于高金融业竞争地区($Comp\_high_{t-1}$)和低金融业竞争地区($Comp\_low_{t-1}$)的企业,分别对"信贷资金分配的市场化"和"金融业的竞争"进行异质性分析。

第五节　实证检验与结果分析

一、归类变更盈余管理影响信贷资源配置

1.描述性统计

表 8.3 报告了描述性统计结果。新增长期借款($Longloan$)的平均值为 0.045,远小于新增短期借款($Shortloan$)的平均值为 0.241,由于短期借款可以让银行有更多的主动权,更为及时地关注企业相关信息,高频次的监管降低了银行所面临的风险,而我国银行的长期信贷决策更需要银行在放贷前对企业会计信息进行深入和严密的考察,鉴于我国银行监管能力较低的事实,银行更偏好使用短期借款,而对长期信贷的决策更为慎重。$Longloan$ 标准差为 0.096,$Shortloan$ 标准差为 0.252,说明不同企业之间获取长期和短期银行借款的能力存在较大差异。两者的最小值均出现负数,说明并非所有企业在每年都能获得长期或短期银行借款。从期限结构上来看,$Structure$ 均值为 0.404,表明平均而言,企业约有 40% 的银行借款为长期借款;最小值为 0,最大值为 1,表明存在部分企业的银行存款全部为短期借款或全部为长期借款的现象。解释变量归类变更盈余管理 $UNCE$ 的平均值为 0.001,最小值为 −1.060,最大值为 1.079,说明不同企业之间归类变更盈余管理的程度存在较大的差异。

表 8.3　主要变量描述性统计

变量	样本数	平均值	中位数	标准差	最小值	最大值
$Longloan$	6748	0.045	0.008	0.096	−0.086	0.657
$Shortloan$	6748	0.241	0.183	0.252	−0.100	1.590
$Structure$	6445	0.404	0.344	0.344	0.000	1.000
$UNCE$	6745	0.001	−0.001	0.075	−1.060	1.079

续表

变量	样本数	平均值	中位数	标准差	最小值	最大值
DA	6748	0.005	0.003	0.084	−0.539	0.455
RM	6746	0.004	0.006	0.207	−1.654	2.487
ROA	6748	0.055	0.049	0.063	−0.184	0.317
FCFI	6748	−0.003	−0.001	0.094	−0.305	0.314
Z_score	6748	3.915	2.547	4.867	−1.584	41.870
Lev	6748	0.550	0.554	0.207	0.081	1.533
Incov	6748	3.429	2.883	51.798	−294.364	274.083
FA	6748	0.252	0.210	0.192	0.001	0.772
Size	6748	22.447	22.331	1.369	18.738	26.091
Debtcost	6424	0.075	0.062	0.073	0.000	0.617
Audit	6748	0.961	1.000	0.194	0.000	1.000
Finance	6748	0.146	0.000	0.353	0.000	1.000
Duality	6739	0.140	0.000	0.347	0.000	1.000
Indep	6717	0.371	0.333	0.054	0.286	0.571

2. 实证结果分析

表8.4为模型(8.3)的回归结果。第(1)、(2)、(3)列分别为被解释变量为新增长期借款、新增短期借款和期限结构的实证结果。第(1)列中 $UNCE_{t-1}$ 的系数在5%水平上显著为正,归类变更盈余管理程度越高的企业获得了更多的新增长期借款,证明了银行在发放长期贷款时较为关注核心盈余,反映了总体上我国银行对归类变更盈余管理的识别能力较弱。第(2)列中 $UNCE_{t-1}$ 的系数不显著,归类变更对企业新增短期借款没有显著影响,表明银行在进行短期信贷决策时对于核心盈余的关注度并不高。第(3)列中 $UNCE_{t-1}$ 的系数在1%水平上显著为正,说明归类变更盈余管理使得企业获得了更多的长期借款,延长了借款期限结构。

表 8.4 归类变更盈余管理与信贷资源配置

变量	(1) Longloan	(2) Shortloan	(3) Structure
$UNCE_{t-1}$	0.043** (2.06)	−0.019 (−0.46)	0.222*** (3.93)
DA_{t-1}	−0.069*** (−2.95)	−0.044 (−0.79)	−0.164*** (−2.58)
RM_{t-1}	0.012* (1.72)	0.096*** (5.04)	−0.029 (−1.41)
ROA_{t-1}	0.087** (2.53)	0.029 (0.36)	0.248*** (2.90)
$FCFI_{t-1}$	−0.178*** (−9.07)	−0.186*** (−4.08)	−0.388*** (−6.79)
Z_score_{t-1}	0.002*** (3.03)	0.004** (2.30)	0.003* (1.68)
Lev_{t-1}	0.095*** (8.01)	0.368*** (12.43)	0.066** (2.31)
$Incov_{t-1}$	0.000** (2.48)	−0.000 (−0.47)	0.000 (1.34)
FA_{t-1}	0.027*** (3.29)	0.093*** (4.42)	0.197*** (7.52)
$Size_{t-1}$	−0.000 (−0.09)	0.001 (0.25)	0.048*** (14.75)
$Debtcost_{t-1}$	−0.011 (−0.57)	−0.143*** (−2.95)	−0.262*** (−3.16)
$Audit_{t-1}$	0.013 (1.43)	0.121*** (4.99)	0.022 (0.94)
$Finance_{t}$	0.010*** (3.00)	0.055*** (5.88)	−0.009 (−0.89)
$Duality_{t-1}$	−0.001 (−0.40)	0.012 (1.35)	−0.016 (−1.35)
$Indep_{t-1}$	0.013 (0.63)	0.004 (0.07)	0.004 (0.05)

续表

变量	(1) Longloan	(2) Shortloan	(3) Structure
_cons	-0.052^{**} (-2.06)	-0.049 (-0.78)	-0.921^{***} (-11.42)
年度	YES	YES	YES
行业	YES	YES	YES
N	6748	6748	6445
R^2	0.141	0.137	0.290

注:括号内为 t 值;***、**、* 分别表示在1%、5%和10%的显著性水平上显著。

在控制变量方面,首先控制了其他两种盈余管理方式。应计项目盈余管理 DA_{t-1} 显著减少了新增长期借款,对新增短期借款没有显著影响,进而缩短了信贷期限结构,该结果表明我国银行对应计项目盈余管理具有一定的识别能力,对于进行了应计项目盈余管理的企业,银行通过减少长期贷款的发放和缩短期限结构来降低企业违约风险。而真实活动盈余管理 RM_{t-1} 对于新增长期借款和新增短期借款都有显著促进作用,对期限结构没有显著影响。真实活动盈余管理改变了企业真实的经营状况,银行无法识别这种盈余操纵行为。在财务状况控制变量方面,ROA_{t-1} 对企业获得短期借款的能力没有影响,说明银行进行短期借款决策时对盈利能力的关注程度的确较低。较强的盈利能力 ROA_{t-1} 有助于企业获得长期借款,延长期限结构,表明银行在进行长期贷款决策时较为关注企业盈利能力,盈利能力越高的企业,在未来偿还长期借款的能力越强。筹资现金流需求 $FCFI_{t-1}$ 与新增长期借款和新增短期借款的系数都显著为负,表明内源融资充足的企业对银行借款的需求普遍较低,与预期相符。资产负债率 Lev_{t-1} 越高的企业,新增长期和短期借款越多,表明这些企业对银行借款的依赖度较强,与陆正飞等(2008)、马永强等(2014)等研究的结论相同。Z_score_{t-1} 越高的企业,财务状况越好,破产风险越低,银行面临的企业违约风险越低,发放贷款的意愿越强。利息保障倍数 $Incov_{t-1}$ 也反映了企业的财务风险,利息保障倍数越高的企业,财务风险通常越低,新增长期借款越多。企业总资产中固定资产占比 FA_{t-1} 越高,其债务担保能力越强,银行越倾向于向这些企业发放贷款,和马永强等(2014)的发现相同。在公司治理控制变量方面,审计意见 $Audit_{t-1}$ 对长期借款没有显著影响,表明银行在进行长期贷款决策时对审计意见并无特别关注,陆正飞等(2008)也得出了相似的结果。股权再融资 $Finance_t$ 的系数显著为正,结果符合预期,反映了股权再融资作为公司外部治理机制之一,能够提高对于企业的监督效应,银行更愿意贷款给当年进行股权再融资的企业。

二、政治关联对归类变更与信贷资源配置关系的影响

表8.5为政治关联的异质性检验结果。其中第(1)列为基本模型(8.3)的回归结果。第(2)列是从产权性质角度考察政治关联对归类变更与长期借款的联系,即模型(8.4)的回归结果。SOE_{t-1}与$UNCE_{t-1}$的交互项显著为正,说明国有企业的归类变更盈余管理促进了长期银行借款的增加,而$NSOE_{t-1}$与$UNCE_{t-1}$的交互项不显著,说明非国有企业的归类变更并没有促进作用。第(3)列以是否受到政府补助的视角来考察政治关联,即为模型(8.5)的回归结果。$Gsub_{t-1}$与$UNCE_{t-1}$的交互项显著为正,$NGsub_{t-1}$与$UNCE_{t-1}$的交互项不显著,表明银行认为受到政府补助的企业具有政治关联,归类变更有助于受到政府补助的企业获取长期银行借款。模型(8.4)与(8.5)的结果均说明对于具有政治关联的企业,归类变更盈余管理能够强化其获得长期银行借款的能力,而对于非政治关联企业,归类变更的促进作用并不显著,从而证明了假说H8.2。

表8.5 归类变更盈余管理与信贷资源配置:政治关联异质性分析

变量	(1) 原模型	(2) 产权性质	(3) 有无政府补助
$UNCE_{t-1}$	0.043** (2.06)		
SOE_{t-1}		−0.072*** (−2.86)	
$NSOE_{t-1}$		−0.061** (−2.43)	
$SOE_{t-1} \times UNCE_{t-1}$		0.053** (1.97)	
$NSOE_{t-1} \times UNCE_{t-1}$		0.033 (1.07)	
$GSub_{t-1}$			−0.052** (−2.12)

续表

变量	(1)	(2)	(3)
	原模型	产权性质	有无政府补助
$NGSub_{t-1}$			-0.051^{**}
			(-2.00)
$GSub_{t-1} \times UNCE_{t-1}$			0.037^{*}
			(1.87)
$NGSub_{t-1} \times UNCE_{t-1}$			0.064
			(0.99)
DA_{t-1}	-0.069^{***}	-0.071^{***}	-0.069^{***}
	(-2.95)	(-3.05)	(-2.94)
RM_{t-1}	0.012^{*}	0.013^{*}	0.011^{*}
	(1.72)	(1.91)	(1.70)
ROA_{t-1}	0.087^{**}	0.078^{**}	0.087^{**}
	(2.53)	(2.26)	(2.53)
$FCFI_{t-1}$	-0.178^{***}	-0.176^{***}	-0.177^{***}
	(-9.07)	(-9.02)	(-9.05)
Z_score_{t-1}	0.002^{***}	0.002^{***}	0.002^{***}
	(3.03)	(2.99)	(3.00)
Lev_{t-1}	0.095^{***}	0.094^{***}	0.095^{***}
	(8.01)	(7.96)	(8.04)
$Incov_{t-1}$	0.000^{**}	0.000^{**}	0.000^{**}
	(2.48)	(2.53)	(2.49)
FA_{t-1}	0.027^{***}	0.027^{***}	0.027^{***}
	(3.29)	(3.37)	(3.30)
$Size_{t-1}$	-0.000	0.001	-0.000
	(-0.09)	(0.65)	(-0.09)
$Debtcost_{t-1}$	-0.011	-0.013	-0.011
	(-0.57)	(-0.64)	(-0.57)
$Audit_{t-1}$	0.013	0.014	0.013
	(1.43)	(1.53)	(1.45)
$Finance_{t}$	0.010^{***}	0.010^{***}	0.010^{***}
	(3.00)	(2.84)	(3.00)

续表

变量	(1)	(2)	(3)
	原模型	产权性质	有无政府补助
$Duality_{t-1}$	-0.001 (-0.40)	-0.003 (-0.94)	-0.001 (-0.41)
$Indep_{t-1}$	0.013 (0.63)	0.009 (0.46)	0.013 (0.64)
$\_cons$	-0.052^{**} (-2.06)		
年度	YES	YES	YES
行业	YES	YES	YES
N	6748	6748	6748
R^2	0.141	0.300	0.298

注:括号内为 t 值;***、**、* 分别表示在 1%、5% 和 10% 的显著性水平上显著。

三、金融市场化对归类变更与信贷资源配置关系的影响

表 8.6 为金融业市场化异质性分析的结果。第(2)列为模型(8.6)的实证结果,Mkt_low_{t-1} 与 $UNCE_{t-1}$ 的交互项显著为正,Mkt_high_{t-1} 与 $UNCE_{t-1}$ 的交互项不显著,第(3)列为模型(8.7)的实证结果,$Credit\_low_{t-1}$ 与 $UNCE_{t-1}$ 的交互项在 5% 水平上显著为正,而 $Credit\_high_{t-1}$ 与 $UNCE_{t-1}$ 的交互项不显著。上述实证结果说明,在金融业市场化程度高,尤其是信贷资金分配市场化程度高的地区,信息透明度升高,政府对银行信贷决策的干预较少,银行对归类变更盈余管理具有一定的识别能力,因而归类变更并不能显著提高长期借款;而在市场化程度低的地区,银行的监督效力较低,归类变更的促进作用相对更为显著,从而证明了假说 H8.3 与假说 H8.3a。

表 8.6 第(4)列为模型(8.8)的实证结果,$Comp\_high_{t-1}$ 与 $UNCE_{t-1}$ 的交互项在 5% 水平上显著为正,$Comp\_low_{t-1}$ 与 $UNCE_{t-1}$ 的交互项不显著,表明在银行业竞争程度较高的地区,企业信贷融资的渠道增加,影响银行与企业长期关系的稳定和对企业实际财务状况的掌握,银行对于会计信息质量的要求较低,对归类变更盈余管理的识别能力相对较弱;而在银行业竞争程度较低的地区,银行对企业的监督并未受到同业竞争的严重负面影响,具备一定的识别能力,从而证明了假说 H8.3b。

表 8.6　归类变更盈余管理与信贷资源配置:市场化程度异质性分析

变量	（1）原模型	（2）金融业市场化程度	（3）信贷资金分配市场化程度	（4）金融业竞争程度
$UNCE_{t-1}$	0.043** (2.06)			
Mkt_high_{t-1}		−0.052** (−2.08)		
Mkt_low_{t-1}		−0.050** (−1.98)		
$Mkt\_high_{t-1} \times UNCE_{t-1}$		0.036 (1.37)		
$Mkt\_low_{t-1} \times UNCE_{t-1}$		0.061* (1.89)		
$Credit\_high_{t-1}$			−0.051** (−2.05)	
$Credit\_low_{t-1}$			−0.050** (−2.02)	
$Credit\_high_{t-1} \times UNCE_{t-1}$			0.027 (0.97)	
$Credit\_low_{t-1} \times UNCE_{t-1}$			0.072** (2.39)	
$Comp\_high_{t-1}$				−0.057** (−2.27)
$Comp\_low_{t-1}$				−0.053** (−2.12)
$Comp\_high_{t-1} \times UNCE_{t-1}$				0.058** (2.46)
$Comp\_low_{t-1} \times UNCE_{t-1}$				−0.019 (−0.46)
DA_{t-1}	−0.069*** (−2.95)	−0.070*** (−2.97)	−0.070*** (−2.97)	−0.071*** (−3.02)

续表

变量	（1）原模型	（2）金融业市场化程度	（3）信贷资金分配市场化程度	（4）金融业竞争程度
RM_{t-1}	0.012* (1.72)	0.012* (1.78)	0.012* (1.73)	0.012* (1.76)
ROA_{t-1}	0.087** (2.53)	0.088** (2.54)	0.087** (2.52)	0.089*** (2.58)
$FCFI_{t-1}$	−0.178*** (−9.07)	−0.177*** (−9.08)	−0.178*** (−9.08)	−0.178*** (−9.07)
Z_score_{t-1}	0.002*** (3.03)	0.002*** (3.02)	0.002*** (3.02)	0.002*** (3.06)
Lev_{t-1}	0.095*** (8.01)	0.095*** (8.01)	0.095*** (7.97)	0.095*** (8.01)
$Incov_{t-1}$	0.000** (2.48)	0.000** (2.49)	0.000** (2.51)	0.000** (2.50)
FA_{t-1}	0.027*** (3.29)	0.027*** (3.27)	0.027*** (3.27)	0.026*** (3.26)
$Size_{t-1}$	−0.000 (−0.09)	−0.000 (−0.14)	−0.000 (−0.11)	0.000 (0.05)
$Debtcost_{t-1}$	−0.011 (−0.57)	−0.011 (−0.56)	−0.011 (−0.56)	−0.011 (−0.53)
$Audit_{t-1}$	0.013 (1.43)	0.013 (1.44)	0.013 (1.43)	0.012 (1.34)
$Finance_{t}$	0.010*** (3.00)	0.010*** (2.96)	0.010*** (2.99)	0.010*** (3.00)
$Duality_{t-1}$	−0.001 (−0.40)	−0.001 (−0.41)	−0.001 (−0.41)	−0.001 (−0.37)
$Indep_{t-1}$	0.013 (0.63)	0.012 (0.58)	0.012 (0.58)	0.012 (0.59)
$\_cons$	−0.052** (−2.06)			

续表

变量	（1）原模型	（2）金融业市场化程度	（3）信贷资金分配市场化程度	（4）金融业竞争程度
年度	YES	YES	YES	YES
行业	YES	YES	YES	YES
N	6748	6748	6748	6748
R^2	0.141	0.298	0.298	0.298

注：括号内为 t 值；***、**、* 分别表示在 1%、5% 和 10% 的显著性水平上显著。

四、稳健性检验

1.改变被解释变量衡量指标

在稳健性检验中，使用公司年末长期借款总量和短期借款总量以代替新增长期借款和新增短期借款，使用长期借款总量与总负债之比重新衡量银行借款的期限结构，对模型（8.3）进行稳健性检验，回归结果如表8.7第（1）～（3）列所示。

当被解释变量为长期借款规模时，归类变更盈余管理 $UNCE_{t-1}$ 的系数在 1% 水平上显著为正，表明银行无法识别企业的归类变更盈余管理，归类变更程度与长期借款规模成正比。当被解释变量为短期借款规模时，$UNCE_{t-1}$ 的系数不显著，说明归类变更并未影响银行的短期信贷决策。当被解释变量为以长期借款总量与总负债之比衡量的期限结构时，$UNCE_{t-1}$ 的系数显著为正，归类变更主要增加了企业的长期借款，导致期限结构的延长。稳健性检验的结果再一次证明了假说 H8.1。

控制变量方面，应计项目盈余管理（DA_{t-1}）对长期借款规模产生显著的负面影响，不影响短期借款规模，缩短了期限结构；真实活动盈余管理（RM_{t-1}）对长期借款和短期借款规模都有显著的促进作用，因而从借款期限结构上并未观察到显著影响；盈利能力（ROA_{t-1}）、筹资现金流需求（$FCFI_{t-1}$）、财务状况（Z_score_{t-1}）、资产负债率（Lev_{t-1}）、债务担保能力（FA_{t-1}）和股权再融资（$Finance_t$）与表8.4中的结果无显著差异。当被解释变量为长期借款规模时，债务成本（$Debtcost_{t-1}$）前的系数变为显著为负，说明债务成本较高是银行对企业高风险的评价，也会影响银行的长期借款规模决策；审计意见

($Audit_{t-1}$)的系数显著为正,表明从总量上来看,审计意见会影响到企业获得长期借款的能力,与白俊和连立帅(2012)的实证结果相同。二职兼任($Duality_{t-1}$)的系数显著为负,董事兼任总经理后,削弱了董事会的监督效力,而银行也可能视两职兼任为企业内部治理强度降低的表现,因此采用期限更短的银行借款结构以减缓两职兼任引致的代理冲突和企业潜在的违约风险。

2.调整核心解释变量的衡量方式

考虑到盈余管理测度方式可能带来结果的偏差,借鉴刘宝华等(2016)的实证方法,在稳健性检验中将核心盈余改为使用期初总资产进行标准化,重新衡量归类变更盈余管理水平,再次对模型(8.3)进行回归。回归结果如表8.7第(4)～(6)列所示。在调整衡量方式后,实证研究的结果并未产生显著差异。

3.调整控制变量的衡量方式

在上述实证检验过程中,使用Dechow(1995)修正的Jones模型以衡量应计项目盈余管理。在稳健性检验中,以业绩修正的Jones模型(Kothari et al.,2005)重新衡量应计项目盈余管理,再代入模型(8.3)重新回归,实证结果如表8.8第(1)～(3)列所示。

表8.7　归类变更盈余管理与信贷资源配置:稳健性检验(一)

变量	(1) 长期借款变量	(2) 长期借款规模	(3) 短期借款规模/总负债	(4) 更换 UNCE Longloan	(5) 更换 UNCE Shortloan	(6) 更换 UNCE Structure
$UNCE_{t-1}$	0.110*** (3.83)	−0.013 (−0.57)	0.137*** (4.14)	0.064* (1.65)	0.126 (1.39)	0.174* (1.68)
DA_{t-1}	−0.081*** (−2.59)	0.018 (0.61)	−0.059* (−1.84)	−0.069*** (−2.96)	−0.050 (−0.91)	−0.159** (−2.48)
RM_{t-1}	0.017** (1.99)	0.038*** (3.80)	0.008 (0.85)	0.012* (1.78)	0.101*** (5.28)	−0.033 (−1.56)
ROA_{t-1}	0.114*** (2.62)	−0.006 (−0.16)	0.098** (2.42)	0.082** (2.30)	0.006 (0.08)	0.245*** (2.78)
$FCFI_{t-1}$	−0.373*** (−13.45)	−0.119*** (−5.08)	−0.378*** (−12.33)	−0.177*** (−8.90)	−0.195*** (−4.24)	−0.374*** (−6.53)
Z_score_{t-1}	0.003*** (3.34)	0.000 (0.16)	−0.002** (−2.36)	0.002*** (3.00)	0.004** (2.36)	0.003 (1.60)

续表

变量	（1）长期借款变量	（2）长期借款规模	（3）短期借款规模/总负债	（4）更换 *UNCE* *Longloan*	（5）更换 *UNCE* *Shortloan*	（6）更换 *UNCE* *Structure*
Lev_{t-1}	0.229*** (14.98)	0.240*** (16.66)	0.088*** (6.74)	0.095*** (7.96)	0.368*** (12.38)	0.064** (2.23)
$Incov_{t-1}$	0.000 (1.61)	−0.000 (−0.57)	0.000 (1.18)	0.000** (2.42)	−0.000 (−0.57)	0.000 (1.30)
FA_{t-1}	0.146*** (12.42)	0.069*** (6.39)	0.211*** (14.68)	0.026*** (3.19)	0.090*** (4.26)	0.196*** (7.48)
$Size_{t-1}$	0.011*** (7.22)	−0.011*** (−7.19)	0.019*** (11.71)	−0.000 (−0.09)	0.001 (0.28)	0.048*** (14.70)
$Debtcost_{t-1}$	−0.159*** (−5.85)	−0.153*** (−6.44)	−0.275*** (−11.78)	−0.011 (−0.56)	−0.144*** (−2.96)	−0.259*** (−3.11)
$Audit_{t-1}$	0.049*** (4.07)	0.034*** (2.68)	0.042*** (3.68)	0.013 (1.49)	0.120*** (4.91)	0.023 (0.99)
$Finance_t$	0.011** (2.33)	0.026*** (5.34)	−0.003 (−0.69)	0.011*** (3.05)	0.055*** (5.87)	−0.007 (−0.74)
$Duality_{t-1}$	−0.010** (−2.14)	0.003 (0.65)	−0.013** (−2.35)	−0.001 (−0.33)	0.012 (1.37)	−0.0140 (−1.21)
$Indep_{t-1}$	0.015 (0.52)	0.008 (0.28)	0.024 (0.68)	0.013 (0.62)	0.004 (0.08)	−0.005 (−0.07)
_cons	−0.382*** (−10.96)	0.268*** (8.07)	−0.412*** (−10.60)	−0.051** (−2.05)	−0.048 (−0.76)	−0.920*** (−11.37)
年度	YES	YES	YES	YES	YES	YES
行业	YES	YES	YES	YES	YES	YES
N	6748	6748	6748	6735	6735	6433
R^2	0.376	0.218	0.368	0.141	0.137	0.288

注：括号内为 t 值；***、**、* 分别表示在 1%、5%和 10%的显著性水平上显著。

此外，将审计意见更换为是否由"四大"会计师事务所审计，将二职兼任虚拟变量更换为管理层持股比例，将独立董事比例更换为董事会规模，与上述主要结论均无显著差异，具体见表 8.8 第（4）～（12）列。

表 8.8　归类变更盈余管理与信贷资源配置:稳健性检验(二)

变量	(1) 更换 DA Longloan	(2) 更换 DA Shortloan	(3) 更换 DA Structure	(4) 更换 Audit Longloan	(5) 更换 Audit Shortloan	(6) 更换 Audit Structure
$UNCE_{t-1}$	0.041** (1.85)	−0.020 (−0.49)	0.217*** (3.85)	0.044** (2.10)	−0.010 (−0.25)	0.223*** (3.96)
DA_{t-1}	−0.032 (−1.29)	0.009 (0.17)	−0.142** (−2.16)	−0.069*** (−2.93)	−0.038 (−0.68)	−0.162** (−2.55)
RM_{t-1}	0.006 (0.93)	0.089*** (4.71)	−0.033 (−1.56)	0.012* (1.74)	0.098*** (5.12)	−0.029 (−1.38)
其他控制变量	控制	控制	控制	控制	控制	控制
年度	YES	YES	YES	YES	YES	YES
行业	YES	YES	YES	YES	YES	YES
N	6748	6748	6445	6748	6748	6445
R^2	0.139	0.137	0.290	0.141	0.130	0.290

变量	(7) 更换 Duality Longloan	(8) 更换 Duality Shortloan	(9) 更换 Indep Structure	(10) 更换 Indep Longloan	(11) 更换 Indep Shortloan	(12) 更换 Indep Structure
$UNCE_{t-1}$	0.043** (2.04)	−0.017 (−0.41)	0.218*** (3.88)	0.039* (1.87)	−0.020 (−0.48)	0.224*** (4.01)
DA_{t-1}	−0.070*** (−2.98)	−0.041 (−0.74)	−0.169*** (−2.68)	−0.068*** (−2.91)	−0.041 (−0.75)	−0.167*** (−2.66)
RM_{t-1}	0.011 (1.63)	0.097*** (5.09)	−0.033 (−1.60)	0.008 (1.14)	0.091*** (4.78)	−0.030 (−1.43)
其他控制变量	控制	控制	控制	控制	控制	控制
年度	YES	YES	YES	YES	YES	YES
行业	YES	YES	YES	YES	YES	YES
N	6748	6748	6445	6793	6793	6484
R^2	0.141	0.137	0.291	0.140	0.136	0.292

注:括号内为 t 值;***、**、*分别表示在1%、5%和10%的显著性水平上显著。

第六节　本章小结

　　会计信息是影响银行信贷决策的重要因素,企业的归类变更盈余管理行为会导致会计信息质量下降,造成银行对于企业真实经营状况和未来竞争力的误判。本章考察了归类变更盈余管理对信贷资源配置的影响,对银行识别企业归类变更盈余管理的能力及背后的因素进行了探讨与检验。

　　核心盈余具有较强的稳定性,能够产生持续性现金流,是银行评判企业未来盈利能力和偿债能力的基础,因而是银行长期贷款决策的依据。但是归类变更盈余管理使得核心利润有了水分,而且这种水分的隐蔽性较大,银行难以完全识别从而导致信贷资源的错配。通过对 2007—2015 年我国沪深 A 股上市公司的样本数据的检验,研究发现,企业通过归类变更盈余管理提高核心利润后获取了更多的长期借款,但短期借款并没有增加。说明归类变更盈余管理已经显著影响了长期贷款资源的合理配置。

　　政治关联企业面临的经营风险与偿债风险较低,因而银行会放松对其风险的控制。而非政治关联企业没有政府的担保支持,银行所需承担的信贷风险较高,出于谨慎原则,银行更为关注企业自身资质和信用,强化监督效应,因而提升了对归类变更盈余管理的识别能力。而且,将信贷资源配置给具有政治关联的企业,有助于银行与政府之间建立联系,获得政治收益。对于政治关联企业,银行会主动放松审查包括归类变更盈余管理在内的财务信息真实性的力度,淡化了银行的监督意愿。因此影响银行对归类变更盈余管理识别能力的一大因素是企业的政治关联。以产权性质和政府补助作为政治关联的两个变量检验了政治关联对归类变更提高新增长期借款的差异性影响,实证结果发现,对于具有政治关联的企业,归类变更盈余管理能够强化其获得长期银行借款的能力,而对于非政治关联企业,归类变更的促进作用并不显著,表明银行具备一定的识别能力。

　　金融业市场化的影响机制较为复杂,一方面,市场化的推进降低了信息不对称程度和减少政府对银行信贷决策的干预,在一定程度上提高了银行对于归类变更盈余管理的识别动力与能力;另一方面,市场化也伴随着银行业竞争的加剧,对银行的识别动力产生了负面影响。用金融机构非国有贷款比重衡量信贷资金分配的市场化程度,用非国有金融机构吸收存款占全部金融机构吸收存款的比例来衡量地区金融业的竞争强度,对样本数据进行了实证检验。结果说明,在金融业市场化程度高,尤其是信贷资金分配市场化程度高的地区,信息透明度高,政府对银行信贷决策的干预较少,银行对归类变更盈余管理具有一定的识别能力,因而归类变更并不能显著提高长期借款。而在市场化程度低的地区,银行的监督效力较低,归类变更导致信贷资源错配相对更为显著。在银行业竞争程度较高的地区,银行对于会计信息质量的要求较低,对归类变更盈余管理的识别能力相对较弱;而在银行业竞争程度较低的地区,银行对企业的监督并未受到同业竞争的严重负面影响,具备一定的识别能力。

第九章 结论、建议与展望

第一节　全书结论

企业的盈余管理行为正逐渐从应计项目盈余管理、真实活动盈余管理转向归类变更盈余管理,但理论界与实务界很少关注归类变更盈余管理。归类变更盈余管理是在不改变净利润的条件下,将利润表中项目进行错误分类,如将营业活动的费用归入营业外支出,将营业外收入的盈利归入营业收入,从而夸大核心利润。这种将报表项目错误分类的盈余管理手段,不牺牲未来的公司业绩,成本更低;同时净利润不变,相对更隐蔽,通常会被审计师和监管者所忽略。本书系统地探讨了上市公司归类变更盈余管理的存在方式,并从提高外部治理效率的视角,对归类变更的影响因素及经济后果进行了研究。主要研究结论如下:

第四章考察研究我国上市公司归类变更盈余管理的存在方式。研究结果发现:①我国上市公司存在归类变更盈余管理行为,基本方式主要表现为将营业外收入转移到营业收入。而且营业利润微增长公司和公开增发公司不仅存在将营业外收入转移到营业收入,还明显存在将经常性费用转移到营业外支出的方式,说明提升核心利润动机越强烈的公司,其归类变更盈余管理越明显。②我国上市公司存在选择性地在非经常性损益表中披露非经常性损益项目的归类变更盈余管理特殊方式,即对非经常性收入尽量地少披露,而对非经常性支出充分地披露,因此扣非后净利润指标的真实性与可信度有待提高。③现金流量归类变更是归类变更盈余管理的补充方式。本部分以2007—2015年我国沪深主板上市公司作为研究样本,发现了上市公司归类变更盈余管理与现金流归类变更显著正相关的证据,主要表现为将经营现金流出转移到筹资现金流出,以及将筹资现金流入转移到经营现金流入,从而虚增经营现金净流量。现金流归类变更与利润归类变更之间的"共谋"效应进一步加大了外部监督者的识别难度。(4)R&D归类变更是归类变更盈余管理的替代方式。企业R&D活动具有信息含量,是传统会计盈余和账面净资产以外影响股价的重要因素之一。R&D费用作为成本费用中高评价的项目,有可能使管理层进行R&D归类变更管理。本部分以2007—2015年我国沪深主板上市公司作为研究样本,发现归类变更盈余管理与R&D归类变更显著负相关,说明未能通过归类变更盈余管理美化核心利润的上市公司进行R&D归类变更的动机较强。进一步在亏损公司以及净利润相对上年未实现增长的公司中发现了R&D归类变更操纵存在的证据,这也可以解释为归类变更盈余管理空间小的上市公司更有动机进行R&D归类变更。R&D归类变更的主要特征是将生产成本转移到R&D投入。所以,归类变更盈余管理与R&D归类变更存在替代效应。

第五章研究卖空机制对归类变更盈余管理的影响。卖空机制提高了公司负面信息被发现的概率,管理层在面临卖空威慑时会减少盈余管理行为。本章基于2010年我国启动的融资融券试点,选取截止到2015年被选为融资融券标的企业作为处理组,非标的企业作为对照组,采用双重差分等模型对2007—2015年沪深A股主板上市公司年度面板数据进行实证检验。研究发现,卖空机制能够显著减少上市公司归类变更行为,说明卖空是一种重要的公司治理机制。进一步的研究结果表明,对于外部市场环境落后、内部治理水平欠佳的公司来说,这种治理作用更加明显,说明卖空机制可以改善公司外部治理环境及内部治理机制的不足。

第六章研究反腐新政对归类变更盈余管理的影响。反腐败有利于切断寻租设租渠道,弱化内部人控制,减少代理问题,提升企业绩效,从源头降低会计舞弊概率。本章基于2012年我国开始全面大力度地实施反腐政策,运用双重差分模型对我国2009—2015年沪深主板非金融类上市公司的数据进行研究,实证发现反腐新政对企业归类变更盈余管理可以产生抑制效应,并且这种效应因市场化水平高低存在边界。具体来说:在市场化水平高的地区,反腐败可以有效减少企业归类变更的盈余管理行为;而在市场化水平相对较低的地区,反腐败的作用有限。基于反腐败抑制企业归类变更盈余管理的逻辑机理,本章进一步发现反腐败是通过降低代理成本和提升企业绩效影响企业归类变更盈余管理的,其中降低代理成本是反腐败抑制企业归类变更盈余管理的主要渠道。

第七章研究归类变更盈余管理与投资者定价。投资者的有限注意力使得投资者在决策时"功能锁定"于核心利润,而无法区分核心利润中的可持续部分与不可持续部分,因此归类变更盈余管理会导致投资者误定价。本章运用多元回归方程、套利检验等多种方法,并采用个股超额收益率的多种计算方法,检验了资本市场上的投资者对企业进行归类变更盈余管理会有何种反应。研究发现:进行归类变更盈余管理的公司,其核心盈余持续性会降低。而资本市场的投资者由于无法识别出该种盈余管理,对归类变更盈余管理公司的核心盈余进行了错误定价,即进行归类变更盈余管理公司的核心盈余会被高估。进一步研究结果表明,机构投资者持股比例较低企业的归类变更盈余管理行为不能被市场识别,投资者对这类公司进行了错误定价,高估了它们的核心盈余;而当企业的机构投资者持股比例相对较高时,投资者可以更加正确地对企业的核心盈余进行定价。

第八章研究了归类变更盈余管理对银行信贷资源配置的影响。企业的归类变更盈余管理行为会导致会计信息质量下降,造成银行对企业真实经营状况和未来竞争力的误判。本章使用 2007—2015 年我国沪深主板上市公司的样本数据,实证研究发现,归类变更盈余管理使得企业获得了更多的长期借款,但无助于短期借款的增加,说明银行在信贷决策时无法完全识别企业核心利润的真实度。进一步研究发现,归类变更盈余管理误导信贷决策的现象会受到企业政治关联以及地区金融市场化水平的影响。对于具有政治关联的企业,归类变更能够增加长期借款。而金融业市场化水平存在正反两方面的影响,一方面,市场化的推进降低了信息不对称程度和政府对银行信贷决策的干预,在一定程度上提高了银行对归类变更的识别能力;另一方面,市场化也伴随着银行业竞争的加剧,降低了银行对企业归类变更盈余管理的监督效应。

第二节　政策建议

第一,由于归类变更盈余管理的存在,扣非后净利润这一指标事实上也被企业操纵了,这导致非经常性损益披露监管政策并没有较好地发挥原本应有的作用,企业依然可以利用非经常性损益进行盈余管理,并通过归类变更方式将非经常性损益隐藏起来,以达到监管利润要求。归类变更盈余管理的存在值得引起监管部门的关注,并积极采取对策加强对这一行为的监管。建议采用核心利润指标替代扣非后净利润监管与评价企业,至少可以减少非经常性损益表归类变更带来的影响,并规范核心利润的审计细则。现金流归类变更与归类变更盈余管理之间的"共谋"现象,提示审计师、投资者及监管部门加强核心利润与经营现金流量真实性的同步关注。而企业的 R&D 归类变更操纵行为违背了会计准则要求准确披露企业内部 R&D 支出的初衷,误导了投资者和分析师对企业真实研发状况的判断,企业甚至通过归类变更夸大R&D 投入作为业绩不良的借口。企业夸大 R&D 投入的行为,还可能导致骗取高新技术企业认定、税收优惠。因此,企业的 R&D 归类变更盈余管理行为,值得监管部门重视。

第二,在中国新兴金融市场,卖空者已经体现出成熟的职业嗅觉,卖空机制在公司治理方面发挥着实质性的作用。在鼓励金融创新、深化金融体制改革的背景下,建议逐步放松卖空约束,将更多的公司纳入融资融券的范围。同时,放松卖空管制与完善融资融券制度应该两方面同时抓,被剔除标的公司归类变更盈余管理不降反升的情况提醒我们,必须健全融资融券的进入与退出机制,避免造成市场的混乱。

第三,政治环境对微观主体的行为有重要影响,党的十八大以来的反腐新政已经成为经济转型时期公司治理的一种非正式机制。而且在不同市场化程度下反腐败对企业盈余管理水平的影响具有异质性,高市场化水平可以更好地发挥反腐败的治理效用,有利于企业的内部控制。正是由于反腐败对公司治理具有正效应,所以应进一步加大反腐力度,将反腐作为一项长期性的政策,营造干净清爽的政商环境;而且由于市场化水平影响着反腐败的效用,建议加快市场化相对较低地区市场化改革的推进,促进上市公司和资本市场的整体健康发展。

第四,资本市场上的投资者无法看穿公司的归类变更盈余管理行为,从而大大降低了资本市场的效率。因此,建议投资者要加深对归类变更这种更为隐蔽的盈余管理方式的认识,更好地理解和使用财务信息,以做出合理的投资决策。证券监管部门要加强核心利润正确解读的引导,并对异常核心利润导致的高股价进行及时提示,加强对归类变更盈余管理行为的监管,并呼吁券商、审计师等中介机构更加关注归类变更这种更为隐蔽的盈余管理手段,加强对其的检查与审计,从而更好地保护广大投资者的利益。

第五,会计信息是影响银行信贷决策的重要因素,然而企业的盈余管理行为会导致会计信息质量下降,造成银行对于企业真实经营状况和未来竞争力的误判。因此,建议银行加强对企业通过归类变更盈余管理提高核心利润这一行为的关注度。银行应当提高对与此相关的企业财务数据真实性的审查,将营业收入与营业外收入相比对、将营业成本及管理费用与营业外支出相比对,注重它们之间的异常关系,加大对归类变更盈余管理行为的识别力度;银行系统内部可考虑将信贷的审批权适当下放,降低因贷款审批流程过于僵化而引致的信息不对称问题,降低制度问题带来的信贷风险。

第三节　研究不足与展望

第一,非经常性损益表的归类变更、现金流的归类变更以及 R&D 的归类变更,本书只作为归类变更盈余管理的特殊方式、补充方式与替代方式进行了研究,未来可以进一步研究融资融券机制、反腐新政对这三种归类变更方式的影响,并关注这三种方式对投资者合理定价、银行信贷资源的有效配置产生了怎样的经济后果。

第二,融资融券对归类变更盈余管理具有一定的抑制作用。但站在卖空者的角度,公司的盈余质量也是其选择卖空目标的重点。以往的研究表明,卖空者通过异常应计水平高低来识别卖空目标(Hirshleifer et al.,2011;顾琪和陆蓉,2016),因此未来研究可以进一步关注融资融券推出后,归类变更盈余管理的公司是否成为主要的卖空交易对象。

第三,应计项目盈余管理、真实活动盈余管理及归类变更盈余管理是企业盈余管理的三大方式。当企业进行某一种盈余管理的能力与空间受限时,会有动机转向另外方式的盈余管理,所以盈余管理的研究有必要将三类盈余管理方式纳入企业盈余管理行为的统一分析框架。尽管本书在研究归类变更盈余管理影响因素与经济后果时,均考虑了将应计盈余管理与真实盈余管理纳入控制变量,但并没有重点关注某些特定背景因素下企业对三类盈余管理的偏好问题。研究卖空机制、反腐新政对三类盈余管理方式的选择具有重要的现实意义,可以作为未来进一步研究的方向。

参考文献

［1］ Abernathy J L,Beyer B,Rapley E T. Earnings management constraints and classification shifting［J］. Journal of Business Finance & Accounting, 2014,41(5/6):600-626.

［2］ Alfonso E,Cheng C S A,Pan S. Income classification shifting and mispricing of core earnings［J］. Journal of Accounting Auditing & Finance,2015,30(1): 1-32.

［3］ Ali A,Zhang W. Ceo tenure and earnings management［J］. Journal of Accounting & Economics,2012,59(1):60-79.

［4］ Allen F,Gale D. Arbitrage,short sales,and financial innovation［J］. Econometrica,1991,59(4):1041-1068.

［5］ Amy Y,Zang A Y. Evidence on the trade-off between real activities manipulation and accrual-based earnings management［J］. The Accounting Review American,2012,87(2):675-703.

［6］ Athanasakou V,Strong N C,Walker M. The market reward for achieving analyst earnings expectations:does managing expectations or earnings matter? ［J］. Journal of Business Finance & Accounting,2011,38(1-2): 58-94.

［7］ Baik B,Cho H,Choi W,et al. Who classifies interest payments as financing activities An analysis of classification shifting in the statement of cash flows at the adoption of IFRS［J］. Journal of Accounting & Public Policy,2015,35(4):331-351.

［8］ Ball R,Brown P. An empirical evaluation of accounting income numbers ［J］. Journal of Accounting Research,1968,6(2):159-178.

［9］Barton J，Simko P J. The balance sheet as an earnings management constraint［J］. Accounting Review，2002，77(s1)：1-27.

［10］Bartov E. The timing of asset sales and earnings manipulation［J］. The Accounting Review，1993，68(4)：840-855.

［11］Barua A，Lin S，Sbaraglia A M. Earnings management using discontinued operations［J］. Accounting Review，2010，85(5)：1485-1509.

［12］Beattie V，Brown S，Ewers D，et al. Extraordinary items and income smoothing：a positive accounting approach［J］. Journal of Business Finance & Accounting，2010，21(6)：791-811.

［13］Behn B K，Gotti G，Herrmann D，et al. Classification shifting in an international setting：investor protection and financial analysts monitoring［J］. Journal of International Accounting Research，2013，12(2)：27-50.

［14］Beneish M D，Vargus M E. Insider trading，earnings quality，and accrual mispricing［J］. Accounting Review，2002，77(4)：755-791.

［15］Berglöf E，Claessens S. Enforcement and good corporate governance in developing countries and transition economies［J］. World Bank Research Observer，2006，21(1)：123-150.

［16］Bharath S T，Sunder J，Sunder S V. Accounting quality and debt contracting ［J］. Accounting Review，2008，83(1)：1-28.

［17］Bhattacharya U，Daouk H，Welker M. The world price of earnings opacity ［J］. The Accounting Review，2003，78(3)：641-678.

［18］Bhojraj S，Hribar P，Picconi M，et al. Making sense of cents：An examination of firm that marginally miss or beat analyst forecasts［J］. The Journal of Finance，2009，64(5)：2359-2386.

［19］Boehmer E，Wu J. Short selling and the price discovery process［J］. The Review of Financial Studies，2012，26(2)：287-322.

［20］Braam G，Nandy M，Weitzel U，et al. Accrual-based and real earnings management and political connections［J］. Social Science Electronic Publishing，2015，50(2)：111-141.

［21］Bradshaw M T，Sloan R G. GAAP versus The Street：An empirical assessment of two alternative definitions of earnings［J］. Journal of Accounting Research，2002，40(1)：41-66.

［22］Bris A，Goetzmann W N，Zhu N. Efficiency and the bear：short sales and markets around the world［J］. The Journal of Finance，2007，62(3)：

1029-1079.

[23] Burgstahler D,Jiambalvo J,Shevlin T. Do stock prices fully reflect the implications of special items for future earnings? [J]. Journal of Accounting Research,2002,40(3):585-612.

[24] Bushee B J. The influence of institutional investors on myopic R&D investment behavior[J]. The Accounting Review,1998,73(3):305-333.

[25] Cai H,Fang H,Xu L C. Eat,drink,firms,government:an investigation of corruption from the entertainment and travel costs of chinese firms [J]. Journal of Law & Economics,2011,54(1):55-78.

[26] Caylor M L,Brown L D. A Temporal Analysis of Quarterly Earnings Thresholds:Propensities and Valuation Consequences[J]. The Accounting Review,2004,80(2):157-165.

[27] Cazavan-Jeny A,Jeanjean T,Joos P. Accounting choice and future performance:the case of R&D accounting in France[J]. Journal of Accounting and Public Policy,2011,30(2):145-165.

[28] Chang E C,Cheng J W,Yinghui Y U. Short-Sales constraints and price discovery:evidence from the Hong Kong market[J]. The Journal of Finance,2007,62(5):2097-2121.

[29] Chang E C, Luo Y, Ren J. Short-selling, margin-trading, and price efficiency:evidence from the Chinese market[J]. Journal of Banking and Finance,2014,48(3):411-424.

[30] Chen J Z,Rees L L,Sivaramakrishnan S. On the use of accounting vs. Real earnings management to meet earnings expectations-A market analysis[R]. Ssrn Electronic Journal,Working Paper,2007.

[31] Cheng H,Ching H S,Shui K W. A panel data approach for program evaluation:Measuring the benefits of political and economics integration of Hong Kong with Mainland China[J]. Journal of Applied Econometrics,2012,27(5):705-740.

[32] Cheng S. R&D expenditures and CEO compensation[J]. The Accounting Review,2004,79(2):305-328.

[33] Chi J,Gupta M. Overvaluation and Earnings Management[J]. Journal of Banking and Finance,2009,33(9):1652-1663.

[34] Chi,W,Pevzne M. Is enhanced audit quality associated with greater real earnings management? [J]. Acc ounting Horizons, 2011, 25 (2):

315-335.

[35] Chaney P K,Faccio M,Parsley D. The quality of accounting information in politically connected firms[J]. Mpra Paper,2009,51(1):58-76.

[36] Cohen D A,Dey A,Lys T Z. Real and Accrual-based earnings management in the pre-and post-Sarbanes-Oxley periods[J]. The Accounting Review, 2008,83(3):757-787.

[37] Cohen D A, Zarowin P. Accrual-based and real earnings management activities around seasoned equity offerings[J]. Journal of Accounting and Economics,2010,50(1):2-19.

[38] Collins D W,Maydew E L,Weiss I S. Changes in the value-relevance of earnings and book values over the past forty years[J]. Journal of Accounting & Economics,1997,24(1):39-67.

[39] Cull R,Xu L C. Institutions,ownership,and finance:The determinants of profit reinvestment among Chinese firms [J]. Journal of Financial Economics,2005, 77(1):117-146.

[40] Daniel W C,Paul H. Earnings-based and accrual-based market anomalies: One effect or two? [J]. Journal of Accounting and Economics,2000,29 (1):101-123.

[41] Dechow P,Dichev I. The quality of accruals and earnings:The role of accrual estimation errors[J]. The Accounting Review,2002,77(S1): 35-59.

[42] Dechow P M,Richardson S A, Tuna I. Why are earnings kinky? An examination of the earnings management explanation[J]. Review of Accounting Studies,2003,8(2/3):355-384.

[43] Dechow P M,Skinner D J. Earnings management:reconciling the views of accounting academics, practitioners, and pegulators[J]. Accounting Horizons,2008,14(2):235-250.

[44] Dechow P M,Sloan R G. Executive incentives and the horizon problem [J]. Journal of Accounting and Economics,1991,14(1):51-89.

[45] Dechow P M,Shakespeare C. Do managers time securitization transactions to obtain accounting benefits? [J]. The Accounting Review,2009,84(1):99-132.

[46] Defond M L,Park C W. The Reversal of abnormal accruals and the market valuation of earnings surprises[J]. Accounting Review,2001,76

(3):375-404.

[47] Desai H,Hogan C E,Wilkins M S. The reputational penalty for aggressive accounting:earnings restatements and management turnover[J]. Accounting Review,2006,81(1):83-112.

[48] Diamond D W,Verrecchia R E. Constraints on short-selling and asset price adjustment to private information[J]. Journal of Financial Economics, 1987,18(2):277-311.

[49] Doyle J,Ge W,McVay S. Accrual quality and internal control over financial reporting [J]. The Accounting Review,2007,82(5):1141-1170.

[50] Dyck A,Morse A,Zingales L. Who blows the whistle on corporate fraud? [J]. The Journal of Finance,2010,65(6):2213-2253.

[51] Dye R A. Classifications manipulation and nash accounting standards[J]. Journal of Accounting Research,2002,40(4):1125-1162.

[52] Ewert R,Wagenhofer A. Economic effects of tightening accounting standards to restrict earnings management[J]. The Accounting Review,2005,80(4): 1101-1124.

[53] Faccio M,Masulis R W,Mcconnell J J. Political connections and corporate bailouts[J]. Social Science Electronic Publishing,2006,61(6):2597-2635.

[54] Fan Y,Barua A,Cready W M,et al. Managing earnings using classification shifting:evidence from quarterly special items[J]. Accounting Review,2009, 85(4):1303-1323.

[55] Fan Y,Liu X K. Misclassifying core expenses as special items cost of goods sold or selling, General, and Administrative Expenses [J]. Contemporary Accounting Research,2017,34(1):400-426.

[56] Fang V W, Huang A H, Karpoff J M. Short Selling and Earnings Management:A Controlled Experiment[J]. The Journal of Finance, 2016,71(3):1251-1294.

[57] Francis J,Lafond R,Olsson P,et al. The market pricing of accruals quality [J]. Journal of Accounting & Economics,2005,39(2):295-327.

[58] Ge,W.,Kim,J. B. Real earnings management and the cost of new corporate bonds[J]. Journal of Business Research,2014,67(4):641-647.

[59] Goldstein I,Guembel A. Manipulation and the Allocational Role of Prices[J]. Review of Economic Studies,2008,75(1):133-164.

[60] Graham J R,Harvey C R,Rajgopal S. The economic implications of

corporate financial reporting[J]. Journal of Accounting and Economics,
2005,40(1/2/3):3-73.

[61] Grullon G, Michenaud S, Weston J P. The Real Effects of Short-Selling
Constraints[J]. Review of Financial Studies,2015,28(6):1737-1767.

[62] Gunny K A. The relation between earnings management using real activities
manipulation and future performance[J]. Contemporary Accounting
Research,2010,27(3):855-888.

[63] Haw I M, Ho S M, Li A Y. Corporate governance and earnings
management by classification shifting [J]. Contemporary Accounting
Research,2011,28(2):517-553.

[64] Healy P M, Wahlen J M. A review of the earnings management literature
and its implications for standard setting[J]. Accounting Horizons,1999,
13(4):365-383.

[65] Henry O T, Mckenzie M. The impact of short selling on the price-volume
pelationship:Evidence from Hong Kong[J]. Journal of Business,2006,79
(2):671-691.

[66] Herrmann D, Inoue T, Thomas W B. The sale of assets to manage
earnings in Japan [J]. Journal of Accounting Research,2003,41(1):89-
108.

[67] Hirshleifer D, Teoh S H, Yu J J. Short arbitrage,return asymmetry,
and the accrual anomaly[J]. Review of Financial Studies,2011,24(7):
2429-2461.

[68] Hong H, Stein J C. Differences of opinion, short-sales constraints, and
market crashes[J]. Review of Financial Studies,2003,16(2):487-525.

[69] Hribar P,Jenkins N T,Johnson W B. Stock repurchases as an earnings
management device[J]. Journal of Accounting and Economics,2006,41
(1/2):3-27.

[70] Hsu C,Kross W. The market pricing of special items that are included
in versus excluded from street earnings[J]. Contemporary Accounting
Research,2011,28(3):990-1017.

[71] Hunt A,Moyer S E,Shevlin T. Managing interacting accounting measures to
meet multiple objectives:A study of LIFO firms[J]. Journal of Accounting
and Economic,1996,21(3):339-374.

[72] Karpoff J M,Lou X. Short sellers and financial misconduct[J]. The

Journal of Finance,2010,65(5):1879-1913.

[73] Kasznik R,Mcnichols M F. Does meeting earnings expectations matter? Evidence from analyst forecast revisions and share prices[J]. Journal of Accounting Research,2002,40(3):727-759.

[74] Keim D B,Madhavan A. Anatomy of the Trading Process Empirical Evidence on the Behavior of Institutional Traders [J]. Journal of Financial Economics,1995,37(3):371-398.

[75] Kim H B,Sohn G. Random forests based multiple classifier system for power-line scene classification [J]. International Archives of the Photogrammetry Remote Sensing and Spatial Information Sciences, 2011,38(5):253-258.

[76] Kim J B,Sohn B C. Real earnings management and cost of capital[J]. Journal of Accounting & Public Policy,2013,32(6):518-543.

[77] Klein A. Audit committee,board of director characteristics,and earnings management[J]. Journal of Accounting and Economics, 2002, 33 (3): 375-400.

[78] Kraft A,Leone A J,Wasley C E. Regression-based tests of the market pricing of accounting numbers: The mishkin test and ordinary least squares[J]. Journal of Accounting Research,2007,45(5):1081-1114.

[79] Lee L F. Incentives to inflate reported cash from operations using classification and timing[J]. Accounting Review,2012,87(1):10-29.

[80] Leff N. Economic development through bureaucratic corruption[J]. Amercian Behavioral Scientist,1964,8(3):8-14.

[81] Leon F. Does bank competition alleviate credit constraints in developing countries? [J]. Journal of Banking & Finance,2015,57(61):130-142.

[82] Liu Y,Ning Y,Iii W N D. Earnings management surrounding new debt issues[J]. The Financial Review,2010,45(3):659-681.

[83] Lougee B A,Marquardt C A. Earnings informativeness and strategic disclosure:An empirical examination of "Pro Forma" earnings [J]. Astroparticle Physics,2004,36(1):151-155.

[84] Massa M,Zhang B,Zhang H. The invisible hand of short selling:Does short selling discipline earnings management? [J]. Review of Financial Studies,2015,28(6):1701-1736.

[85] Mauro P. Corruption and growth[J]. The Quarterly Journal of Economics,

1995(3):681-712.

[86] McVay S E. Earnings management using classification shifting: An examination of core earnings and special items[J]. Accounting Review, 2006,81(3):501-531.

[87] Miller E M. Risk, Uncertainty, and divergency of opinion[J]. The Journal of Finance,1977,32(4):1151-1168.

[88] MoehrleS R. Do Firms use restructuring charge reversals to meet earnings targets? [J]. Accounting Review,2001,77(2):397-413.

[89] Nagar N, Sen K. Classification shifting in the cash flow statement evidence from India[J]. Ssrn Electronic Journal,2012,58(4):585-912.

[90] Nagar N, Sen K. Classification shifting impact of firm life cycle[R]. Working Paper of Indian Institute of Managemengt,2016.

[91] Osma B G, Young S. R&D expenditure and earnings targets[J]. European Accounting Review,2009,18(1):7-32.

[92] Osma B G. Board independence and real earnings management:The case of R&D expenditure [J]. Corporate Governance and International Review,2008,16(2):116-131.

[93] Palmrose Z V, Richardson V J, Scholz S. Determinants of market reactions to restatement announcements[J]. Journal of Accounting & Economics,2004, 37(1):59-89.

[94] Paul Z, Dennis R. Oswald. Capitalization vs. expensing of R&D and earnings management [J]. European Accounting Review,2007,16(4): 703-726.

[95] Perry S E, Thomas H W. Earnings management preceeding management buyout offers[J]. Journal of Acounting and Economics,1994,18:157-179.

[96] Philbrick D R, Ricks W E. Using value line and IBES analyst forecasts in accounting research[J]. Journal of Accounting Research,1991,29 (2):397-417.

[97] Richardson S A, Sloan R G, Soliman M T,et al. Accrual reliability, earnings persistence and stock prices[J]. Journal of Accounting and Economics,2005, 39(3):437-485.

[98] Roychowdhury S. Earnings management through real activities manipulation [J]. Journal of Accounting and Economics,2006,42(3):335-370.

[99] Saffi P A C, Sigurdsson K. Price efficiency and short selling[J]. Review

of Financial Studies,2011,24(3):821-852.

[100] Sengupta P. Corporate disclosure quality and the cost of debt[J]. The Accounting Review,1998,73(4):459-474.

[101] Schipper K. Commentary on earnings management[J]. Accounting Horizon,1989,3(4):91-102.

[102] Skaife H A,Swenson L,Wangerin D. Classification shifting of R&D expense[R]. Social Science Electronic Publishing,Working Paper,2017.

[103] Skinner D J,Sloan R G. Discussion of "Earnings surprises, growth expectations,and etock returns,or,don't let an earnings torpedo sink your portfolio"[J]. Review of Accounting Studies, 2002, 7 (2/3): 313-318.

[104] Sloan R G. Do stock prices fully reflect information in accruals and cash flows about future earnings? [J]. Accounting Review,1996,71 (3):289-315.

[105] Shleifer A,Vishny R W. Corruption[J]. The Quarterly Journal of Economics,1993(3):599-617.

[106] Shleifer A,Vishny R W. Politicians and firms[J]. The Quarterly Journal of Economics,1994(4):995-1025.

[107] Subramanyam K R. The pricing of discretionary accruals [J]. Journal of Accounting and Economics,1996,22(1):249-281.

[108] Tanzi V. Corruption around the world:causes,consequences,scope, and cures[J]. IMF Working Papers,1998(4):559-594.

[109] Taylor G K,Xu R Z. Consequence of real earnings management on subsequent operating performance[J]. Research in Accounting Regulation, 2010,22(2):128-132.

[110] Thomas J K,Zhang H. Inventory changes and future returns[J]. Review of Accounting Studies,2002,7(2/3):163-187.

[111] Vorst P. Real earnings management and long-term operating performance: The role of reversals in discretionary investment cuts[J]. The Accounting Review,2016,91(4):1219-1256.

[112] Xie H. The Mispricing of abnormal accruals[J]. Accounting Review, 2001,76(3):357-373.

[113] Yu F. Analyst coverage and earnings management [J]. Journal of Financial Economics,2008,88(2):245-271.

[114] Zalata A, Roberts C. Internal corporate governance and classification shifting practices[J]. Journal of Accounting Auditing & Finance, 2015,40(4):394-405.

[115] Zhao Y, Chen K H, Zhang Y, et al. Takeover protection and managerial myopia: Evidence from real earnings management[J]. Journal of Accounting and Public Policy, 2012,31(1):109-135.

[116] 白重恩,刘俏,陆洲,等.中国上市公司治理结构的实证研究[J].经济研究,2005(2):81-91.

[117] 白晓宇,钟震,宋常.分析师盈利预测之于股价的影响研究[J].审计研究,2007(1):91-96.

[118] 白俊,连立帅.信贷资金配置差异:所有制歧视抑或禀赋差异?[J].管理世界,2012(6):30-42,73.

[119] 薄仙慧,吴联生.国有控股与机构投资者的治理效应:盈余管理视角[J].经济研究,2009(2):81-91.

[120] 蔡春,黄益建,赵莎.关于审计质量对盈余管理影响的实证研究——来自沪市制造业的经验证据[J].审计研究,2005(2):3-10.

[121] 蔡春,李明,和辉.约束条件、IPO盈余管理方式与公司业绩——基于应计盈余管理与真实盈余管理的研究[J].会计研究,2013(10):35-42.

[122] 蔡竞,董艳.银行业竞争与企业创新——来自中国工业企业的经验证据[J].金融研究,2016(11):96-111.

[123] 蔡卫星,曾诚.公司多元化对证券分析师关注度的影响——基于证券分析师决策行为视角的经验分析[J].南开管理评论,2010,13(4):125-133.

[124] 仓勇涛,储一昀.分析师盈余预测之约束力研究——来自中国资本市场的证据[C].中国会计学会学术年会论文集,2012:1482-1495.

[125] 陈刚,李树,尹希果.腐败与中国经济增长——实证主义的视角[J].经济社会体制比较,2008(3):59-68.

[126] 陈海强,范云菲.融资融券交易制度对中国股市波动率的影响——基于面板数据政策评估方法的分析[J].金融研究,2015(6):159-172.

[127] 陈晖丽,刘峰.融资融券的治理效应研究——基于公司盈余管理的视角[J].会计研究,2014(9):45-52.

[128] 陈耿,刘星,辛清泉.信贷歧视、金融发展与民营企业银行借款期限结构[J].会计研究,2015(4):40-46,95.

[129] 陈冬华,陈信元,万华林.国有企业中的薪酬管制与在职消费[J].经济

研究,2005(2):92-101.

[130] 陈秧秧.计税折旧政策下的盈余管理——基于 2014 年会计政策变更的初步检验[J].证券市场导报,2016(6):42-48.

[131] 程富,王福胜.基于分类转移的盈余管理研究——来自中国上市公司的经验证据[J].财经研究,2015,41(7):81-94.

[132] 褚剑,方军雄.中国式融资融券制度安排与股价崩盘风险的恶化[J].经济研究,2016(5):143-158.

[133] 党力,刘诚,杨思瑶.反腐败影响了企业捐赠吗?——基于政治关联视角的微观解释[J].中央财经大学学报,2017(1):115-128.

[134] 党力,杨瑞龙,杨继东.反腐败与企业创新:基于政治关联的解释[J].中国工业经济,2015(7):146-160.

[135] 邓莉,张宗益,李宏胜.银行债权的公司治理效应研究:来自中国上市公司的经验证据[J].金融研究,2007(1):61-70.

[136] 方军雄.所有制、制度环境与信贷资金配置[J].经济研究,2007(12):82-92.

[137] 方军雄.民营上市公司,真的面临银行贷款歧视吗?[J].管理世界,2010(11):123-131.

[138] 方芳,蔡卫星.银行业竞争与企业成长:来自工业企业的经验证据[J].管理世界,2016(7):63-75.

[140] 范子英,李欣.部长的政治关联效应与财政转移支付分配[J].经济研究,2014(6):129-141.

[141] 樊行健,郑珺.非经常性损益的列报:理论、准则与分析[J].会计研究,2009(11):36-43.

[142] 樊纲,王小鲁,朱恒鹏.中国市场化指数——各地区市场化相对进程2011 年度报告[M].北京:经济科学出版社,2011:7-38.

[143] 高荣婧,曾振,张俊瑞,等.盈余管理与应计项目定价效率[J].山西财经大学学报,2013(10):104-112.

[144] 高雨,闫绪奇.上市公司分类转移盈余管理研究[J].会计与经济研究,2014(1):32-42.

[145] 高远.反腐败与外商直接投资:中国的经验[J].南方经济,2010(2):15-27.

[146] 高雷,张杰.公司治理、机构投资者与盈余管理[J].会计研究,2008(9):64-72,96.

[147] 顾乃康,周艳利.卖空的事前威慑、公司治理与企业融资行为——基于

融资融券制度的准自然实验检验[J].管理世界,2017(2):120-134.

[148] 顾琪,陆蓉.金融市场的"劣汰"机制——基于卖空机制与盈余管理的研究[J].财贸经济,2016(5):60-75.

[149] 苟琴,黄益平,刘晓光.银行信贷配置真的存在所有制歧视吗?[J].管理世界,2014(1):16-26.

[150] 贺学会,李琛,徐寿福,等."对手"还是"队友":盈余管理语境中的卖空者和监督者[J].财贸经济,2016(6):67-81.

[151] 侯青川,靳庆鲁,刘阳.放松卖空管制与公司现金价值——基于中国资本市场的准自然实验[J].金融研究,2016(11):112-127.

[152] 侯宇,叶冬艳.机构投资者、知情人交易和市场效率[J].金融研究,2008(4):131-145.

[153] 胡奕明,谢诗蕾.银行监督效应与贷款定价——来自上市公司的一项经验研究[J].管理世界,2005(5):27-36.

[154] 胡奕明,周伟.债权人监督:贷款政策与企业财务状况——来自上市公司的一项经验研究[J].金融研究,2006(4):49-60.

[155] 胡奕明,林文雄,李思琦,等.大贷款人角色:我国银行具有监督作用吗?[J].经济研究,2008,43(10):52-64.

[156] 黄玖立,李坤望.吃喝、腐败与企业订单[J].经济研究,2013(6):71-84.

[157] 胡玮瑛,徐志翰,胡新华.微利上市公司盈余管理的统计分析[J].复旦学报(自然科学版),2003(5):807-813.

[158] 胡元木.技术独立董事能有效抑制真实盈余管理吗——基于可操控R&D费用视角[J].会计研究,2016(3):29-35.

[159] 贾巧玉,周嘉南.交叉上市企业应计盈余管理和真实盈余管理研究[J].管理科学,2016,29(3):97-111.

[160] 姜付秀,朱冰,唐凝.CEO和CFO任期交错是否可以降低盈余管理?[J].管理世界,2013(1):158-167.

[161] 靳庆鲁,侯青川,李刚,等.放松卖空管制、公司投资决策与期权价值[J].经济研究,2015(10):76-88.

[162] 金宇超,靳庆鲁,宣扬."不作为"或"急于表现":企业投资中的政治动机[J].经济研究,2016(10):126-139.

[163] 蒋大富,熊剑.非经常性损益、会计准则变更与ST公司盈余管理[J].南开管理评论,2012(4):151-160.

[164] 李彬,张俊瑞,王鹏.盈余管理的内在制约——基于会计弹性的实证研究[J].管理学报,2009(11):1513-1517.

[165] 李春涛,宋敏,张璇.分析师跟踪与企业盈余管理——来自中国上市公司的证据[J].金融研究,2014(7):124-139.

[166] 李春涛,赵一,徐欣,等.按下葫芦浮起瓢:分析师跟踪与盈余管理途径选择[J].金融研究,2016(4):144-157.

[167] 李丹蒙,叶建芳,叶敏慧.分析师跟进对上市公司盈余管理方式的影响研究[J].外国经济与管理,2015,37(1):12-20.

[168] 李科,徐龙炳,朱伟骅.卖空限制与股票错误定价——融资融券制度的证据[J].经济研究,2014(10):165-178.

[169] 李莉,曲晓辉,肖虹.R&D支出资本化:真实信号传递或盈余管理?[J].审计与经济研究,2013(1):60-69.

[170] 李晓溪,刘静,王克敏.公开增发公司分类转移与核心盈余异象研究[J].会计研究,2015(7):26-33.

[171] 李远鹏,牛建军.退市监管与应计异象[J].管理世界,2007(5):125-132.

[172] 李延喜,陈克兢,姚宏,等.基于地区差异视角的外部治理环境与盈余管理关系研究[J].南开管理评论,2012(4):89-100.

[173] 李增福,董志强,连玉君.应计项目盈余管理还是真实活动盈余管理?——基于我国2007年所得税改革的研究[J].管理世界,2011(1):121-134.

[174] 李增福,郑友环,连玉君.股权再融资、盈余管理与上市公司业绩滑坡——基于应计项目操控与真实活动操控方式下的研究[J].中国管理科学,2011(2):49-56.

[175] 李增福,周婷.规模、控制人性质与盈余管理[J].南开管理评论,2013(6):81-94.

[176] 李捷瑜,黄宇丰.转型经济中的贿赂与企业增长[J].经济学(季刊),2010,9(3):1467-1484.

[177] 李志生,陈晨,林秉旋.卖空机制提高了中国股票市场的定价效率吗?——基于自然实验的证据[J].经济研究,2015(4):165-177.

[178] 李志生,杜爽,林秉旋.卖空交易与股票价格稳定性——来自中国融资融券市场的自然实验[J].金融研究,2015(6):173-188.

[179] 林翔,陈汉文.增长、盈余管理和应计持续性[J].中国会计评论,2005(1):117-142.

[180] 林永坚,王志强,李茂良.高管变更与盈余管理——基于应计项目操控与真实活动操控的实证研究[J].南开管理评论,2013(1):4-14.

[181] 林永坚,王志强.国际"四大"的审计质量更高吗?——来自中国上市公

司的经验证据[J].财经研究,2013(6):73-83.

[182] 刘衡,苏坤,李彬.现金分红、盈余管理方式选择与企业价值[J].中国会计评论,2013(3):278-300.

[183] 刘浩,彭一浩,张静.谁能获得"信用贷款"?——贷款性质结构与会计信息质量关系研究[J].财贸经济,2010(7):26-34.

[184] 刘继红,章丽珠.高管的审计师工作背景、关联关系与应计、真实盈余管理[J].审计研究,2014(4):104-112.

[185] 刘永涛,翟进步,王玉涛.新会计准则的实施对企业盈余管理行为的影响——来自中国上市公司的实证证据[J].经济理论与经济管理,2011(11):55-67.

[186] 刘文军,曲晓辉.银行真的能识别盈余管理吗?——基于银行借款合约的研究[J].会计与经济研究,2014(4):33-45.

[187] 刘运国,吴小蒙,蒋涛.产权性质、债务融资与会计稳健性——来自中国上市公司的经验证据[J].会计研究,2010(1):43-50,95.

[188] 龙小宇,黄小勇.公平竞争与投资增长[J].经济研究,2016(7):147-157.

[189] 陆宇建,蒋玥.制度变革、盈余持续性与市场定价行为研究[J].会计研究,2012(1):58-67.

[190] 陆正飞,祝继高,孙便霞.盈余管理、会计信息与银行债务契约[J].管理世界,2008(3):152-158.

[191] 罗讳,王永,吴联生.债务重组会计准则变更的经济后果[J].中国会计评论,2008(2):193-206.

[192] 罗进辉,万迪昉,李超.资产减值准备净计提、盈余管理与公司治理结构——来自2004—2008年中国制造业上市公司的经验证据[J].中国会计评论,2010(2):180-199.

[193] 罗琦,王悦歌.真实盈余管理与权益资本成本——基于公司成长性差异的分析[J].金融研究,2015(5):178-191.

[194] 罗婷,薛健,张海燕.解析新会计准则对会计信息价值相关性的影响[J].中国会计评论,2008(2):129-140.

[195] 梁红玉,姚益龙,宁吉安.媒体监督、公司治理与代理成本[J].财经研究,2012(7):91-101.

[196] 马永强,赖黎,曾建光.盈余管理方式与信贷资源配置[J].会计研究,2014(12):39-45.

[197] 马忠,陈登彪,张红艳.公司特征差异、内部治理与盈余质量[J].会计研究,2011(3):54-61.

[198] 毛洪涛,邓博夫.产权性质、真实和应计盈余管理与股权资本成本——来自 A 股上市公司的经验证据[J].财务研究,2015(3):37-49.

[199] 彭韶兵,黄益建.会计信息可靠性与盈余持续性——来自沪、深股市的经验证据[J].中国会计评论,2007(2):219-232.

[200] 钱爱民,张新民.新准则下利润结构质量分析体系的重构[J].会计研究,2008(6):31-38,95.

[201] 饶育蕾,王建新,丁燕.基于投资者有限注意的"应计异象"研究——来自中国 A 股市场的经验证据[J].会计研究,2012(5):59-66.

[202] 饶品贵,姜国华.货币政策、信贷资源配置与企业业绩[J].管理世界,2013(3):12-22,47,187.

[203] 饶艳超,胡奕明.银行信贷中会计信息的使用情况调查与分析[J].会计研究,2005(4):36-41,94-95.

[204] 沈烈,张西萍.新会计准则与盈余管理[J].会计研究,2007(2):52-58.

[205] 沈红波,曹军,高新梓.银行业竞争、债权人监督与盈余稳健性[J].财贸经济,2011(9):47-54.

[206] 申宇,赵静梅.吃喝费用的"得"与"失"——基于上市公司投融资效率的研究[J].金融研究,2016(3):140-156.

[207] 苏冬蔚,林大庞.股权激励、盈余管理与公司治理[J].经济研究,2010(11):88-100.

[208] 孙会霞,陈金明,陈运森.银行信贷配置、信用风险定价与企业融资效率[J].金融研究,2013(11):55-67.

[209] 孙权.我国上市公司盈余管理的权益成本研究[J].财会月刊,2013(12):8-11.

[210] 孙亮,柳建华.银行业改革、市场化与信贷资源的配置[J].金融研究,2011(1):94-109.

[211] 孙铮,李增泉,王景斌.所有权性质、会计信息与债务契约——来自我国上市公司的经验证据[J].管理世界,2006(10):100-107,149.

[212] 孙铮,刘凤委,李增泉.市场化程度、政府干预与企业债务期限结构——来自我国上市公司的经验证据[J].经济研究,2005(5):52-63.

[213] 孙刚,陆铭,张吉鹏.反腐败、市场建设与经济增长[J].经济学(季刊),2005,4(S1):1-22.

[214] 孙亮,刘春.什么决定了盈余管理程度的差异:公司治理还是经营绩效?——来自中国证券市场的经验证据[J].中国会计评论,2008(1):79-92.

[215] 申慧慧,黄张凯,吴联生.股权分置改革的盈余质量效应[J].会计研究,2009(8):40-48.

[216] 汤向俊,刘瑞明,马光辉.反腐与转型——理论与中国经验证据[J].南开经济研究,2015(5):140-153.

[217] 王福胜,吉姗姗,程富.盈余管理对上市公司未来经营业绩的影响研究——基于应计盈余管理与真实盈余管理比较视角[J].南开管理评论,2014,17(2):95-106.

[218] 王跃堂,王亮亮,贡彩萍.所得税改革、盈余管理及其经济后果[J].经济研究,2009(3):86-98.

[219] 王克敏,刘博.公开增发业绩门槛与盈余管理[J].管理世界,2012(8):30-42.

[220] 王健忠,高明华.反腐败、企业家能力与企业创新[J].经济管理,2017(6):36-52.

[221] 王茂斌,孔东民.反腐败与中国公司治理优化:一个准自然实验[J].金融研究,2016(8):159-174.

[222] 王贤彬,王露瑶.反腐败与经济增长[J].经济社会体制比较,2016(2):61-74.

[223] 魏明海,岳勇坚,雷倩华.盈余质量与交易成本[J].会计研究,2013(3):36-42,95.

[224] 魏涛,陆正飞和单宏伟.非经常性损益盈余管理的动机、手段和作用研究——来自中国上市公司的经验证据[J].管理世界,2007(1):113-121.

[225] 吴联生,薄仙慧,王亚平.现金流量在多大程度上被管理了——来自我国上市公司的证据[J].金融研究,2007(3):162-174.

[226] 吴溪.盈利指标监管与制度化的影响:以中国证券市场ST公司申请摘帽制度为例[J].中国会计与财务研究,2006(4):95-115.

[227] 吴一平,芮萌.地区腐败.市场化与中国经济增长[J].管理世界,2010(11):10-17.

[228] 肖海莲,周美华.R&D支出与盈余管理——基于R&D会计政策变更的经验证据[J].证券市场导报,2012(10):48-54.

[229] 肖浩,孔爱国.融资融券对股价特质性波动的影响机理研究:基于双重差分模型的检验[J].管理世界,2014(8):30-43,187-188.

[230] 肖作平,廖理.公司治理影响债务期限水平吗?——来自中国上市公司的经验证据[J].管理世界,2008(11):143-156,188.

[231] 谢柳芳,朱荣,何苦.退市制度对创业板上市公司盈余管理行为的影响——基于应计与真实盈余管理的分析[J].审计研究,2013(1):95-102.

[232] 许红伟,陈欣.我国推出融资融券交易促进了标的股票的定价效率吗?——基于双重差分模型的实证研究[J].管理世界,2012(5):52-61.

[233] 夏冬林,李刚.机构投资者持股和会计盈余质量[J].当代财经,2008(2):111-118.

[234] 徐浩萍,陈超.会计盈余质量、新股定价与长期绩效——来自中国 IPO 市场发行制度改革后的证据.管理世界[J],2009(8):25-38.

[235] 许罡,朱卫东.管理当局、研发支出资本化选择与盈余管理动机——基于新无形资产准则研发阶段划分的实证研究[J].科学学与科学技术管理,2010(09):39-43.

[236] 杨其静.企业成长:政治关联还是能力建设?[J].经济研究,2010(10):54-66.

[237] 杨七中,马蓓丽.内部控制与盈余管理方式选择[J].会计与经究,2014(5):80-91.

[238] 杨墨竹.证券市场机构投资者投资行为分析[J].金融研究,2008(8):133-144.

[239] 姚立杰,夏冬林.我国银行能识别借款企业的盈余质量吗?[J].审计研究,2009(3):91-96.

[240] 叶建芳,周兰,李丹蒙,等.管理层动机、会计政策选择与盈余管理——基于新会计准则下上市公司金融资产分类的实证研究[J].会计研究,2009(3):25-30.

[241] 叶康涛.盈余管理与所得税支付:基于应税利润与应税所得之间差异的研究[J].中国会计评论,2006(2):205-223.

[242] 叶康涛,臧文佼.外部监督与企业费用归类操纵[J].管理世界,2016(1):121-128,138.

[243] 应千伟,刘劲松,张怡.反腐与企业价值——来自中共十八大后腐风暴的证据[J].世界经济文汇,2016(3):42-63.

[244] 袁振超,张路,岳衡.分析师现金流预测能够提高盈余预测准确性吗——来自我国 A 股市场的经验证据[J].金融研究,2014(5):162-177.

[245] 杨典.公司治理与企业绩效——基于中国经验的社会学分析[J].中国社会科学,2013(1):72-94.

[246] 于静霞.盈余管理与银行债务融资成本的实证研究——来自 A 股市场的经验证据[J].财政研究,2011(11):68-72.

[247] 于李胜,王艳艳.信息风险与市场定价[J].管理世界,2007(2):76-85.

[248] 余明桂,潘红波.政治关系、制度环境与民营企业银行贷款[J].管理世界,2008(8):9-21,39,187.

[249] 于忠泊,田高良,齐保垒等.媒体关注的公司治理机制——基于盈余管理视角的考察[J].管理世界,2011(9):127-140.

[250] 袁知柱,郝文瀚,王泽燊.管理层激励对企业应计与真实盈余管理行为影响的实证研究[J].管理评论,2014(10):181-196.

[251] 藏秀清,韩婷婷.官员独董会影响真实盈余管理吗?[J].财会通讯,2017(6):84-87.

[252] 张敏,张胜,王成方等.政治关联与信贷资源配置效率——来自我国民营上市公司的经验证据[J].管理世界,2010(11):143-153.

[253] 张祥建,徐晋.盈余管理的原因、动机及测度方法前沿研究综述[J].南开经济研究,2006(6):123-141.

[254] 张璇,周鹏,李春涛.卖空与盈余质量——来自财务重述的证据[J].金融研究,2016(8):175-190.

[255] 张子余,张天西."特殊损失项目"与"核心费用"之间的归类变更盈余管理研究[J].财经研究,2012(3):70-80.

[256] 张然.中国上市公司现金流管理研究——兼对新兴市场和成熟市场现金流管理行为比较研究[J].中国会计评论,2007(3):381-400.

[257] 张国清,赵景文.资产负债项目可靠性、盈余持续性及其市场反应[J].会计研究,2008(3):51-57.

[258] 曾建光,伍利娜,王立彦.中国式拆迁、投资者保护诉求与应计盈余质量——基于制度经济学与 Internet 治理的证据[J].经济研究,2013(7):90-103.

[259] 赵春光.资产减值与盈余管理——论《资产减值》准则的政策涵义[J].会计研究,2006(3):11-17.

[260] 赵景文,许育瑜.两税合并、税收筹划与盈余管理方式选择[J].财经研究,2012(1):135-144.

[261] 赵宇龙,王志台.我国证券市场功能锁定现象的实证研究[J].经济研究,1999(9):56-63.

[262] 周夏飞,魏炜.非经常性损益披露监管与归类变更盈余管理——来自中国上市公司的证据[J].浙江大学学报(人文社会科学版),2015(5):

119-132.

[263] 周楷唐,麻志明,吴联生.持续经营审计意见是否具有额外价值?——来自债务融资的证据[J].会计研究,2016(8):81-88,97.

[264] 周德友.制度环境、盈余管理与信贷融资[J].宏观经济研究,2015(3):120-133.

[265] 周春梅.盈余质量对资本配置效率的影响及作用机理[J].南开管理评论,2009(5):109-117.

[266] 邹燕,郭晓娟.会计准则改革、会计弹性与盈余管理[J].中央财经大学学报,2012(5):91-96.

[267] 朱焱,张孟昌.企业管理团队人力资本、研发投入与企业绩效的实证研究[J].会计研究,2013(11):45-52.

后　记

　　我在教学与研究中一直关注上市公司盈余管理这一话题。它不仅可以进行大样本量的实证检验，也可以进行单个公司的案例分析；它虽然不一定违法，但会影响财务信息质量；它虽然不一定合理，但能让公司实现报表目标。每每研读上市公司报表，我都会从盈余管理视角挖掘报表数据背后的水分，不仅还原了公司真实的财务状况，而且从中感受到了会计政策选择、交易结构设计等与财务数据之间的巧妙关系。

　　盈余管理可以分为三大类别。第一类为应计项目盈余管理，指利用改变会计政策或会计估计的手段调节企业业绩的行为。例如改变资产减值准备比例、改变折旧年限与方法等会计手段，对各期的应计利润进行调整。这种调整比较简便，在上市公司中出现频率较高，但也存在违反会计准则一贯性规则的嫌疑，而且由于反转效应的存在，本期通过应计项目盈余管理增加的利润将引起未来某个期间的减少，因此应计项目盈余管理不会改变公司的长期价值，再加上应计项目盈余管理只增加利润不会增加现金流，比较容易被识别。因此有的公司逐步转向了第二类盈余管理，即真实活动盈余管理，真实活动盈余管理的运作主要通过供产销业务活动的调整，例如利用放宽信用条件或创造促销时机扩大销售量、进行过量生产以降低单位营业成本、减少酌量性费用支出等，这些真实活动盈余管理手段影响了企业的现金流量，偏离了企业最优经营策略，对企业未来价值产生一定影响。另一种真实活动盈余管理方式是安排特殊交易，例如出售资产、债务重组或争取政府补贴等，但这些都是非经常性损益，无法美化扣非后净利润指标。在应计项目盈余管理和真实活动盈余管理存在空间有限、未来价值受损等不足的背景下，企业逐渐转向了第三类盈余管理，即归类变更盈余管理。归类变更盈余管理不改变公司的净利润，通过改变损益业务在利润表各项目的归属分类，如将营业活动的费用归入非经常性支出,将非营业活动收入归入经常性收入,从而实现夸大核心利润的目的。

应计项目盈余管理与真实活动盈余管理的研究相对比较成熟,而归类变更盈余管理尚未引起理论界和实务界广泛关注,至少至今还没有一本专门研究归类变更盈余管理的专著,再加上核心利润的真实性更直接影响投资者的决策,所以笔者认为有必要全面探讨归类变更盈余管理的具体方式、影响因素及经济后果,这也许是本书的创新之处。当然肯定有很多不足,希望起到抛砖引玉的作用。

本书的出版得到了浙江大学不动产投资研究中心年度科研项目的资助,特此感谢!也要感谢浙江大学出版社为本书的出版付出的辛勤努力!非常感谢我的学生,他们在课堂内外对上市公司会计信息质量及盈余管理行为的求知欲让我有不断追求的动力,而他们对我教学的肯定更激励我不断探索。特别感谢我的研究生,魏炜、沈洁心、林桢、于彤、张炜佳、宋豪聪、平坦、唐抒韵、陈逸天、兰廷蓬、应欣璇、马腾、李洁萌,近三年来两周一次的研讨会,他们的积极参与让我在盈余管理方面的研究有了对话的机会,无论是案例分析还是文献阅读,无论是问题争论还是观点分享,我们在一起进步。

周夏飞
2019 年 2 月 15 日

图书在版编目（CIP）数据

上市公司归类变更盈余管理研究 / 周夏飞著. —杭
州：浙江大学出版社，2019.8
ISBN 978-7-308-19426-6

Ⅰ.①上… Ⅱ.①周… Ⅲ.①上市公司—企业利润—
研究—中国 Ⅳ.①F279.246

中国版本图书馆 CIP 数据核字（2019）第 167098 号

上市公司归类变更盈余管理研究

周夏飞　著

责任编辑	陈佩钰
文字编辑	严　莹
责任校对	杨利军　王建英
封面设计	十木米
出版发行	浙江大学出版社
	（杭州市天目山路 148 号　邮政编码 310007）
	（网址：http://www.zjupress.com）
排　版	杭州中大图文设计有限公司
印　刷	浙江省良渚印刷厂
开　本	710mm×1000mm　1/16
印　张	13.5
字　数	259 千
版 印 次	2019 年 8 月第 1 版　2019 年 8 月第 1 次印刷
书　号	ISBN 978-7-308-19426-6
定　价	62.00 元

版权所有　翻印必究　印装差错　负责调换

浙江大学出版社市场运营中心联系方式：0571 - 88925591；http://zjdxcbs.tmall.com